国家社会科学基金面上项目"新能源汽车补贴政
（批准号 18BJY071）

U0499932

新能源汽车补贴政策
耦合协同与模拟仿真研究

乐　为◎著

中国财经出版传媒集团
经济科学出版社
Economic Science Press
·北京·

图书在版编目（CIP）数据

新能源汽车补贴政策耦合协同与模拟仿真研究／乐
为著. -- 北京：经济科学出版社，2024.5
ISBN 978 - 7 - 5218 - 5650 - 7

Ⅰ. ①新… Ⅱ. ①乐… Ⅲ. ①政府补贴 - 影响 - 新能
源 - 汽车工业 - 产业发展 - 研究 - 中国 Ⅳ.
①F426. 471

中国国家版本馆 CIP 数据核字（2024）第 049983 号

责任编辑：周胜婷
责任校对：李　建
责任印制：张佳裕

新能源汽车补贴政策耦合协同与模拟仿真研究

XINNENGYUAN QICHE BUTIE ZHENGCE OUHE XIETONG
YU MONI FANGZHEN YANJIU

乐　为　著

经济科学出版社出版、发行　新华书店经销
社址：北京市海淀区阜成路甲 28 号　邮编：100142
总编部电话：010 - 88191217　发行部电话：010 - 88191522
网址：www. esp. com. cn
电子邮箱：esp@ esp. com. cn
天猫网店：经济科学出版社旗舰店
网址：http://jjkxcbs. tmall. com
固安华明印业有限公司印装
710 × 1000　16 开　14.75 印张　250000 字
2024 年 5 月第 1 版　2024 年 5 月第 1 次印刷
ISBN 978 - 7 - 5218 - 5650 - 7　定价：78.00 元

产业政策研究并不是一个全新的话题，其研究成果也可以用汗牛充栋来形容。但是，政策与政策之间的耦合协同问题却一直未引起足够的重视和充分的研究。产业政策是一个复杂的政策系统，该体系的运行涉及多个政策主体之间的协作，不同的主体有各自的政策目标，这在一定程度上易导致政策内容协同性不足等问题。

以新能源汽车为例，我们不难发现现实生活中出现的种种问题：政府的大力度补贴导致生产企业形成补贴的路径依赖和"锁定效应"，甚至出现了企业"骗补"现象；各城市陆续出台了本地的补贴政策，但政策体系和实施效果却千差万别；部分城市不愿向外地企业开放本地的市场，或设定地方补贴目录，抑制了市场的激励、倒逼和筛选作用，等等。以上问题的核心在于如何对财税政策进行有效的协同，本质上是政策制定过程中对"跨界问题"的管理，即不同时间、不同区域和不同主体之间的策略协同。由于我国新能源汽车产业政策来自多层次、多部门（地区），产业政策往往种类繁杂且变化较快，其发展轨迹有着自身的特殊性。因此，中国的新能源汽车政策环境、作用机制、影响因素等均与国外的理论和实践有较大不同，需要有针对性地进行研究。

　　基于此背景，本书研究的主要目的是探究我国新能源汽车的产业政策协同机制及其实现路径。具体的研究对象和研究目标如下：（1）梳理国内外有关新能源汽车补贴政策理论与实证体系，结合我国经济制度环境特征，揭示我国新能源汽车补贴政策协同的现状与亟待解决的关键问题；（2）通过分析新能源汽车补贴对企业和消费者决策的影响机制，厘清补贴政策对企业和消费者的作用机理；（3）通过计量经济学和内容分析等方法对补贴政策在时间维度、空间维度和层级维度的协同状态与政策冲突分别进行研究，并解读深层次原因；（4）运用系统动力学对不同政策组合的情景进行仿真模拟，进一步挖掘模式推广可行性及其实施路径。

　　本书从"跨界视角"研究新能源汽车财税策略的时间协同、空间协同和层级协同，采用了多种方法开展研究。例如，采用DSGE方法考察补贴引起的新能源汽车需求冲击等外生冲击对于供给波动以及社会福利损失的效应；采用文本分析法分析中央与地方政府的层级协同以及各地间的空间协同，运用系统动力学方法对不同时间长度、不同实施力度和不同对象的补贴政策进行组合和模拟，等等。本书通过研究补贴对企业和消费者决策的影响机制，将政策预先植入微观主体的理性预期，再通过对政策协同优化的效果进行仿真模拟，以打破不同场景下的政策壁垒，实现政策的同频共振，这不仅有效拓展了财政理论的研究领域，同时结合我国新能源汽车市场特点，更具有针对性和适用性，可以为政策的制定与优化提供参考。

　　本书以新能源汽车补贴政策的协同问题为研究核心，立足于中国特有经济环境与制度特征，探索新能源汽车补贴政策的微观作用机理、协同机制和优化策略，这些对于解决补贴政策的有效性、政策之间不协同等均有现实意义。现行新能源汽车的补贴政策从某种意义上讲关系到我国节能减排目标的完成和经济的转型升级，通过研究政策的协同机理与优化，有助于新能源汽车产业健康发展，为破解政策不协同困境提供参考，优化政策体系，助推我国经济转型升级。

　　本书为国家社会科学基金面上项目"新能源汽车补贴政策的策略协同研究"（批准号 18BJY071）的研究成果。在研究过程中，中国计量大学经管学院郭本海教授及其团队成员参与了大部分内容的研讨，并提供了非常宝贵的意见，为本书的完成作出了重要贡献。

　　与此同时，陈蕾琼、何源、刘启巍、谢隽阳、王丹丹、崔文海、彭莹、李晓辉、杨雅雯、刘婉晴、叶恒翔、刘欣雨、李金杰等研究生为本书的研究和写作做了大量的工作，付出了辛勤的劳动。与此同时，笔者还参考了国内外大量的专著和论文，限于篇幅无法一一罗列，在此一并向所有专家和学者致谢！

　　产业政策协同研究领域的前景十分广阔，本书的研究仅仅是做了一些粗浅的探索，后续的研究工作仍是任重而道远。希望本书能够引起学界和社会对这一领域的更多关注，有更多的优秀成果不断涌现，为我国产业政策的持续优化作出更大的贡献。

目　录
Contents

第一章 绪 论

第一节 研究背景和研究意义

一、研究背景

发展新能源汽车是我国从汽车大国迈向汽车强国的必由之路。我国加快推进汽车产业转型升级，发展成效显著，新能源汽车发展位居世界前列。我国新能源汽车产业的发展壮大，离不开财税政策的支持。近年来，财政部联合工信部、科技部、国家发改委，建立了涵盖消费补贴、充电设施奖励、运营补贴等多个方面的政策体系。

我国是最早启动新能源汽车财政补贴的国家之一。购置补贴、充电设施建设补贴和动力电池回收补贴等补贴政策为我国新能源汽车产业的发展创造了有利的政策环境。自2009年起，中央财政对新能源汽车推广应用予以补助，截至2020年底，工信部和财政部已经公示过19批新能源汽车推广应用补助资金清算审核情况。据笔者对这些公示的梳理统计，2009~2020年的12年间，中央财政补贴资金累计投入超1295亿元，已覆盖超过191.59万辆新能源汽车。加上历年地方财政补贴、充换电基础设施建设补贴等，我国在新能源汽车产业上的补贴额度高达数千亿元。与之对应的是，这12年来新能源汽车年销量实现了261倍的增长，从2009年的5209辆增长至2020年的136.7万辆。我国由此成为全球最大的新能源汽车市场，产销量连续6年稳居世界首位。与此同时，动力电池等关键核心技术水平提升明显，基本建立了自主可控的产业链，充电设施建设步伐也进一步加快，配套环境日益改善。

中国汽车工业协会发布的信息显示，2021 年，我国新能源汽车产量、销量分别达到了 354.5 万辆和 352.1 万辆，再次位居全球第一。公安部交通管理局微信公众号发布消息，据公安部统计，截至 2022 年底，全国机动车保有量达 4.17 亿辆，其中新能源汽车 1310 万辆，占汽车总量的 4.1%。而其中纯电动汽车保有量 1045 万辆，占新能源汽车总量的 79.78%。2022 年全年新注册登记新能源汽车 535 万辆，与 2021 年新注册登记量相比增加 240 万辆，增长 81.48%，新能源汽车新注册登记量占汽车新注册登记量的 23.05%。这些数据说明，新能源汽车在我国发展得十分迅猛。究其原因，财政补贴政策的效果不容忽视。

但同时也应该看到，对新能源汽车的补贴政策也出现了诸多问题，例如：

政府的大力度补贴导致生产企业形成补贴的路径依赖和"锁定效应"，甚至出现了企业"骗补"现象。2016 年 9 月财政部新闻办公室公布《关于地方预决算公开和新能源汽车推广应用补助资金专项检查的通报》，对 5 家骗补的新能源客车企业进行了公开通报，而这 5 家企业多申报补贴高达 10 亿元；

各城市陆续出台了本地的补贴政策，但政策体系和实施效果却千差万别。不仅补贴的力度差异较大，而且有的地方政府硬性设卡，有的地方将补贴直接发放给消费者而非车企，还有的地方补贴政策前后不一，补贴资金计算方法各不相同……

部分城市不愿向外地企业开放本地的市场，或设定地方补贴目录，或允许本地产的车辆可以直接上牌……凡此种种，都抑制了市场的激励、倒逼和筛选作用。各地政府的补贴政策存在着譬如要求设立本地企业、要求补贴对等交换、金额计算烦琐和主管部门纷杂等各种问题。大部分地方政策的出台，并不意味着与中央政策无缝对接，更不意味着外地车企可以顺利进入本地市场，在地方保护主义干涉下，地方政策出现了诸多扭曲和变形。

以上问题的出现源于各种复杂的原因，但其核心在于如何对财税补贴政策进行有效的协同，本质上是政策制定过程中对"跨界问题"的管理，即不同时间、不同区域和不同主体之间的策略协同。2023 年中央经济工作会议也指出，要增强宏观政策取向一致性，强化政策统筹，确保同向发力、形成合力。本书正是从这一问题出发，识别新能源汽车补贴政策协同发展的关键问题、开展协同水平的量化测度，并基于政策协同进行新能源汽车产业发展仿真研究，以期破解新能源汽车发展过程中的协同发展这一难题。

二、研究意义

本书的理论意义是：通过研究补贴对企业和消费者决策的影响机制，将政策预先植入微观主体的理性预期；从跨界视角研究财税策略的时间协同、空间协同和层级协同，并通过系统动力学方法对政策协同优化的效果进行仿真模拟。这不仅有效拓展了财政理论的研究领域，同时结合我国新能源汽车市场特点，更具有针对性和适用性，具有较高的学术价值。

本书的实践意义是：现行新能源汽车的补贴政策从某种意义上讲关系到我国节能减排目标的完成和经济的转型升级，通过研究政策的协同机理与优化，可以为政策制定提供参考。本书有助于新能源汽车产业健康发展，为破解政策不协同困境提供参考，优化政策体系，助推中国经济转型升级。

第二节　研究目标、技术路线及研究方法

一、研究目标

本书的主要目标是探究我国新能源汽车的补贴政策协同机制及其实现路径。具体的研究对象和研究目标如下：（1）梳理国内外有关新能源汽车补贴政策理论与实证体系，结合我国经济制度环境特征，揭示我国新能源汽车补贴政策协同的现状与亟待解决的关键问题；（2）通过分析新能源汽车补贴对企业和消费者决策的影响机制，厘清补贴政策对企业和消费者的作用机理；（3）通过计量经济学和内容分析等方法对补贴政策在时间维度、空间维度和层级维度的协同状态与政策冲突分别进行研究，并解读深层次原因；（4）运用系统动力学对不同政策组合的情景进行仿真模拟，进一步挖掘模式推广可行性及其实施路径。

二、技术路线

本书首先从现实背景入手，结合文献分析提出理论问题，再对当前新能源汽车补贴等产业政策面临的关键问题进行剖析，然后通过博弈论等方法对补贴等产业政策对企业和消费者的影响机理开展研究，接下来重点就补贴等产业政策的时间、空间和层级协同进行深入探讨，最后通过系统动力学等方法对不同政策的组合效果进行模拟，并提出相应的对策建议。本书的技术路线如图 1.1 所示。

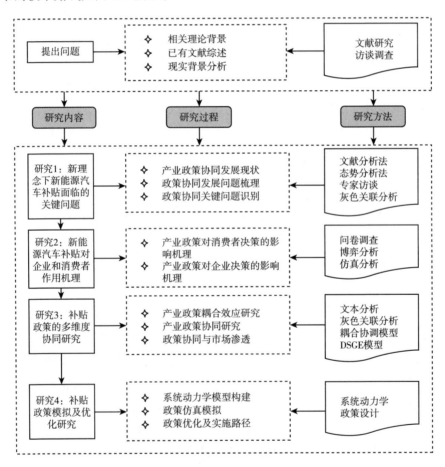

图 1.1　本书技术路线

三、研究方法

本书主要采用了以下研究方法：

（1）博弈论方法：通过博弈模型研究企业的策略选择机制与影响因素。

（2）计量模型分析法：主要用于补贴政策对消费者选择偏好影响和补贴政策的空间维度协同研究。

（3）动态随机一般均衡（DSGE）方法：主要用于补贴政策的时间维度协同研究。运用该方法考察财政补贴引起的新能源汽车需求冲击等外生冲击对于供给波动以及社会福利损失的效应。

（4）系统动力学：在不同补贴政策组合情境下对新能源汽车市场情况进行仿真模拟。

（5）文本分析法：对补贴等产业政策文本进行量化分析，从而计算政策的协同程度。

四、研究内容和主要章节安排

本书主要探索新理念背景下新能源汽车补贴等产业政策面临的关键问题和困境；分析补贴等产业政策对企业决策的影响机制以及对消费者选择偏好的影响机制，通过测度补贴等产业政策的"时间—空间—层级"三维度协同水平，分析政策协同中存在的各种问题，最后通过政策仿真模拟找到合理的发展路径，提出对策建议。具体各章节内容如下：

第一章为绪论，主要介绍本书的研究背景、研究意义、技术路线和研究方法、研究内容和主要章节安排。

第二章为文献综述，首先从产业政策理论、协同理论和产业评价理论几个方面介绍相关基础理论，再从新能源汽车产业政策、政策分解及政策评价、政策协同及政策优化几个方面进行文献综述。

第三章描述我国新能源汽车产业政策协同发展现状，并通过政策目标与措施维度分解、政策协同量化分析、态势分析等方法识别产业政策的关键问题。

第四章研究补贴等产业政策的作用机理，首先研究消费者偏好的新能源汽车产业政策作用机理，其次研究生产者责任延伸下新能源汽车企业决策的影响机制。

第五章基于政策分解对新能源汽车补贴等产业政策开展多维度协同研究，包括新能源汽车补贴等产业政策关联及其耦合效应研究、新能源汽车补贴等产业政策协同研究、新能源汽车补贴等产业政策协同与市场渗透研究等内容，构建一个包含代表性家庭、普通消费品部门、新能源汽车零部件生产商、新能源汽车整车厂以及作为财政政策制定者的政府等多部门DSGE框架，考察财政补贴引起的新能源汽车需求冲击等外生冲击对于供给波动以及社会福利损失的效应。

第六章是基于政策协调的新能源汽车产业发展路径设计，即对新能源汽车补贴政策进行模拟研究，并进一步探究政策优化的实施路径。通过系统动力学仿真方法，对不同政策进行组合和模拟，得出不同情境下的新能源汽车市场情况，并提供符合新能源汽车产业发展规律的政策优化建议，以提高政策实施的效果和效率。

结语部分归纳了本书的主要研究结论和学术贡献，也指出了研究中存在的不足，并提出了未来研究中在理论和实践等方面的发展方向。

第二章　相关基础理论与文献综述

　　新能源汽车的政策研究是一个典型的多学科交叉的应用性新兴研究领域，发展历史较短，研究较为分散，主要有三个阶段：（1）探讨政府在能源环境问题方面的作用和地位，这是理论界研究的出发点。学者普遍认为鉴于新能源汽车具有较强的外部性特征，因此政府必须介入。研究主题集中在产业发展政策、发展模式与策略、发展能力评价等方面（Frosch，1989；Decanio，1993；Arthar，2008；Vesna，2013；陈芳，2015）。（2）综合研究各类政策实施效果和影响机理，对税收优惠、政府补贴和政府规制等政策的实施效果和相互之间的作用开展研究（Jeffrey，1999；Piet，2006；Anil，2009；Dorothee，2012；白雪洁，2018）。（3）具体深入地研究某一类政策的实施效果，如评价实施能源环境税后的各种效应（Villamor，1985；Sehlegelmilch，1998；Ekins，1999；Sterner，2012；Allan，2013；Hunt，2014），评价补贴政策对新能源汽车市场的影响（Francois，2010；Sara，2013；Larson，2014；曾德明，2003；盛昭瀚，2015；范如国，2017），研究具体政策对新能源汽车的消费和扩散的影响（Struben & Sterman，2008；Sang & Bekhet，2015；方海洲，2009；王月辉，2013；杨媚茹，2013；马铁驹，2014）。

　　国外尤其是发达国家，其新能源汽车政策是在其产业发展过程中不断建立和完善起来的，积累了丰富的实践经验，目前已处于深入细化阶段，但其政策运行环境的复杂性远不及我国突出。由于我国新能源汽车产业政策来自多层次、多部门（地区），产业政策往往种类繁杂且变化较快，所以其发展轨迹有着自身的特殊性。因此，中国的新能源汽车政策环境、作用机制、影响因素等均与国外的理论和实践有较大不同，需要进行有针对性的研究。

第一节　相关基础理论

研究新能源汽车产业政策协同首先需要了解并熟悉相关理论内涵，本节依次对产业政策理论、协同理论和政策评价理论进行梳理，为后续研究的开展提供了理论依据与切入点。

一、产业政策理论

产业政策（industrial policy）理论是为制定产业政策的一种经济理论，是以产业组织理论、产业结构理论、产业布局理论和产业发展理论等产业经济学理论为基本理论，将理论与实际市场状况结合后集思广益的内容形式。产业政策的雏形是日本为促进经济的快速复苏所颁布的一系列与产业结构和产业组织有关的政策，直到 20 世纪 80 年代，产业政策理论才正式被提出并不断丰富，代表学者有下河边淳、阿格拉（Agra）、小宫隆太郎等。学者们结合不同的研究视角对产业政策给出了不同的定义，涉及政策的效力、作用形式、预期目标、制定原则等视角。总体来说，产业政策是通过对整个产业的保护、扶持、调整和完善，进行资源的合理配置，政策可以针对整个产业或个别产业内部。从刘吉发的《产业政策学》中的内容同样可以知晓产业政策的作用对象及制定目标。该书强调政府在颁布产业政策时，需要更多考量经济环境、产业发展现状、客观规律等，在产业政策制定过程中要采用多种政策工具，使资源合理配置及产业结构优化。

在对产业政策内涵进行界定之后，学者们也对产业政策进行了分类，总的来说，可将其分为产业组织政策、产业结构政策、产业技术政策和产业布局政策，每种细分政策的关注点都有所不同。产业组织政策的阐释可以结合产业组织理论，明确现实市场状况与理想市场的差距，为形成理想的产业竞争市场及促进有效竞争形态，政府会制定优化市场行为及调节企业关系的产业组织政策，以实现最优规模经济。产业结构政策是指政府依据本国的产业结构演化趋势，分阶段地确定重点发展的战略产业，为推进产业结构优化升级而制定的产业政策，旨在实现资源在产业之间的合理配置。产业技术政策包括产业技术发展的目标、主攻方向、重点领域等，是对于新兴产业技术层面或传统产业技术突破的宏观及微观政策总括，包括鼓励性质的政策措施或规范性质的政策措施。产业布局政策则是当地政府依据各地方、各区域的具体状况出台的针对该特定区域产业结构和产业组织形态的政策，因此产业布局政策又可进一步分为区域产业结构政策和区域产业组织政策。

二、协同理论

协同（synergetics）理论又称"协同学"，其含义为协同作用的科学。伊戈尔·安索夫（Igor Ansoff）于1965年提出了协同概念，并将协同思想引入管理学。对协同理论进行系统论述的是学者赫尔曼·哈肯（Hermann Haken），哈肯（1989）提出了协同的抽象概念：一个系统由多个子系统构成，多个子系统通过自组织发生相变使各子系统间进行相互竞争、相互合作，实现时间、空间和功能上的有序。我国学者王雨田（1986）较为系统地介绍了协同理论的基本内容，指出协同理论具有普适性的特点，可以被广泛应用于不同学科领域。由此，协同理论被众多学者运用于研究中。协同理论可以与价值链概念结合，进行公司各组织协同协作的管理；可以与政策评价概念结合，进而定义政策协同的内涵；可以与企业愿景结合，定义企业间的协同内涵为两个或两个以上的组织共同协作。协同理论与相关学科领域众多基础理论有机结合，丰富了协同理论的相关研究。

本书主要将协同理论用于产业政策文本间的协同分析中，是协同理论与政策评价的丰富拓展。在产业政策制定体系中，通常包含多个政策制定主体，各主体利用多种政策工具（政策措施）制定相关政策，各要素系统之间高水平协同发展，以实现或支持产业健康发展。因此本书将"新能源汽车产业政策协同"的内涵定义为政策制定和实施主体为实现不同的目标而协同使用多种政策措施的过程。

三、政策评价理论

政策评价（policy evaluation）是政策效果评估的重要环节，是"政策科学"和"政策分析"的理论实践。19 世纪 50 年代，美国政治科学家哈罗德·拉斯韦尔（Harold Lesswell）与丹·勒纳（Daniel Lerner）在《政策科学：近来在范畴与方法上的发展》（*Policy Science：Recent Developments in Scope and Methodology*）一书中首次提出"政策科学"（policy science）概念，对其研究对象、原则、性质等进行了界定。他认为政策科学理论是以政策制定为实施途径，以制定政策规划和政策替代方案为焦点，类似于大数据技术更多是基于现有数据进行未来趋势分析，政策分析同样是运用新的方法对未来趋势进行分析的理论。简单来说，政策评价就是对政策执行的情况进行度量和分析，以确定政策制定是否合理，确定该政策对行业发展、市场环境的作用效果，进而为将来政策优化提供参考。其中评价政策执行情况的度量可以通过制定政策评价手册来实现。政策执行的分析包括政策效率、政策效果和政策力度评价，根据经验性的证据或是系统地利用各种研究方法，对政策的实施效果等进行分析，同时也可侧重于预测，为决策者提供合适的政策方案。

在对政策评价概念进行梳理的基础上，为了保证评价过程的科学性，进一步对政策评价方法进行探讨。一般而言，产业政策评价方法分为定性评价和定量评价两类。定性评价方法包括专家评价法、前后比较法等，可以分析政策实施前后、政策实施过程中的拐点、政策趋势来确定评价分界点，进行对比分析及趋势分析等。定量评价方法结合了统计学、计量经济学和运筹学等定量评价方法，增强了结果的可信度和评价质量，包括模糊综合评价法、灰色关联分析法、统计分析法等。根据研究对象的数据类型、数据特点以及研究目的有针对性地选择相应的方法，将定量与定性方法结合起来，有利于更加全面综合地对研究对象进行评价。

第二节　文献综述

"政策分解""政策协同""新能源汽车产业政策"三个关键词构成了本书的核心内容，与这三个方面相关的研究也非常的丰富。通过对国内外文献进行检索，并考虑与本书核心研究内容的相关性，笔者从以下三个方面对相关的研究进行了梳理和分析。

一、新能源汽车产业政策的研究

关于新能源汽车产业政策的研究，大致可以分为三种研究视角。第一种是从宏观角度及政策主体、工具等微观角度对产业政策大致类型进行多维划分，分析政策文本质量、政策构成等。李文博等（Li et al，2016）将新能源汽车产业政策区分为示范政策、税收政策等，建立范式模型评估消费者对每一类政策的重要性和满意度感知。李苏秀等（2016）将中央层级的新能源汽车产业政策分解为战略与投资、市场激励等多方面，构建产业市场表现与产业政策的分析框架，对产业政策进行质性分析。张国强和徐艳梅（2017）将产业政策中供给侧、需求侧、环境侧政策工具使用情况与国内外典型城市进行对比分析，总结政策工具使用情况及效果。李珺和战建华（2017）构建产业发展阶段与政策工具两个维度的分析框架，得出推动政策变迁的政策工具因素。王洛忠和张艺君（2017）从内容、结构和过程维度分析新能源汽车产业政策构成及制定情况。左世全等（2020）以优化我国政策为目的，基于产业发展的视角对比了美、英、日等多国新能源汽车产业政策。

第二种是在选取政策效力的衡量指标和测度方法基础上，通过相关模型测量政策效力和政策效果。张祥等（Zhang & Bai，2017）提出一种政策依赖关系映射方法，分析了部分国家和地区175项新能源汽车政策，并运用一种 PDM 方法来测量二者之间的关系。姜彩楼等（Jiang et al，2018）利用回归模型测度政府补贴对新能源汽车产业的汽车生产企业技术研发创新强度的影响，进而提出补贴政策效力优化方向。易等（Yi et al，2019）等采用多区域电力优化模型，定量评价碳排放上限等两项政策对我国电力行业的影响，得出合理的政策组合及政策目标的制定依据。李澄江等（Li et al，2019）基于多准则分析的决策模型，从能源成本、车辆排放、市场接受度等多方面对清洁能源汽车进行评估，进一步对现有清洁能源汽车产业政策进行评估并提出相应建议。熊勇清和陈曼琳（2016）将新能源汽车政策分为供、需两方面，利用基尼系数分解法研究政策实施效果的区域差异性，得出供需双侧政策的着力点以驱动需求市场。范如国和冯晓丹（2017）基于央地目标协同，构建出地方政府最优补贴策略模型。熊勇清和秦书锋（2018）将新能源汽车政策分为供需两方面，并对新能源汽车用户进行区分，采用问卷调查法分析领先型与跟随型用户对于供给和需求政策的感知满意度程度的区别。陈衍泰等（2013）利用内容分析法对新能源汽车产业供需双侧政策进行量化。郭雯等（2018）从综合性、一致性和均衡性三个指标对我国新能源汽车产业的供、需、环三类政策组合进行测度。岳为众等（2019）对我国充电基础设施市场表现和电动汽车充电基础设施产业政策的关联关系进行质性研究。张奇等（2020）从新能源汽车生产商角度出发，对新能源汽车产业"双积分"政策作用效果进行分析。

第三种是建立量化标准手册并对政策赋值、构建协同度模型、采用不同方法对政策内容本身的定量分析。仲为国等（2009）对创新政策从政策力度、目标及措施三个角度进行赋值量化，测量政策部门和措施间的协同问题，这也是政策协同文本量化中具有代表性的协同维度的分类标准。李靖华和常晓然（2014）对流通产业创新政策赋值量化，通过模糊数学中隶属度计算方法表征十余年间我国流通产业创新政策的内部协同情况。张炜等（2016）从政策强度、协同度和政策制定完善度角度对供给、需求和环境支持三类区域创新政策进行评估。张国兴等（2014）采用政策赋分方法对节能减排政策分解评分后，分析措施与目标的协同情况以及政策同单个产业、产业协同相结合对节能减排效果的影响。郭本海等（2019）从政策力度、政策措施维度对我国光伏产业政策的协同度及政策效力进行分析。李雪伟等（2019）对协同度进行量化打分，对京津冀三地的省级"十三五"专项规划的指标进行评分，得出有关京津冀地区政策协同状况。裴中阳等（2019）采用前述相同的政策分解方法分析医药产业创新相关政策。魏萍等（2020）运用政策文本量化分析方法从时间、空间、政策特征维度分析湖北省颁布的"一带一路"政策变迁规律。

二、政策分解及政策评价的研究

学者们从政策工具、政策类型、政策内容等多维度对政策进行分解与评价。有学者将新能源汽车产业政策的政策工具分为供给侧、需求侧、环境侧三类（张国强，徐艳梅，2017；岳为众等，2019；Rothwell，Zegveld，2010），从供需两个维度制定政策分析框架，并从各维度所对应的发展绩效对政策进行评价（陈衍泰等，2013）。王和刘（Wang & Liu，2017）建立政策工具和创新价值链二维分析框架对新能源汽车产业发展政策进行分析。李珺和战建华（2017）将新能源汽车产业政策从作用方式和程度的视角，分为不同的政策工具类型。王静等（2018）构建政策工具和产业创新需求要素的两个维度分析框架，对中国新能源汽车产业相关的政策文件进行文本分析。李文博等（Li et al, 2016）将新能源汽车产业政策分为宏观政策、示范政策、补贴政策、税收优惠政策、技术支撑政策、产业规划政策和基础设施政策七类。李苏秀等（2016）按照新能源汽车产业研发、生产、销售和使用顺序，将该产业的市场表现与产业政策进行关联分析。王洛忠和张艺君（2017）从政策工具角度出发，将产业政策分为激励性、限制性、支撑性和参与性政策四类。张永安和周怡园（2017）在对政策进行分解的基础上，利用PMC指数对政策进行量化评价。马少超和范英（2018）选取购置补贴政策、税收减免、行政管制政策，评价其对新能源乘用车销量的影响。熊勇清和李小龙（2019）将新能源汽车产业政策分为供给侧和需求侧两类，研究供需双侧政策在市场培育中的不同激励作用。也有学者从政策措施、政策目标及政策力度角度对我国的科技政策、节能减排政策、流通产业创新政策进行量化，分析政策措施与政策目标的协同有效性及对经济绩效的影响（仲为国等，2009；李靖华，常晓然，2014；张国兴等，2014，2017；彭纪生等，2008）。墨菲等（Murphy et al, 2012）对荷兰能源产业政策各措施结合政策的战略目标情况进行分析。郭本海等（2019）提出中央和地方政府出台的政策，虽然总体上针对产业发展，但是从政策分析的角度可以将政策的作用分解到产业链及产业技术环节上。黄萃等（2015）对我国1978～2013年间科技政策从政策主体维度进行分解并评价主体间合作关系。姜玲等（2017）从政策发布时间、颁布主体、政策目标等多维度对京津冀及周边地区大气污染治理政策进行量化评价。

三、政策协同及政策优化的研究

国内外学者针对政策协同的研究角度主要包括政策协同的意义、演化过程、评估方法的选择以及主要影响因素分析等方面。学术界在"政策协同"的内涵上存在分歧，比较典型的观点有过程论、状态论等（李靖华，常晓然，2014），如佩因特（Painter，2008）和勒娜特（Renata，2014）提出政策协同是一个与中央规划和等级控制有关的目标，中央机构应促进政策实施过程中各部门的协同，彭纪生等（2008）将政策协同定义为政策的制定和实施主体为实现不同的政策目标而将不同政策措施进行协调的过程，是过程论指导下的政策协同思想。关于政策协同的意义，金（Kim，2011）发现政策在实施的过程中会因为环境的变化而不稳定，政府应采取政策协同措施，保持政策实施效果的稳定。罗杭等（Hang et al，2015）指出，政府层面的协同合作、实现政策协同是推进市场、基础设施及社会管理一体化的基本前提。有学者通过构建一个局部均衡模型，探讨了碳定价与可再生电力补贴之间的相互作用，以及单个策略和政策组合对于达到政策目标的差异（Tu & Mo，2017）。塞胡多和米歇尔（Cejudo & Michel，2017）认为政策协同可以克服政府行为的分散化。全（Kwon，2018）在考虑境外金融外部性的情况下，建立动态协同机制，得出国际政策高效协同有利于降低银行业道德风险的结论。彼得斯（Peters，2018）指出，政策协同有利于减少损失及提升各协同主体效率。王洛忠和张艺君（2017）指出，新能源汽车产业政策体系还未形成一体化，有必要进一步进行政策协同。政策协同涉及不同的政策协同主体，聚焦于中央与地方政府间，迈耶等（Mey et al，2016）强调地方政府在建立低碳社区可再生能源中的关键作用，并且指出更高级别政府支持至关重要。白雪洁和孟辉（2018）以中国新能源汽车产业为例，指出地方政府在中央与地方企业之间地位的重要程度以及地方政府与企业二者之间的关系。科温和约翰逊（Corwin & Johnson，2019）指出中国太阳能光伏市场未来的健康发展将取决于中央政策的实施以及央地之间的政策目标和激励措施的调整。

关于政策协同的评估方法的选择以及主要影响因素方面，汪涛和谢宁宁（2013）利用内容分析法从政策层级、政策主体和政策工具三个维度对科技创新政策的政策协同度进行评估。陈衍泰等（2013）认为新能源汽车产业政策的供需政策工具维度相互作用，影响协同发展。张国兴等（2014）和张国兴等（Zhang et al，2017）对节能减排政策协同现状分析、效果评估及最优协同方式进行探寻。陈芳和眭纪刚（2015）以美国新能源汽车为例，研究在不同发展阶段的技术和政策制度协同创新演化过程。杨晨和王杰玉（2016）梳理了知识产权政策体系，展示了政策各分类之间的协同演化过程。王等（Wang et al，2019）将产业政策划分为供、需、环三种类型并进行政策组合，认为政策组合具有显著的协同效应，提出能够有效促进风电企业创新绩效的协同策略。

在政策优化的路径与方法的研究中，诺德贝克和斯特鲁尔（Nordbeck & Steurer，2016）提出，从组织结构和多部门管理体制角度出发，解决多部门政策协同问题。奥斯特里和戈什（Ostry & Ghosh，2016）指出政策制定者对经济形势的理解及权衡目标范围存在分歧，政策实施者对政策理解不同等是政策协同的主要障碍，应消除主要障碍以优化政策协同体系。王等（Wang et al，2017）通过调查中国 7 个地理区域和 22 个省份情况，利用结构方程模型分析了影响消费者购买新能源汽车意愿的因素。宋佳佳（Song，2017）在对消费者类型进行区分后研究政府补贴机制。张国兴等（2013）构建企业和政府的信号博弈模型，找到了政府补贴机制以实现财政补贴资源的最优配置。殷华方等（2007）分析了在不同的央地关系和政策特性情况下，地方政府的政策执行框架以及政策执行策略行为。张等（Zhang et al，2019）利用面板数据回归模型研究风电配套政策有效性，提出应明确风力资源区域划分和制定合理电价等提升策略。林和陈（Lin & Chen，2019）利用固定效应回归模型研究风电技术政策如何有效促进风电技术创新，从完善风电部署和通过研发投入支持风电技术创新的技术推动政策等方面提升风电技术政策有效性。余等（Yu et al，2019）利用技术、市场和政策的三维模型，从市场销售的三个新能源汽车产业发展阶段收集国家水平政策，得出新能源汽车的技术道路是由政府和市场进行指导等结论。马等（Ma et al，2019）通过技术创新、市场发展状况、基础设施建设水平等一系列指标，对中国、日本、德国和美国四个国家的新能源汽车发展状况进行了定量评价，提出各国未来产业政策优化方向。李等（Li et al，2020）通过实证分析比较四种不同的碳排放政策对煤炭供应链网络优化的影响，并根据具体变量和场景的变化提出相应政策优化方向。张永安和鲁明明（2019）运用 DEA 模型与灰色关联分析方法研究创新驱动政策对新能源汽车企业创新效率的影响。尹志超等（2020）利用双重差分方法研究精准扶贫政策对农户信贷的作用效果，提出精准扶贫政策的优化方向。张奇等（2020）构建模型以研究乘用车生产商在乘用车市场完全竞争、新能源汽车生产商占主导、传统汽车生产商占主导三种情况下的最优决策，以优化双积分政策。

从所检索文献来看，新能源汽车产业中的政策协同量化研究仍然有一些不足，可以从以下几个方面进一步加强。

第一，针对新能源汽车产业政策多维度协同的量化分析研究。政策协同问题涉及制定主体间、政策目标措施间、政策作用环节间等多维度协同。政策制定主体协同研究的必要性在于，政策制定过程中会涵盖多部门，需要考察各部门协同制定状况。解析政策内容本身及产业价值链细分后各细分领域的政策协同情况是研究政策协同问题的出发点，但现今关于新能源汽车产业政策内容多维度细分量化分析的研究尚不够丰富和深入，还有进一步的研究空间。

第二，针对央地政策在政策工具使用及政策具体实施环节协同情况的研究。现有研究大多关注于对各政策制定主体自身协同情况的分析以及对央地协同的质性分析，对不同时期央地政策协同情况进行量化分析的研究较为缺乏，央地量化协同问题涉及具体的政策工具、产业价值链多环节，因此围绕政策工具使用及政策具体实施环节来测度央地政策协同情况及讨论央地协同优化方向的研究亟待深化。

第三，立足于新能源汽车市场进程和产业发展的政策优化体系研究。现有研究较多从构建多主体利益均衡模型进行考量；本书在政策协同视角下，从中央和地方政府政策不协同具体困境出发，利用多种方法分析政策效力及新能源汽车产业市场表现和产业发展的影响因素，为政策优化调整实施提供现实依据，使研究更加细致化和深入化。

因此，从现有文献来看，国内外学者对该问题的研究越来越深入，研究方法更加科学规范，这对新能源补贴政策的探索给予了较好的指导和启示。但是，既有的研究对于补贴政策如何协同才能更有效等问题并未给出充分解答。我国在财税、法律和行政体系等方面都和大多数经济体有所不同，这就使得新能源汽车的政策协同需要因地制宜。此外，由于企业"骗补"等不良行为曝光、财政补贴"退坡机制"的启动以及城市限行等各类问题的出现，为研究补贴政策的协同提供了新的制度环境。补贴政策变化将造成哪些冲击？对市场供给造成了多大的波动？如何结合中国特殊的经济制度环境特征，量化中央政府和地方政府对新能源汽车财税政策的协同程度？对于这些问题，本书将分析政企双方策略选择机制及相关影响因素，探讨新能源汽车补贴政策的时间、空间和层级三维度的协同机理，据此进行政策模拟并探索优化路径，促进新能源汽车行业健康发展。

第三章 我国新能源汽车补贴等产业政策协同现状及关键问题识别

产业政策作为国家引导产业转型升级，推动产业可持续发展的重要举措，需要各类政策工具相互补充形成合力，从而实现政策目的。自《节能与新能源汽车产业发展规划（2012—2020 年)》出台以来，我国新能源汽车产业链上下游逐步加大研发投入，产销量逐年提升，至此，我国新能源汽车步入推广应用新阶段。通过对我国新能源汽车市场产业政策协同发展现状进行分析梳理，为产业高质量发展提供明确的方向和着力点。

第一节 新能源汽车补贴等产业政策协同发展现状

自《节能与新能源汽车产业发展规划（2012—2020 年)》出台以来，我国已初步形成了多层级新能源汽车产业政策体系，推动了新能源汽车产业的快速发展。与此同时，产业发展对技术创新的广度与深度提出了新要求。本节主要将 2012～2020 年国家出台的新能源汽车产业政策进行总结梳理，为遵循政策文本分析的科学性、有效性和代表性，具体检索方式如下：

首先，在国家发展和改革委员会网站、中国新能源汽车产业联盟、中国政府网和国家法律法规数据库选取 2009～2018 年与新能源汽车产业发展相关的法律法规、规划、通知等政策文本，并通过关联内容检索保证政策文本的全面性。由于地方政策是中央政策的拓展且具有一定的地域特性，所以在进行检索时剔除各省市发布的政策。

其次，根据中国汽车工业信息网和北大法宝对检索的政策进行分析比对，剔除重复、关联不大的产业政策，并将政策按照不同类型、不同发布部门进行分类，初步确定 427 条与新能源汽车产业相关的政策。

最后，对初步选取的产业政策从政策措施、政策类型、政策时效等多方面进行精读，发现存在大量政策提及新能源汽车，但未对新能源汽车产业发展进行实质性规划且政策规格较低，在与产业政策相关专家、团队老师反复商讨后，最终确定选用新能源汽车产业政策数据库，其包括国务院、国家发改委、公安部、住建部、工信部、财政部、科技部、生态环境部、商务部、交通运输部、国家税务总局、国家能源局、国家市场监管总局、国家标准化管理委员会、国家电网、国家铁路局、海关总署、中国人民银行、中汽协等 20 多个部门颁布的 102 项国家层面的新能源汽车产业政策，分类如表 3.1 所示。

表 3.1　　　　2012～2020 年我国新能源汽车产业政策分布类型　　单位：项

类型	法律	办法	指南	方案		通知	规划
数量	2	12	3	7		38	5
类型	规定	意见	计划	公告	函	规范条例	要求等
数量	4	11	7	2	1	4	6

从统计结果来看，我国新能源汽车产业政策体系中主要以通知、办法、意见、计划为主要形式，占比在 55% 以上。按政策制定的年份，可统计绘制出 2012～2020 年我国新能源汽车产业政策颁布数量折线图，如图 3.1 所示。

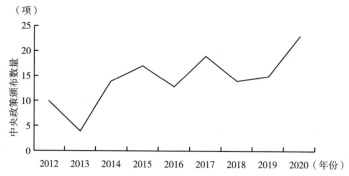

图 3.1　2012～2020 年我国新能源汽车产业政策制定情况

作为划阶段性政策,《节能与新能源汽车产业发展规划(2012—2020年)》出台后,经过 2013 年短暂的适当放缓后,从图 3.1 中可以看出,我国新能源汽车产业政策数量均保持在 10 条以上,整体而言呈逐年上升的趋势,对新能源汽车产业的重视程度也进一步加强。可见,经过多年培育,我国新能源汽车产销规模连续多年全球领先,保持快速增长态势。如图 3.2 所示,2019 年受中美贸易摩擦等因素影响,新能源汽车总产量和总销量均首次出现下滑,但很快又回暖,在 2020 年新冠疫情给各国经济带来重创的情况下,我国新能源汽车总产量和总销量仍持续增长;在 2021 年我国新能源汽车呈现全面复苏态势,总产量和总销量均迈上一个新台阶,分别达到354.5 万辆和 352.1 万辆,与 2020 年相比,均增长 1 倍以上。随着新能源汽车销量的高速扩增,我国新能源汽车市场渗透率也在大幅提升,2021 年新能源汽车产销量在整体汽车市场中占有率达到13.4%,是 2020 年的 2.53倍,2022 年 1 月市场份额更是达到 17% 左右,可见我国新能源汽车对传统汽车的替代作用越来越明显。

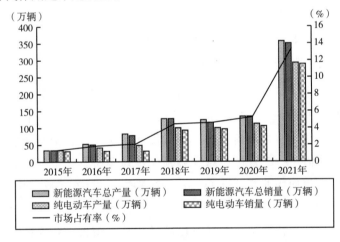

图 3.2　2015 ～ 2021 年我国新能源汽车产销量统计

资料来源:中国汽车工业协会。

随着市场的扩大,新能源汽车产业逐步转向市场驱动,行业焕发蓬勃生机,不断有企业进入新能源汽车行业。如图 3.3 所示,2021 年有 18 万家左右的新能源汽车相关企业注册,现在我国新能源汽车相关企业已有 45 万家左右。行业焕发生机的同时,竞争也日趋激烈,不断有造车新势力加入新能源汽车市场，如蔚来、理想、小鹏等；跨国车企也不断进军国内市场，特斯拉在中国建厂，2020 年 5 月大众收购江淮汽车 50% 股份，丰田和比亚迪成立纯电动车研发公司等。未来，自主品牌车企将面临传统燃油车企、合资车企等企业的多重挑战，竞争压力持续增大。

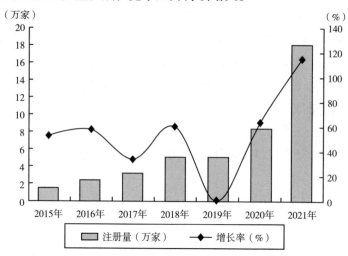

图 3.3　2015～2021 年新能源汽车相关企业注册量及增长率

资料来源：历年的《中国汽车工业统计年鉴》。

在国内市场中，2021 年销量前十的品牌如图 3.4 所示，比亚迪以 58.40 万辆占据第一，上汽通用五菱第二，特斯拉第三，前十位中除特斯拉，其他都是我国自主品牌汽车。而如图 3.5 所示，在全球新能源汽车市场中，特斯拉以 93.62 万辆绝对优势领先全球第一，比亚迪以 59.39 万辆排名第二，上汽通用五菱排第三。销量全球前十的汽车品牌中中国有两个，但是比亚迪和上汽通用五菱主要依靠内销占据市场份额，在欧美日韩等市场销量较低，但是特斯拉在全球市场销量几乎无短板，我国自主品牌新能源汽车较特斯拉还有较大追赶空间。目前我国新能源汽车主要在国内市场销售，出口情况还不是特别理想。根据中国汽车工业协会的统计，2021 年我国新能源汽车出口量达到 31 万辆左右，同比大幅增长 304.6%，但是这 31 万辆中有 16 万辆来自特斯拉中国，自主品牌新能源汽车在国外市场还有很长一段路要走。自主品牌车企不要局限于国内市场，要心怀远大，关注国际市场，努力将自主品牌新能源汽车做大做强，在国际市场中占据一席之地。

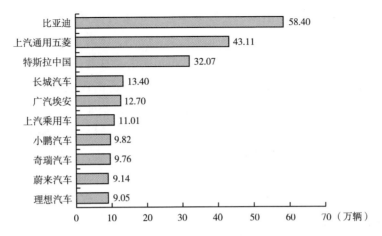

图 3.4　2021 年我国新能源汽车销量前十的企业

资料来源：乘用车市场信息联席会；中国产业研究院。

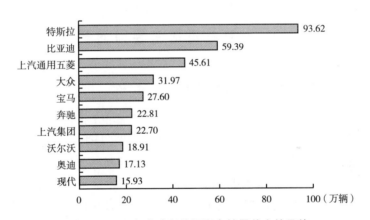

图 3.5　2021 年全球新能源汽车销量前十的品牌

资料来源：国际清洁能源研究机构（Clean Technica）。

目前中国新能源汽车市场呈现一种"强者恒强、弱者恒弱"的格局，龙头企业经营业绩出类拔萃，部分造车新势力不断进入又不断被淘汰。从图 3.4 也可以看出，销量前十品牌中比亚迪相较于其他自主品牌车企一直保持绝对领先优势，靠纯电动和插电混动占据半壁江山，同时在电池研发生产方面一直保持名列前茅。但除了比亚迪，长城、上汽、广汽等新能源汽车一直保持不温不火的状态，还有很多造车新势力进入市场但又被淘汰出去，比如曾经的知豆、拜腾。

此外，我国新能源汽车私人领域销售占比在逐步提升，公共领域新能源汽车销售主要集中在出租、企事业单位用车以及公共交通等领域。从区域分布来看，新能源汽车主要分布在北京、广东、上海、江苏、浙江等地，但消费市场也在逐步下沉，二三线等城市消费潜力日益凸显。

总的来看，在政策驱动下我国新能源汽车市场高速稳定发展，具有较大市场潜力；消费者对新能源汽车认知越来越广，企业竞争格局越发激烈，发展格局正在重构，产业总体进入更高发展阶段。但政策间协同作用并未发挥到极致，政策在推广新能源汽车过程中重量轻质，致使自主品牌车企同国际龙头企业仍具有一定差距。政策应着力引导自主品牌车企提高产品性能和服务水平，保持并不断提升自己的竞争优势，提高顾客忠诚度并源源不断地吸引更多消费者。

第二节　新能源汽车补贴等产业政策协同主要问题梳理

一、政策目标与措施维度分解

政策目标主要反映的是一项政策所要达到的目的。我国的"十三五"规划中对该产业提到四点要求，分别为提升新能源汽车地位、完善充电基础设施技术标准、促进动力电池技术升级以及完善新能源汽车积分管理制度。汽车产业需要加强对核心技术的研发，工信部发布的《新能源汽车产业发展规划（2021—2035年）》中明确指出，提升技术创新能力是下阶段新能源汽车产业发展的重要目标之一。也有学者提到汽车产业中的关键问题，李苏秀等（2016）认为新能源汽车产业政策应支持和鼓励其推广应用，鼓励完善基础设施建设与创新运营模式，引导续航里程的提升和技术的改进。结合文献分析，课题组进一步咨询了三位产业政策领域的教授与三位新能源汽车产业领域的相关人士，对于产业政策内容的作用目标进行商讨，确定了各政策目标措施的分类标准并对其定义进行了初步界定。最终将政策目标划分为五类，即加快推广应用、推动技术创新、完善基础设施建设、规范行业发展、提升质量安全，政策目标定义如表3.2所示。

表 3.2　　　　　　　　　　我国新能源汽车产业政策目标定义

目标分类	定义
加快推广应用	促进新能源汽车实现产业化目标，在汽车领域大力推广新能源汽车的购买使用。例如，明确新能源产业的战略地位，开展试点工作，简化新能源汽车项目申报、审批流程，发挥税收政策给予新能源汽车优惠，提出长期发展规划，有明确的短期目标，建设相关示范项目等
推动技术创新	对技术创新进行各方面支持或是强调技术自主创新重要性，如部署具体电池提升工程，建立国家技术创新体系，制定关键技术保障措施等
完善基础设施建设	主要完善新能源汽车的基础设施建设。例如，进行充电基础设施专项规划，充电基础设施建设及运营中相关问题探讨，建设服务网络运营监控系统，完善基础设施建设中涉及的相关体系
规范行业发展	推动新能源汽车行业的规范发展。例如，制定行业相关准入条件、技术规范和管理办法，动力蓄电池生产、设计、回收等相关内容制定，售后服务体系制定，破除地方保护等
提升质量安全	提升新能源汽车产品的质量安全和使用安全。例如，信息采集、质量监控、安全监管要求、建立产品运行安全状态监测平台及健全惩戒机制等，建立新能源汽车产品质量保障体系，制定废旧动力蓄电池回收质量安全保障体系

政策措施是指，政策制定者和施策者为实现既定目的，在政策着力点，针对关键问题运用的方法和手段。学者们对节能减排政策、技术创新政策以及光伏产业政策的政策措施都进行了分类，大致包含行政措施、引导措施、财税措施等五类或六类措施（张国兴等，2014；彭纪生等，2008；蔡宇涵，2019）。与确定政策目标的过程相似，结合新能源汽车产业政策自身特点，最终将政策措施分为五类，各类政策措施定义如表 3.3 所示。

表 3.3　　　　　　　　　　我国新能源汽车产业政策措施定义

措施分类	定义
财税支持措施	购置车辆税收优惠及补贴、销售企业补贴、产学研合作资金补助、项目专项资金支持等
规划引导措施	明确新能源汽车产业地位及关键领域、产品推广目录、确定试点城市与推广目标、引导建设各类研发平台、政府采购等
行业规范措施	产品抽检制度、动力电池准入管理制度、服务费电费标准、各类基础设施建设比例或安装条件、下放审批权限等
监督保障措施	基础设施及其设置场所的安全检查及管理方案、信息登记制度、质量安全监控平台建设等
其他措施	金融服务支撑、对电网企业服务不合规与充电基础设施运营违规企业予以限制或禁入、加强人才队伍保障、多层次的人才培养体系等

二、政策协同量化分析

课题组邀请新能源汽车产业政策领域的相关专家、3 位产业政策领域的教授及 5 位本课题组内部成员成立评估小组,一起根据量化标准对政策进行量化赋值,统计我国新能源汽车产业政策目标和政策措施分年度分值统计如表 3.4 所示。

表 3.4　　我国新能源汽车产业政策目标和措施各年度分值统计

年份	政策目标					政策措施				
	推广应用	技术创新	基础设施建设	规范行业发展	质量安全	财税支持措施	行业规范措施	规划引导措施	监督保障措施	其他措施
2009	8	3	1	5	2	5	7	4	4	0
2010	4	1	1	6	0	6	7	4	2	2
2011	7	3	5	6	7	5	6	8	7	1
2012	27	21	11	19	7	16	18	20	10	9
2013	11	6	6	2	3	8	3	11	2	0
2014	38	9	25	24	9	28	33	23	17	6
2015	34	18	17	43	12	18	40	35	33	3
2016	19	12	10	35	11	9	35	23	19	8
2017	36	16	13	34	18	13	32	34	27	13
2018	36	11	13	29	16	8	27	35	29	5

由表 3.4 可知,2009~2018 年,政策目标和措施得分都有提升且总体趋势相同。2009~2012 年新能源汽车推广完成了初步工作,产业开始起步并得到快速发展,政策内容设计从注重单一目标逐渐过渡到注重多目标,体系日益完善。

在 2015 年末,行业中出现了企业虚假生产等现象,政策导向转变,政府补贴开始实施"退坡"机制。政策措施使用方面,财税支持措施在政策措施使用中 2009~2014 年都处于高占比,2014 年后其占比呈现递减趋势。与此同时,行业规范措施、规划引导措施、监督保障措施和其他措施(金融措施、人事措施等)得分都呈现递增趋势。在 2017 年新能源汽车产业开始由量变到质变转化,到 2018 年实现平稳发展。

从根据本研究的计算结果得到的图3.6可以看到，2009～2018年，各措施的实施主要集中于推广应用目标和规范行业发展目标。2012年《电动汽车科技发展"十二五"专项规划》和《节能与新能源汽车产业发展规划（2012—2020年）》的发布，使得2012年各措施与推广应用目标协同度最高。2013年，整体政策措施得分都有所下降，主要原因是当年仅出台部分宏观政策，未出台具有针对性的新能源汽车产业政策。虽然基础设施建设目标与各措施协同情况在2016年、2017年状况不佳，但是总体来说，从2014年开始，相关补贴政策落实，产业链整体水平提升，基础设施建设工作已经开始得到重视，政策支持基建的力度加大。《新能源汽车产业发展规划（2021—2035年）》提出，推广构建产业协同发展新格局是新能源汽车下阶段发展方向和发展重点。

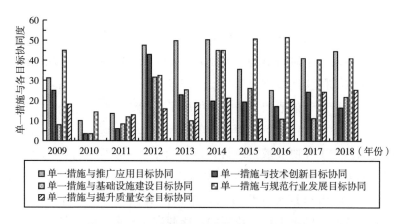

图3.6　不同时期单一措施与各目标协同情况

三、新能源汽车补贴等产业政策协同发展战略态势分析

（一）PEST 分析

1. 政治

我国已出台的《新能源汽车产业发展规划（2021—2035年）》中提出，到2035年，我国的新能源汽车产业水平要达到国际先进水平。

2016年开始，我国对新能源汽车的政策补贴开始逐渐下降，下降幅度也在逐渐提高。在补贴下坡的同时也提高了我国对于新能源汽车及其配件的技术要求。另外，骗补现象的屡次发生，引起了政府的高度关注。2016
年 12 月 20 日，我国颁布了《严惩新能源汽车骗补行为规范产业发展秩
序》，为欺诈性补贴案件提出了明确的解决方案。根据现行政策，购买新能
源车享有购置税优惠将延续到 2027 年 12 月 31 日，2024 年 1 月 1 日至 2025
年 12 月 31 日购买新能源车，减免购置税的上限是 3 万元；2026 年 1 月 1
日至 2027 年 12 月 31 日购买新能源车，购置税优惠的上限是 1.5 万元。新
能源汽车也会因为财政补贴的退出而受到影响，取消财政补贴是国家的既
定方针，政府急需制定相关政策保证新能源汽车产业的正常、可持续性发
展，防止在取消补贴政策之后造成新能源汽车产业的断崖式下跌。

同时，汽车产业的"十三五"规划中提到新能源汽车的发展重点，信
息化、智能化将是未来新能源汽车产业的主攻方向，如互联网、大数据和
云计算、无人驾驶汽车和汽车工业 4.0 等的结合，强调新能源汽车的技术
升级。未来新能源汽车发展也必然是智能、信息、共享所结合的发展模式。

部分省份取消了对新能源汽车的限牌限行政策，同时在城市市区内划
分了新能源汽车的夜间专用停车区，一些大型的新能源汽车也可使用公交
车道。限牌限行政策的取消，极大地鼓励了新能源汽车的销售。

2. 经济

据中国汽车工业协会数据统计，2023 年，汽车产业成为工业经济增长
的主要拉动力。全年产销有望达到 3000 万辆左右，新能源汽车产销将超过
900 万辆，汽车出口接近 500 万辆，中国品牌乘用车市场占有率稳定在
50% 以上。从汽车销量来看，我国的新能源汽车未来发展前景一片大好。

随着人们生活水平的不断提高，人们对出行便利的要求也越来越高，
越来越多的家庭想拥有自己的汽车。但是，新能源汽车仍然存在成本高等
问题，且消费者对新能源汽车电池的充电效率和续航里程有更高的要求。

同时，进入中国市场的国外新能源汽车将对国内新能源汽车的发展产
生一定的影响。例如，特斯拉于 2019 年在上海建立了一座超级工厂。特斯
拉一直以来致力于新能源汽车技术的研究和创新，其在电池技术、驾驶辅
助技术、自动驾驶技术等方面都取得了重要的突破，引领了全球新能源汽
车的技术革新。特斯拉进入中国市场后，不仅带来了先进的技术和产品，
也为中国新能源汽车行业带来了新的竞争压力和创新动力。

此外，德国和美国也高度重视中国的新能源汽车消费市场，并不断加

大对中国市场的投入，合资成立新能源汽车生产基地，一定程度刺激了新能源汽车产业的发展。

3. 文化

全球污染、空气质量下降、二氧化碳排放量增加造成气候变暖、海平面上升等问题依然存在，我国对能源的需求量仍然在增加，社会对于低碳环保等产品的需求也越来越大。近年来，国民环保意识大幅度增加，绝大部分的人都愿意自愿参加到环保活动中。新能源作为一个低碳环保的重要产品，其发展也必然是我国可持续发展与低碳标准的重要体现。

共享出行的新业态模式也正在改变和推动新能源汽车产业的发展，电动车加自动驾驶再加互联网为城市交通建设开拓了新视野。新模式、新技术、新体系正不断加速新能源汽车的发展，互联网造车新势力的加入为新能源汽车的发展注入了新的活力，共享汽车以不同的出行方式满足消费者的出行需求，已经越来越受到消费者的欢迎，并已经在部分城市大范围使用推广。

4. 技术

动力电池目前是各国主要需要攻克的技术难关，至今没有十全十美的技术方向。依据不同的生产材料，动力电池可以分为三元锂电池、锰酸锂电池、磷酸铁锂电池、钛酸锂电池等。随着三元锂电池取消补贴以及新能源汽车领域对成本控制加强，磷酸铁锂电池自 2021 年开始装机量实现反超，预计未来依然是行业主流选择。根据 SNE Research 发布的最新数据显示，2023 年 1～5 月，全球动力电池装车量 237.6GWh，同比增长 52.3%。得益于中国国内市场份额的增加，比亚迪以同比三位数增长的纪录保持第二名。而预计到 2025 年，我国废旧动力电池回收市场规模或将超 410 亿元。

技术水平上升的同时依然存在一些问题，我国一些地方对应用环境的投入不足，忽略了一些基础设施的建设，造成了一些充电基本设施的不健全。另外我国新能源汽车在购买之后故障频出。据国家市场监督管理总局的不完全统计数据，2018 年全国发生了 40 多起电动汽车着火事件，乘用车、公交车、物流车等都有发生，很多着火事件在充电时发生，或者在刚刚结束充电的时候，因此电池安全性问题仍是新能源汽车发展的重中之重。同时也有中控屏幕花屏、充电口无法充电、制动踏板降低、EV 模式不能用、充电模块短路、冷却液泄漏等问题。

此外，新能源汽车对维修人员要求较高，传统燃油汽车的电压一般为12伏特或者24伏特，而新能源电动汽车的电压可达几百伏特，属于非安全电压，要求维修技师有电工证才能上岗维修，但现在很多维修店的维修技师都没有电工证，造成无法上岗维修，这说明新能源汽车的维修类人才的短缺。

（二）态势分析（SWOT 分析）

1. 优势（S）

新能源汽车采用电力或其他可再生能源驱动，相对于传统燃油车，它们减少了对大气环境的负面影响，有利于改善空气质量和保护生态环境。此外，新能源车通常采用高效电动机和先进的电池技术，能够更有效地利用能源，提高行驶里程，降低能源消耗。

随着经济与科技的高速发展，中国的新能源汽车正在迅速融入互联网、云计算、大数据、人工智能等领域，并在技术方面不断升级。政府虽下调了对购买补贴的额度，但新能源汽车的地位仍然不可动摇，国家也在加快充电桩等基础设施的建设，同时对于新能源汽车的相关限购以及路权等方面都给予了更大的放开政策。此外，行业整合的趋势更为明显，对锂离子公司的投资也在飙升，有利于整个汽车产业的发展。

政府支持也是中国新能源车的一大优势。中国政府一直积极推动新能源汽车的发展，通过制定各种政策，为消费者和制造商提供了支撑和激励。这种政策环境使得中国成为新能源车产业的领先者，并且在技术创新和市场规模上具备竞争优势。

2. 劣势（W）

安全性有待提高。新能源汽车产业的技术虽有提高，但仍然存在很多方面的问题，例如，行驶距离较短，充电基础设施等不健全，充电困难，电池安全性差，屡次发生起火事件等。

对于很多消费者来说，新能源汽车的行驶距离太短，尤其是在充电设施不够完善的时候，很多消费者都会有开到一半路程汽车没电却没有充电设施的担忧，特别是在一些经济不够发达的地区，缺少相关配套设施的建设。同时，补给时间长，传统燃油汽车加一箱油可能只需要几分钟，但新能源汽车短短几分钟内不可能充好电，在行驶距离远，行车人有紧急事情等情况下，新能源汽车的便利性比不上传统燃油汽车。新能源汽车相较燃油汽车还显得动力不足，在遇到陡坡等情况下行驶会比较吃力。

此外，新能源汽车维修人才缺口大，因为新能源汽车对维修人员的技术水平要求较高，同时必须拥有电工证才能上岗。

3. 机会（O）

虽然我国的新能源汽车仍然面临着相关领域的诸多技术问题，但由于石化能源的减少和严重的环境污染，国家对新能源汽车的发展给予了大力支持。"中国制造 2025"提出了实现新能源汽车的计算机化和智能化。未来，我国将加快汽车智能驾驶的发展，新能源汽车的发展将会推动智能交通、智能城市的建设，也将成为新一代互联网科技与各行业融合创新的重要参与者。随着 5G 的发展，我国新能源汽车也将会在各个领域突破创新发展。

相关政策的变化会倒逼新能源汽车产业加快产业升级，营造出更有竞争力的产业发展环境。产业由政策驱动转化为市场和消费驱动，行业市场集中度提高，对新能源汽车技术要求提高，在这种环境下，具有市场优势、技术优势和资金优势的新能源汽车企业将具有一定的竞争力，将在竞争中胜出，而低端产能则会被加速清出市场。

4. 威胁（T）

随着补贴标准的下降和技术的提高，新能源汽车的成本也将上升，这种增加的成本将转嫁给消费者，虽然国民环保意识有了很大提升，但大部分人不愿意花高价购买新能源汽车以保护环境，因此，新能源汽车成本的进一步上涨将打击消费者的购买欲望。

目前充电设施等还不够完善，建设新的大量的充电设施需投入大量的财力和物力，未来发生突破性科技革命，或者人们的出行方式改变，可能减少充电设施的使用率。高投入、高风险也是新能源汽车产业的一个大问题。随着中国新能源汽车企业竞争日趋激烈，财务稳健的上市公司和大型国有企业还能保障资金链不断裂，而小型车企面对成长的压力往往难以渡过阵痛期。

新能源汽车逐步强调产业链的协同发展，以并购整合为主，要做到在细分领域产业的强大，不仅要做到品质端优化、成本控制，同时也要做到行业标杆。这也会为车企带来巨大压力。

根据以上分析，本书建立了新能源汽车后补贴时代的 SWOT 矩阵，如图 3.7 所示。

	S	W
	1. 与互联网、云计算、大数据等快速集成，技术不断升级 2. 基础设施建设日趋完善 3. 电池技术取得有效成绩	1. 新能源汽车电池安全性差 2. 行驶距离短 3. 动力不足 4. 补给不方便 5. 成本上升 6. 缺乏新能源汽车维修人才
O	SO	WO
1. 国家大力支持 2. 5G 时代发展，促进汽车创新升级 3. 加快产业升级，营造更具竞争力的产业环境 4. 在技术、资金等方面有优势的企业会更具竞争力 5. 限行限牌政策的取消	1. 继续加强对技术的补贴，提高技术门槛 2. 采取补贴退坡机制，由市场和政策互相推动产业发展 3. 补贴新业态模式 4. 延续不限行不限牌政策	1. 提高技术水平 2. 培养维修人才
T	ST	WT
1. 汽车成本上升 2. 生活方式变化，基础设施的大额投资可能造成浪费 3. 产业链协同发展，以并购整合为主，对优势不明显的车企将会带来巨大压力	1. 鼓励车企合作，降低风险 2. 补贴新业态模式，降低运营成本	1. 保持政策的持续性 2. 增加技术投入，降低成本

图 3.7　新能源汽车后补贴时代的 SWOT 矩阵

在我国补贴政策的每个阶段，技术的创新都是必不可少的。消费者对产品的要求会越来越高，这就要求企业在技术创新上与时俱进，持续增加研发的资金和人力投入，以满足消费者的需求，仅靠企业的能力无法快速实现技术创新，仍需依靠政府的扶持。在新能源汽车后补贴时代，我国的补贴政策采取退坡机制，逐渐减少对购买的补贴，增加对技术创新的补贴，鼓励企业对技术的创新投入，让市场带动新能源汽车产业发展。在政府的补贴政策下，很多企业对政府补贴政策产生依赖性，并以此作为这些企业生存下去的"粮食"，在政府取消补贴政策之后，市场上产生优胜劣汰的结果，更多的企业会努力开发创新新能源汽车技术，以此提高自己在新能源汽车市场中的竞争能力。政策补贴不是长久之计，终归得让市场驱动新能源产业发展，遵循优胜劣汰的自然发展规律。

2019 年是 5G 时代发展的开始，在 2020 年 5G 开始逐渐全面普及，在 2020 年之后，正是互联网、信息化和智能化高速发展的时期，人工智能、互联网、信息通信等与汽车的融合是大势所趋，我国的新能源汽车必将走向智能化的道路。所以预计在补贴政策完全退出之后的未来五年，我国政府的补贴政策将会转向为补电、补里程、补基础设施、补技术等方面。我国的新能源汽车补贴政策的重点会放在技术创新上面，即尽快实现新能源汽车的智能化创造，以及消费者最为关注的续航里程以及充电难等问题上。在发展技术的同时技术创新人才与应用领域人才都是至关重要的，他们共同推进了新能源汽车产业的发展，所以我国未来的补贴也应该对我国新能源汽车技术研发人才与应用领域人才进行补贴。

第三节　新能源汽车补贴等产业政策协同关键问题识别

一、新能源汽车补贴等产业政策协同发展的灰色关联度模型构建

灰色关联分析法是在灰色系统理论中被提出的一种系统分析方法，其基本的思想是对序列曲线形状的相似程度进行判断，进而得出序列间的联系紧密程度，曲线越接近则序列间关联度就越大。我国测度新能源汽车产业政策协同状况的研究较少，并且对于政策的量化数据灰度较大，没有明显的规律性，用回归模型等方法往往无法得到准确结果。灰色关联分析方法适用于样本量较小及样本无规律性的数据样本类型，适用于本书情境。因此本节进行影响因素灰色关联分析，测度政策协同因素与产业发展水平之间的情况，识别我国新能源汽车产业协同发展过程中的关键问题。

通过专家访谈，学者们对政策协同的衡量指标进行了分析，在已有相关评价指标的研究成果基础之上，构建了新能源汽车产业政策协同和新能源汽车产业发展水平的评价指标体系。新能源汽车产业政策协同水平方面，从各主体协作程度、中央目标措施协同水平、产业链各环节协同水平三个

方面选取 10 个自变量指标进行分析，自变量的统计数据见表 3.5。其中，产业链各环节协同水平以浙江省为代表，由于研发资金投入比例这一行业数据的不可获取，用浙江省规模以上工业企业 R&D 经费投入占全国规模以上工业企业 R&D 经费投入比重代替。

表 3.5　　　　　新能源汽车产业政策协同水平的评价指标

评价维度		具体指标	指标说明
各主体协作程度		多部门共同颁布政策数量（X1）	通过对每年政策群分析可得
		主体联系紧密程度（X2）	通过 ucinet 软件计算整体网的网络密度可得
中央目标措施协同水平		目标一致性程度（X3）	五类政策目标间协同
		措施匹配程度（X4）	五类政策措施间的协同
		目标措施协同度（X5）	五类目标与五类措施协同
产业链协同水平	上游	研发资金投入比例（X6）	浙江省规模以上工业企业 R&D 经费投入占全国规模以上工业企业 R&D 经费投入比重
	中游	生产准入政策机制（X7）	央地规范措施协同度
		整车制造开发能力（X8）	通过中国专利数据库整理得
	下游	产业配套支撑能力（X9）	浙江省充电桩保有量占全国充电桩保有量比重
		推广应用政策机制（X10）	央地财税措施协同度

销量及市场渗透率可代表市场发展环境和评估市场发展水平，因此新能源汽车产业发展水平从销量、渗透率及代表企业可持续增长率 3 个因变量指标进行分析。因变量的统计数据见表 3.6，其中，代表企业可持续增长率用吉利汽车有限公司净资产收益率指标为代表。

表 3.6　　　　　新能源汽车产业发展水平的评价指标

指标	指标说明
新能源汽车销量（Y1）	主要指电动汽车销量
新能源汽车渗透率（Y2）	全国新能源汽车（以电动汽车为代表）销量保有量/全国汽车销量保有量
代表企业可持续增长率（Y3）	吉利汽车有限公司净资产收益率（ROE）指标

　　在构建产业政策协同评价指标体系和产业发展水平的评价指标体系的基础上，进行二者的灰色关联分析。分析包括以下 6 个步骤：确定分析数列、无量纲化处理、求绝对差数列、计算关联系数、计算关联度、结果分析。

　　第一步，确定分析数列。参考数列是系统的行为特征，新能源汽车产业发展水平所组成的数列即为参考数列，设为 $Y(K) = \{Y(1), Y(2), Y(3)\}$。比较数列表示影响系统的行为特征，新能源汽车产业政策协同指标所组成的数列为比较数列，设为 $X(k) = \{X(1), X(2), \cdots, X(m)\}$，其中 $k = 1, 2, \cdots, 10$。

　　第二步，数据无量纲处理。由于本书中自变量（产业政策协同水平）与因变量指标（产业发展水平）的数据为不同的量纲，需要化为无量纲进行统一。以某一序列的第一个数据（即 2009 年的数据）为公共点，用后续的每一年数据（即 2010～2018 年每一年数据）除以第一个数据，得到 2010～2018 年的数据初值，完成初值化处理，得到初值化序列，其中初值化处理公式为：$X'(k) = X(k)/X(1)$。

　　第三步，求绝对差数列、最大差。利用公式 $\Delta_i(k) = |X(k_0) - X(k_i)|$ 得出自变量与因变量数列各值的绝对差值。绝对差值矩阵中的最大值即为最大差。

　　第四步，计算灰色关联系数：

$$\varepsilon_i(k) = \frac{a + \rho b}{\Delta_i(k) + \rho b}, i = 1, 2, \cdots, n \qquad (3-1)$$

其中，ρ 为分辨系数，一般来说其取值在（0，1）之间，通常取 $\rho = 0.5$。

　　第五步，计算关联度。本书通过算术平均法将 2009～2018 年这个观察期内比较数列（自变量数列）与参考数列（因变量数列）的关联系数综合为一个算术平均值，即最终的关联度值。关联度的计算公式为：

$$r_i = \frac{1}{m} \sum_{k=1}^{m} \varepsilon_i(k) \qquad (3-2)$$

　　第六步，进行结果分析。经过前五个步骤的计算后，得到各自变量与因变量之间的关联度数值，总结影响因变量变化的主要关键因素。依据灰色关联的分析结果，可以得到产业协同和产业发展水平影响因素之间联系的紧密程度，以及这些影响因素对新能源汽车产业发展水平的影响大小。

二、基于灰色关联的新能源汽车补贴等产业政策协同关键问题识别

首先对原始数据进行收集和统计，在各自变量与因变量指标中，主体联系紧密程度、目标一致性程度、措施匹配程度、目标措施协同度、生产准入政策机制、推广应用政策机制指标通过前文计算可得，其余数据可从公开发布的报告年鉴及数据库中获得，数据来源包括中国统计年鉴、国家统计局、Wind 数据库、EMIS 数据库、中国专利数据库等。2009～2018 年各自变量指标的原始数据统计如表 3.7 所示。

表 3.7　　新能源汽车产业政策协同的表征指标（2009～2018 年）

指标	2009 年	2010 年	2011 年	2012 年	2013 年
X1	1	3	2	6	1
X2	0.167	0.5	0.8	0.762	0.6
X3	107	15	100	840	252
X4	126	54	69	479	136
X5	136	93	233	798	172
X6	0.0874	0.0839	0.0801	0.0817	0.0823
X7	0.9394	0.6838	0.996	0.8627	0.5114
X8	4	23	25	53	68
X9	0.0113	0.0267	0.0324	0.034	0.0355
X10	0.6068	0.2827	0.5472	0.9974	0.7908
指标	2014 年	2015 年	2016 年	2017 年	2018 年
X1	10	6	6	13	7
X2	0.757	0.418	0.419	0.516	0.752
X3	920	708	479	828	714
X4	1018	1076	605	1051	680
X5	1035	1075	709	943	901

续表

指标	2014 年	2015 年	2016 年	2017 年	2018 年
X6	0.083	0.0852	0.0855	0.0858	0.0849
X7	0.545	0.5641	0.446	0.7884	0.7856
X8	67	120	403	965	1609
X9	0.0323	0.0303	0.0371	0.0461	0.0475
X10	0.7632	0.6352	0.0755	0.3562	0.2920

资料来源：根据国家统计局、Wind 数据库、EMIS 数据库、中国专利数据库的公开资料整理得到。

2009～2018 年各因变量指标的原始数据统计如表 3.8 所示。

表 3.8　　新能源汽车产业发展水平的评价指标（2009～2018 年）

指标	2009 年	2010 年	2011 年	2012 年	2013 年
Y1	6000	7181	8159	12791	17642
Y2	0.01	0.03	0.04	0.07	0.08
Y3	22.37	19.009	17.535	18.158	18.395
指标	2014	2015	2016	2017	2018
Y1	74800	331100	507000	777000	1256000
Y2	0.32	1.35	1.81	2.69	3.73
Y3	8.578	12.281	23.259	36.105	31.616

资料来源：根据国家统计局、Wind 数据库、EMIS 数据库、中国专利数据库的公开资料整理得到。

分别对 Y1、Y2、Y3 与自变量各因素进行灰色关联分析。以 Y1 为例，统计 Y1 与各自变量的原始数据，如表 3.9 所示。

表 3.9　　新能源汽车销量与影响因素分析的原始数据统计

年份	Y1	X1	X2	X3	X4	X5
2009	6000	1	0.167	107	126	136
2010	7181	3	0.5	15	54	93
2011	8159	2	0.8	100	69	233
2012	12791	6	0.762	840	479	798
2013	17642	1	0.6	252	136	172
2014	74800	10	0.757	920	1018	1035
2015	331100	6	0.418	708	1076	1075

续表

年份	Y1	X1	X2	X3	X4	X5
2016	507000	6	0.419	479	605	709
2017	777000	13	0.516	828	1051	943
2018	1256000	7	0.752	714	680	901

年份	X6	X7	X8	X9	X10	
2009	0.087	0.9394	4	0.011	0.6068	
2010	0.084	0.6838	23	0.026	0.2827	
2011	0.080	0.9960	25	0.032	0.5472	
2012	0.082	0.8627	53	0.034	0.9974	
2013	0.082	0.5114	68	0.035	0.7908	
2014	0.083	0.5450	67	0.032	0.7632	
2015	0.085	0.5641	120	0.030	0.6352	
2016	0.086	0.4460	403	0.037	0.0755	
2017	0.086	0.7884	965	0.046	0.3562	
2018	0.085	0.7856	1609	0.047	0.2920	

为消除原始数据的量纲差异性影响，采用初值化公式进行无量纲化处理，结果如表3.10所示。

表3.10　　新能源汽车销量与影响因素数据无量纲化处理结果

年份	Y1	X1	X2	X3	X4	X5
2009	1	1	1	1	1	1
2010	1.1968	3	2.994	0.1402	0.4286	0.6838
2011	1.3598	2	4.7904	0.9346	0.5476	1.7132
2012	2.1318	6	4.5629	7.8505	3.8016	5.8676
2013	2.9403	1	3.5928	2.3551	1.0794	1.2647
2014	12.467	10	4.5329	8.5981	8.0794	7.6103
2015	55.183	6	2.503	6.6168	8.5397	7.9044
2016	84.5	6	2.509	4.4766	4.8016	5.2132
2017	129.5	13	3.0898	7.7383	8.3413	6.9338
2018	209.33	7	4.503	6.6729	5.3968	6.625

续表

年份	X6	X7	X8	X9	X10	
2009	1	1	1	1	1	
2010	0.96	0.728	5.75	2.363	0.466	
2011	0.9165	1.060	6.25	2.867	0.902	
2012	0.9348	0.918	13.3	3.009	1.644	
2013	0.9416	0.544	17	3.142	1.303	
2014	0.9497	0.58	16.8	2.858	1.258	
2015	0.9748	0.601	30	2.681	1.047	
2016	0.9783	0.475	100.8	3.283	0.124	
2017	0.9817	0.839	241.3	4.08	0.587	
2018	0.9714	0.836	402.3	4.204	0.481	

　　根据表 3.10 进而求出 Y_1 与 X_1 和 X_i 之间的绝对差值，运用灰色关联分析软件（DPS）执行上述步骤，得出各自变量（影响因素）与新能源汽车销量之间的灰色关联度及其排序。按照同样的方式，分别计算出 Y2、Y3 与各自变量之间的灰色关联度结果，结果见表 3.11。

表 3.11　　　　　　　　　各自变量与因变量关联度及其排名

自变量	因变量 Y1		因变量 Y2		因变量 Y3	
	关联度	排名	关联度	排名	关联度	排名
ε_1	0.7964	3	0.7707	2	0.978	9
ε_2	0.7867	7	0.7674	5	0.9879	5
ε_3	0.7943	5	0.7682	3	0.9813	8
ε_4	0.7971	2	0.7664	6	0.9835	6
ε_5	0.7954	4	0.768	4	0.9826	7
ε_6	0.786	9	0.7596	9	0.9987	1
ε_7	0.7849	10	0.759	10	0.9985	2
ε_8	0.8164	1	0.8892	1	0.8069	10
ε_9	0.79	6	0.7654	7	0.99	4
ε_{10}	0.7864	8	0.7598	8	0.997	3

　　当 $\rho = 0.5$ 时，关联度大于 0.6 则代表关联性显著（张永安，鲁明明，

2019），关联度越接近于 1 则自变量与因变量的关联程度越大。由于 10 个指标的灰色关联度都大于 0.6，说明了各影响因素对新能源汽车产业发展都发挥着积极的作用，也证明了所选指标的合理性和科学性。根据表 3.11 中的灰色关联度可构建出灰色关联度矩阵 $R_{mn} = (m = 10，n = 3)$，其中 m 是自变量，n 是因变量。

从表 3.11 可以看出，与 Y1 关联度最高的是 ε_8 指标，即整车制造开发能力（X8）对新能源汽车销量的影响程度最大，这表明我国新能源汽车产业走的是"技术—政策"共同牵引的"齐步走"路线，并且我国新能源汽车市场需求对整车的技术创新能力潜在要求较高；其次是多部门共同颁布政策数量（X1）以及目标和措施匹配程度（X3、X4、X5）；产业配套支撑能力（X9）、主体联系紧密程度（X2）、推广应用政策机制（X10）、研发资金投入比例（X6）、生产准入政策机制（X7）对新能源汽车销量的影响较小。与 Y2 关联度最高的是 ε_8 指标，即整车制造开发能力（X8）对新能源汽车渗透率的影响程度最大，与 Y1 的关联度排名基本相似；但与 Y1 关联度不同的是，ε_2 对新能源汽车渗透率的影响比对新能源汽车销量的影响更大，说明主体联系紧密程度（X2）对新能源汽车渗透率的提升更为重要。与 Y3 关联度最高的是 ε_6 指标，即研发资金投入比例（X6）对企业可持续增长率的影响程度最大，其次是生产准入政策机制（X7）、推广应用政策机制（X10）、产业配套支撑能力（X9）和主体联系紧密程度（X2）。Y3 关联度排名与 Y1、Y2 存在显著差异，可以看出对于产业整体的宏观环境来说，整车制造开发能力与目标和措施匹配程度起到关键作用，而对于企业微观层面而言，地方政府对其的研发资金投入以及生产准入等相关政策才是关键因素。

第四章 考虑多主体利益均衡的新能源汽车产业政策作用机理研究

新能源汽车产业的快速发展，离不开政府的大力支持，一系列相继出台的相关政策覆盖新能源汽车产业。但新能源汽车产业链结构复杂，涉及多个利益主体，政策对产业链不同主体的影响也不尽相同。要促进产业链不同环节的协调发展，剖析政策对产业链上下游主体的影响机制必不可少。因而，本章从产业链角度出发，分析政策作用于产业链不同环节时，对主体利益及策略选择的影响机制，厘清政策对企业和消费者的作用机理，为政策制定提供参考。

第一节 考虑消费者偏好的新能源汽车产业政策作用机理研究

新能源汽车产业的快速发展使得新能源汽车已从可用阶段发展至愿用阶段，该阶段我国的新能源汽车产品性能和服务水平处于全球前列，关键核心技术也处于领先水平，市场占有率稳步上升。但随着新能源汽车产业的蓬勃发展和合资股比的放开，造车新势力和外资车企不断进入，市场竞争日益激烈。这时消费者会面临更多更好的选择，会带着更复杂的偏好选择性地购买新能源汽车，这就对新能源汽车产业提出了更高的要求。故从消费者偏好入手，通过构建多主体演化博弈模型去探寻新能源汽车在政策引导产业价值提升过程中对主体策略的影响，是对产业发展寻求突破的战略考量。

一、我国新能源汽车消费偏好调查

随着市场供给和人民生活的日益丰富，消费者的个性化偏好逐渐成为企业竞争优势的来源。消费者偏好与产品和服务密切联系在一起，了解消费者偏好，有助于政府有针对性地引导企业积极完善产品功能或服务水平，甚至开发新颖的产品或服务，对开拓市场和提升产业价值具有重要意义。故在考虑消费者偏好情况下研究新能源汽车产业政策的作用机理之前，需调查了解消费者关于新能源汽车的偏好，为接下来的研究做好铺垫。因此，本节从消费者偏好入手，结合新能源汽车产品属性特征，对新能源汽车消费偏好进行分类，在此基础上进行新能源汽车消费偏好的问卷调查和数理分析。

（一）新能源汽车消费偏好及产品属性分类

本书归纳分析国内外有关消费者偏好的研究成果，得到学者关于消费者偏好的分类（见表4.1）。此外，在汇总过程中我们发现顾客感知价值与消费者偏好的研究有异曲同工之处。顾客感知价值是消费者对于产品价格、质量、性能等各方面属性的主观评价（Liao et al，2017），顾客感知价值会影响消费者偏好和购买意愿，相关专家也根据顾客感知价值去解释和预测消费者偏好和购买行为，这与消费者偏好的性质和影响有较大相似之处，所以本书在对消费者偏好分类时也参考了顾客感知价值的分类。

表4.1 消费者偏好分类相关研究汇总

序号	偏好/感知价值分类	参考文献
1	价格偏好，感官偏好，品质偏好，安全偏好	聂文静等（2016）
2	生态偏好，安全偏好，享乐偏好	尹世久等（2014）
3	质量偏好，成本偏好	蔡宇涵（2019）
4	品牌偏好，功能偏好	李伟光等（2019）
5	品牌偏好	陈香等（2019）
6	社会环境效益偏好，技术偏好，内在条件偏好，外在偏好	唐葆君等（2013）
7	功能价值，经济价值，安全价值，环境友好价值，情感价值	张国政等（2017）
8	品质感知价值，价格感知价值，服务感知价值，社会感知价值	李伟卿等（2021）

续表

序号	偏好/感知价值分类	参考文献
9	产品质量感知，服务质量感知，品牌价值感知，绿色价值感知，产品价格感知	王宗水等（2016）
10	成本偏好，技术偏好，基础设施偏好	Liao et al（2016）
11	质量偏好，外观偏好	Idun et al（2016）
12	风格偏好，性能偏好，安全偏好	O'Connor et al（2021）
13	品牌偏好，功能偏好，设计偏好	Chen et al（2021）
14	感知价值：有用价值，享乐价值、社会价值、风险价值 产品特征：功能、设计、品牌、价格	Yu et al（2015）

从表 4.1 中可以看出，目前已有研究关于消费者偏好的分类不是特别规范，层次性不清晰且分类较杂。本书在总结以上研究的基础上，通过团队研讨和结合实际考量，将新能源汽车消费偏好划分为品牌偏好、功能偏好、安全偏好、服务偏好和美学偏好五类。再查阅相关资料和文献，总结新能源汽车产品属性主要为价格、品牌口碑、续航里程、充电速度、电池安全、充电服务、外观内饰等，将这些产品属性按消费者偏好分类依次对应划分，结果如表 4.2 所示。

表 4.2　　　　　　　　　　新能源汽车偏好及产品属性分类

偏好分类	产品属性	测量指标
品牌偏好	价格	X_1
	品牌口碑	X_2
	品牌档次	X_3
	品牌故事与精神	X_4
	品牌情怀	X_5
功能偏好	续航里程	X_6
	百公里加速度	X_7
	快充充电速度	X_8
	制动性能	X_9
	娱乐功能	X_{10}
	自动驾驶功能	X_{11}
	智能化配置	X_{12}
	驾控稳定性	X_{13}

续表

偏好分类	产品属性	测量指标
安全偏好	电池安全	X_{14}
	被动安全	X_{15}
	主动安全	X_{16}
	自动驾驶安全	X_{17}
服务偏好	动力电池回收服务	X_{18}
	三电质保服务 *	X_{19}
	充电设施建设服务	X_{20}
	售后维修保险保养等服务	X_{21}
美学偏好	外形设计	X_{22}
	内饰设计	X_{23}

注：＊三电质保是指对电动机、电控设备和电池的质量保证政策。

（二）新能源汽车消费偏好问卷调查

1. 问卷设计和数据收集

基于前文对新能源汽车消费偏好关键产品属性的分析，本书采用问卷调查法，对不同类型的消费者关于新能源汽车产品属性的偏好程度进行调查。问卷问题设计参考相关文献（Qstry & Ghosh，2016），同时查阅大量资料，在咨询专家和团队多次讨论下设计出来。问卷主要分为两部分，基本信息调查和偏好调查。其中基本信息调查部分针对消费者客观属性进行构建，主要包括消费者的年龄、性别、职业、受教育程度等；偏好调查又分为两项调查，一个是关于产品属性的量表题，另一个是关于产品属性的选择题。消费者偏好是一个相对概念，它可以通过效用来度量，即通过打分或排序的方式来衡量消费者对产品属性的偏好程度。故本书采用基数效用论的方法评估消费者对新能源汽车产品属性的偏好，采用 5 级李克特量表调查产品属性对消费者购买新能源汽车的重要程度，按重要程度进行打分，"5"~"1"依次表示"非常重要""重要""无所谓""不重要""非常不重要"。关于产品属性的选择题，是为了了解消费者关于部分产品属性水平的选择情况，比如关于续航里程，会询问消费者关于不同公里范围内续航里程的选择情况。

本书首先进行预调研，以电子邮件形式向新能源汽车专家发放问卷进行前期预调研，对预调研数据分析处理后，对问卷进行相应修改，然后采用网络发放问卷的形式收集数据。问卷链接在问卷星平台生成，邀请消费者在问卷星上填写提交。本次问卷总共回收 350 份，有效问卷为 323 份，有效率为 92.29%，超过问题项的 10 倍，基本满足本书需求。

2. 数据信度和效度检验

因为涉及量表测量，所以需要对量表部分进行信效度检验，以检测问卷的合理性和可靠性。本书采用 SPSS22.0 对问卷进行信度与效度检验。

信度检验是验证量表指标体系稳定性和可靠性的一种有效分析方法，克隆巴赫系数（Cronbach's α）是检验信度的常用分析方法，其值越大，量表内部一致性越强。这 24 个变量的 Cronbach's α 值为 0.896，大于 0.8，接近 0.9，信度检验结果比较理想，说明量表内部一致性较高，此问卷比较科学合理（信度检验理想值为 1，可接受阈值为 0.6，0.8 以上为很好）。

效度检验是为了检验问卷内容能否反映研究所要调查的内容，效度分为结构效度、内容效度和效标效度，一般来说，涉及量表的问卷，结构效度的检验必不可少。内容效度是检验问卷目标与问卷题目之间的逻辑统一性，本书设计问卷时查阅了大量资料和参考多篇文献，根据新能源汽车产品属性设计题项，并由多位研究学者和专家讨论和测试，最终确定该问卷的调查问题，因此在问题与逻辑方面是达到内容效度的。其次是结构效度，本书运用 SPSS22.0 对量表进行探索性因子分析以检验量表结构效度，对 24 个变量进行 KMO 和 Bartlett 球形检验，结果为 0.904，大于 0.9，适合做因子分析。

旋转后的因子矩阵分析结果如表 4.3 所示。由表 4.3 可知，各因子对应的载荷量除价格因子外，其余均大于 0.5，价格因子载荷量也接近 0.5，证明量表题项设计比较科学，量表具有较好的结构效度（效度分析的两个关键判断标准为 KMO 和 Bartlett 球形检验值大于 0.6；题项在对应因子上的因子载荷系数大于 0.4）。

表4.3　　　　　　　　　　旋转后的成分矩阵

因子	组件				
	1	2	3	4	5
价格	0.497				
品牌口碑	0.723				
品牌档次	0.713				
品牌故事与精神	0.553				
品牌情怀	0.700				
续航里程		0.669			
百公里加速度		0.723			
快充充电速度		0.514			
制动性能		0.720			
娱乐功能		0.690			
自动驾驶功能		0.594			
智能化配置		0.615			
架空稳定性		0.550			
电池安全			0.815		
被动安全			0.767		
主动安全			0.819		
自动驾驶安全				0.685	
动力电池回收服务				0.727	
三电质保服务				0.628	
充电设施建设服务				0.576	
售后维修保险保养等服务				0.684	
外形设计					0.703
内饰设计					0.650

信效度检验结果表明问卷设计比较严谨科学，并间接证明问卷调查结果的可靠性，为接下来研究奠定良好的基础。

（三）新能源汽车消费偏好的计量统计分析

1. 个体特征概述

通过对调查问卷的初步整理分析，我们发现被调查者男女比例比较均衡，均占 50% 左右，这说明数据收集比较理想，而且随着新能源汽车知识的普及，女性对新能源汽车也有了一定的了解，会选择回答问卷的问题。其次，被调查者的年龄主要集中在"50 岁以下"，高达 85%，这可能是由于汽车产品的特殊性，导致汽车的主要潜在消费者是 50 岁以下人群。思想先进的年轻人对新能源汽车接受度更高，年纪偏大的消费者一般会更为稳妥地选择燃油汽车甚至选择不开车。在受教育程度层次上，被调查者明显多为受教育程度更高的人群，如本科生、硕博研究生比例高达 80%，这主要是因为新能源汽车是新兴产业，受教育程度更高的人对其了解认知更为丰富一些，是主要消费者人群。这也与职业层次相似，被调查者的职业很丰富，包括政府公务员及公共事业单位工作人员、企业管理人员、教师等，大多属于高知人群，也是现阶段新能源汽车的主要消费人群，而农林工作者很少，这就说明我国新能源汽车普及范围还是不够广，尤其是三四线城市，更广大的工农从业者还不了解新能源汽车。此次调查中家庭年收入在 10 万元以下的达到 35.91%，10 万 ~ 30 万元的占比 47.99%，30 万元以上的占比 16.1%（见表 4.4），分布也比较均衡，新能源汽车涉及很多高新智能化技术，制造成本较高，所以受众更多是中高收入人群。通过以上被调查者的个体特征可以发现，我国新能源汽车的普及任重道远，主要受众人群仍局限在高收入、高学历的消费者，应加强新能源汽车技术研发，降低制造成本，使更多人成为新能源汽车受众。本部分关于个体特征的调查，除了性别，其他方面与消费特征中关于群体特征的分析大多类似，这也间接说明本书调查的真实性。

表 4.4　　　　　　　　　　被调查者个体特征

变量	赋值	频数（项）	占比（%）
性别	男 = 1	160	49.53
	女 = 2	163	50.47
年龄	18 ~ 29 岁 = 1	123	38.08
	30 ~ 39 岁 = 2	77	23.84
	40 ~ 49 岁 = 3	72	22.29
	50 岁及以上 = 4	51	15.79

变量	赋值	频数（项）	占比（%）
受教育程度	高中及以下 =1	33	10.22
	大专 =2	35	10.84
	本科 =3	117	36.22
	硕士 =4	77	23.84
	博士及以上 =5	61	18.89
职业	政府及公共事业单位工作人员 =1	47	14.55
	教师、医生、律师等专业技术人员 =2	116	35.91
	企业中高层管理者 =3	31	9.60
	企业基层管理者及员工 =4	64	19.81
	从事农林牧渔水利业的人员 =5	4	1.24
	个体工商户 =6	11	3.41
	自由职业者 =7	50	15.48
家庭年收入	10 万元以下 =1	116	35.91
	10 万（含）~20 万元 =2	108	33.44
	20 万（含）~30 万元 =3	47	14.55
	30 万（含）~40 万元 =4	19	5.88
	40 万元及以上 =5	33	10.22

2. 新能源汽车产品属性得分情况

消费者对产品属性的重要程度打分的高低反映消费者对该新能源汽车产品属性的偏好程度，该产品属性在未来的发展水平会影响到消费者对新能源汽车的价值感知和购买意愿。通过 Excel 对 323 个被调查者关于产品属性测量指标求平均值，得到消费者对各产品属性的基本偏好程度，结果如表 4.5 所示。

表4.5　　　　　　　　　　新能源汽车各产品属性得分情况

项目	品牌偏好					功能偏好							
测量指标	X_1	X_2	X_3	X_4	X_5	X_6	X_7	X_8	X_9	X_{10}	X_{11}	X_{12}	X_{13}
得分	4.25	4.32	3.96	3.34	3.51	4.59	4.00	4.67	4.11	3.20	3.59	4.63	4.53

续表

项目	安全偏好				服务偏好				美学偏好	
测量指标	X_{14}	X_{15}	X_{16}	X_{17}	X_{18}	X_{19}	X_{20}	X_{21}	X_{22}	X_{23}
得分	4.83	4.82	4.74	4.52	4.37	4.58	4.68	4.51	4.15	4.18

从表4.5可以看出，关于安全性、智能化产品属性方面的调查结果与消费特征分析基本一致。首先从整体得分来看，消费者非常重视安全偏好，安全偏好下的每个产品属性得分都非常高。安全性是新能源汽车的红线，也是消费者关注的重点，无论是零部件供应商还是整车企业都必须保证在新能源汽车安全的基础上，再去关注消费者的其他偏好。其次在品牌偏好方面，消费者很在意新能源汽车的品牌口碑，互联网的发达让口碑成为品牌营销的重点，现在很多消费者在选购产品之前都会线上线下打听众人对该品牌产品的议论与评价，新能源汽车也不例外，消费者会通过熟人评价、汽车论坛评论等方式去了解一些品牌新能源汽车的口碑，形成对该品牌的初步印象，并为是否深入了解打下基础。在功能偏好方面，消费者现在更看重快充充电速度和智能化配置。近年来我国新能源汽车发展迅猛，很多自主品牌新能源汽车续航达到五六百公里，已基本满足日常工作和短途旅行需要，接下来更重要的就是提高充电效率。根据问卷调查，更多消费者希望快充可以在半小时甚至20分钟以内完成，这样可以减少消费者的充电焦虑和里程焦虑。通过第三章现状和消费特征的分析，我们了解到未来智能化可能会成为新能源汽车产业竞争的制高点，新能源汽车最终会向智能移动终端转变，智能化慢慢成为消费者购车参考关键指标之一，发展智能化、配置高端智能化设备已必不可少。服务偏好中消费者比较关注充电设施的建设问题。新能源汽车普及越来越广，在外充电时间长、充电站点少、布局不合理、信息获取不明确等难题，一直引发消费者对购买新能源汽车的担忧，充电桩建设和信息查询须跟上步伐，才不会制约新能源汽车产业的发展。最后关于美学偏好，外形和内饰方面，消费者更在意内饰设计。更多的消费者其实是务实主义者，汽车是工作生活中常用工具，相较于外形，消费者更希望在内饰方面设计得更精致一些，使用更舒适便捷，降低驾驶疲劳感。

（四）新能源汽车消费偏好频数分析和交叉分析

1. 技术范畴选择方面

从图4.1可以看出，大多数被调查者更愿意选择购买插电混合动力乘用车，占比达到55%，其次是纯电动汽车，占比达到24%。这种选择其实与我国新能源汽车发展现状和推广战略不相符合。从前面可知，我国新能源汽车发展的技术路线和推广路线以纯电动汽车为主，出现这种现状，可能与被调查者对新能源汽车的认知以及纯电动汽车续航和充电速度有关，插电混合动力汽车是介于纯电动汽车与传统能源汽车之间的一种新能源汽车，将传统动力系统与电池电机动力系统结合在一起，解决续航里程问题，所以更受消费者偏爱。

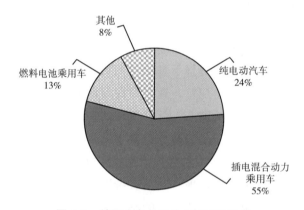

图4.1　被调查者关于技术范畴的选择

将技术范畴与相关产品属性的选择做交叉分析，得到技术范畴与续航和充电速度的相关性，如表4.6和表4.7所示。从表中皮尔逊卡方值可以看出续航和快充速度是影响消费者选择不同技术范畴新能源汽车的两个因素，被调查者更偏好350~550千米以及650千米以上和充电时间10~40分钟范围内的新能源汽车。但据调查，目前绝大多数纯电动汽车续航可以达到550~650千米，基本可以满足消费者的需求，当然650千米以上的续航仍需要整车企业努力。但由于消费者缺乏对新能源汽车的认知，不了解目前纯电动汽车所能达到的续航里程，所以消费者会更偏好插电混动。此外，在快充充电速度方面，多数新能源汽车快充只能在一个小时左右完成充电（电容量充到80％），所以在快充这方面需要车企和动力电池企业更多的投入。

表 4.6　　　　　　　　技术范畴×续航里程交叉分析

技术范畴	续航里程						小计
	250 千米以下	250（含）~350 千米	350（含）~450 千米	450（含）~550 千米	550（含）~650 千米	650 千米及以上	
纯电动乘用车（次）	2	12	18	19	14	14	79
插电混合动力乘用车（次）	5	25	42	44	17	43	176
燃料电池乘用车（次）	0	5	8	8	7	14	42
其他（次）	3	2	1	4	4	12	26
皮尔逊卡方（sig）	0.045						

表 4.7　　　　　　　　技术范畴×快充速度交叉分析

技术范畴	快充充电速度						小计
	10 分钟以下	10(含)~20 分钟	20(含)~30 分钟	30(含)~40 分钟	40(含)~50 分钟	50(含)~60 分钟	60 分钟及以上	
纯电动乘用车（次）	8	23	23	12	3	6	4	79
插电混合动力乘用车（次）	27	45	52	32	3	15	2	176
燃料电池乘用车（次）	11	10	10	7	0	1	3	42
其他（次）	8	6	6	4	0	0	2	26
皮尔逊卡方（sig）	0.024							

2. 品牌选择方面

对消费者关于品牌的选择进行频数统计，如表 4.8 所示，我们发现消费者有一半选择购买自主品牌，一半选择国外（含合资）品牌。其中在自主品牌选择中，位列前三的为比亚迪、蔚来和吉利，频数差距比较明显，显然在国产自主品牌中消费者更愿意选择购买比亚迪新能源汽车。可见除了比亚迪，很多自主品牌新能源汽车在消费者心中还没有打下坚厚的群众基础；而在国外品牌新能源汽车中，位列前三的为特斯拉、奥迪和宝马，选择特斯拉更多，但频数差距不是很大，当然像奥迪和宝马能拥有这么多的选择者，有一部分可以归功于传统燃油车积累下来的品牌口碑。

表4.8 消费者新能源汽车品牌选择频数统计（多选题）

自主品牌			国外（合资品牌）		
品牌名	频数（次）	占比（%）	品牌名	频数（次）	占比（%）
宝骏	29	17.90	奥迪	77	47.83
北汽	21	12.96	宝马	64	39.75
拜腾	9	5.56	大众	45	27.95
比亚迪	99	61.11	丰田	52	32.30
长安逸动	15	9.26	雷诺	9	5.59
长城欧拉	6	3.70	起亚	3	1.86
广汽传祺	23	14.20	日产聆风	2	1.24
江淮	8	4.94	三菱欧蓝德	2	1.24
吉利	37	22.84	腾势	1	0.62
理想	21	12.96	特斯拉	91	56.52
奇瑞	25	15.43	现代	3	1.86
上汽荣威	15	9.26	其他（国外品牌）	20	12.42
蔚来	38	23.46			
威马	3	1.85			
小鹏	22	13.58			
其他（自主品牌）	14	8.64			
有效填写人数	162		有效填写人次	161	

以比亚迪和特斯拉为例，通过交叉分析，研究消费者品牌选择的原因。如表4.9和表4.10所示，可以发现消费者选择比亚迪与技术范畴和价格有关。比亚迪是国内领先的新能源汽车制造商，插电混动和纯电动都是其主营车系，秦宋Plus、唐汉DM系列插电混动汽车广受消费者欢迎；比亚迪纯电动汽车也具有较大的市场，这主要得益于比亚迪的纯电动续航较长，电池稳定性较高。比亚迪有自己的动力电池产业链，其生产的动力电池续航虽不太高，但更稳定安全，这使得比亚迪在业界和消费者中留下了较好的口碑。其次得益于一部分补贴，续航较好的比亚迪系列车型在国内价格

适中，基本在 20 万元以下，性价比较高，满足绝大多数消费者需求。

表 4.9   比亚迪 × 技术范畴交叉分析

是否选择比亚迪	技术范畴				小计
	纯电动	插电混动	燃料电池	其他	
是（次）	34	48	12	5	99
否（次）	45	128	30	21	224
皮尔逊卡方（sig）	0.40				

表 4.10   比亚迪 × 价格交叉分析

是否选择比亚迪	价格				小计
	10 万元以下	10 万（含）~ 20 万元	20 万（含）~ 30 万元	30 万元及以上	
是（次）	35	47	11	6	99
否（次）	47	91	62	24	224
皮尔逊卡方（sig）	0.001				

而通过表 4.11 ~ 表 4.13 可以发现，消费者选择购买特斯拉与价格、快充充电速度和造型设计等因素有关。与比亚迪不同，消费者选择特斯拉不是因为它价格较低，而是因为其产品更高端。自主品牌新能源汽车就是有这样一个劣势，产品在中低端徘徊，不够高端化，满足不了中高端消费者的偏好需求。其次特斯拉快充速度也较快，部分新能源汽车可以在半小时左右充满电，而且特斯拉布局自己的充电桩站网络，消费者户外充电也非常方便快捷，可有效降低消费者充电焦虑。另外，特斯拉汽车无论是 Model 3 还是 Model X、Model Y，造型都非常简约时尚，车身线条十分流畅，同时风阻极低，进一步提升了速度和续航能力，这种简约时尚科技的设计更被中国大众审美所接受。

表 4.11   特斯拉 × 价格交叉分析

是否选择特斯拉	价格				小计
	10 万元以下	10 万（含）~ 20 万元	20 万（含）~ 30 万元	30 万元及以上	
是（次）	5	34	38	14	91
否（次）	77	104	35	16	232
皮尔逊卡方（sig）	0.00				

表4.12 特斯拉×快充充电速度交叉分析

是否选择特斯拉	快充充电速度							小计
	10分钟以下	10(含)~20分钟	20(含)~30分钟	30(含)~40分钟	40(含)~50分钟	50(含)~60分钟	60分钟及以上	
是（次）	17	22	31	9	3	7	2	91
否（次）	37	62	60	46	3	15	9	232
皮尔逊卡方（sig）	0.024							

表4.13 特斯拉×造型设计交叉分析

是否选择特斯拉	造型设计						小计
	简约时尚	经典商务	酷炫科技	越野运动	可爱圆润	其他	
是（次）	35	18	18	17	2	1	91
否（次）	114	45	32	35	4	2	232
皮尔逊卡方（sig）	0.048						

3. 智能化配置功能选择方面

除了价格、续航、快充充电速度，造型设计等产品属性，新能源汽车作为融汇新能源、新材料、人工智能等众多高新技术于一体的智能集成制造系统，其产品功能还涉及自动驾驶、智能化配置等方面。首先，关于智能化配置方面，从图4.2可以看出，消费者更偏好智能车载导航、5G技术、360°全息透明影像系统等智能应用。随着智能化、物联网和车联网的

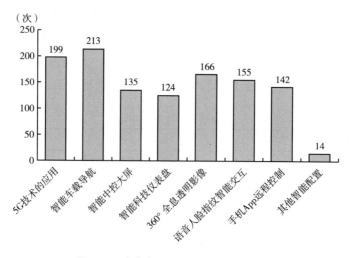

图4.2 消费者关于智能化配置的选择

推进，智能车载导航已成为新能源汽车实现智能驾驶必不可少的一个系统部件。相较于手机导航，车载导航很多功能可以和车内总线连接，可靠性更强，而且车载导航 GPS 误差更小，可以实现盲导，这是手机导航无法完成的。未来智能技术和新能源汽车结合更深入，车载导航也会更受消费者欢迎。5G 技术是智能导航、智能交互，甚至是物联网和车联网建设的基础，华为成立智能汽车解决方案事业部更是让业界对 5G 技术有了更多期待；360°全息透明影像系统可以通过车身四周的摄像头，观察车辆周围情况，甚至可以透视观察车辆的底部，这个功能有效增加停车时的安全性，实用性较强，目前国内比亚迪在这方面技术应用比较多，也是消费者比较喜欢的一个功能。

其次，从图 4.3 可以看出，消费者关于自动驾驶功能的选择更偏好一些基础功能，如自动紧急制动、盲区检测、碰撞开门预警以及行人障碍物检测等，而对自主泊车及出库、自适应巡航控制等高级的功能偏好度更低。一方面可能是因为消费者对自动驾驶功能认知不够，另一方面可能是因为目前消费者对更高级的自动驾驶功能的安全性还不够信任，相较于使用自动泊车、自动跟车这些功能，消费者更相信自己。而盲区检测、自动紧急制动等功能更实用，且所需技术水平较低，对汽车安全性影响较低，而且在驾驶员视觉盲区下或者疲劳状态下，可以有效帮助消费者预防一些潜在危害。

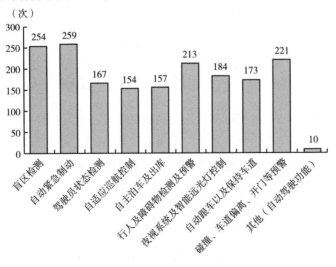

图 4.3　消费者关于自动驾驶功能的选择

（五）新能源汽车消费偏好的异质性分析

消费者偏好具有异质性，不同类型的消费者对新能源汽车产品属性的选择是有差异性的，本部分利用有序 Logistic 回归分析法，分析不同年龄、性别等类型的消费者关于产品属性选择的差异。

1. 变量设置

选取消费者关于新能源汽车产品属性的重视程度作为因变量，即被解释变量。消费者年龄、性别、职业、受教育程度以及家庭年收入为自变量，研究消费者类型特征对产品属性选择的异质性影响。

2. 回归模型构建

消费者关于产品属性的打分与个体特征之间的实证模型可以表示为：

$$y = f(w_1, w_2, w_3, w_4, w_5) + \mu \tag{4-1}$$

其中，y 为产品属性得分，$w_1 \sim w_5$ 为消费者 5 个维度的个体特征，μ 为误差项或者随机扰动项。

满意度为有序分类变量，在有序 Logistic 回归分析中进一步表示为：

$$\ln\left[\frac{P(y \leq j \mid x)}{1 - P(y \leq j \mid x)}\right] = u_j - \left(a + \sum_{i=1}^{k} \beta_i k_i\right) \tag{4-2}$$

其中 $P(y \leq j \mid x)$ 表示分类 j 及以下类别的累积概率，即：

$$P(y \leq j \mid x) = \frac{e^{u_j} - \left(a + \sum_{i=1}^{k} \beta_i k_i\right)}{1 + e^{u_j} - \left(a + \sum_{i=1}^{k} \beta_i k_i\right)} \tag{4-3}$$

式（4-2）和式（4-3）中：y 为被解释变量；j 为得分的 5 个等级，$j = 1,2,3,4,5$（分别代表非常不重要、不重要、无所谓、重要、非常重要）；x_i 表示影响消费者关于产品属性重视程度的第 i 个因素，$i = 1,2,3,\cdots,k$；a 为截距项；β_i 为偏回归系数；u_j 为分界点。

3. 适用性检验

检验 1：因变量为产品属性对消费者购买新能源汽车的重要程度，分为非常不重要、不重要、无所谓、重要、非常重要 5 个等级，为有序的 5 个分类变量，满足使用条件。

检验 2：5 个特征变量均为分类变量，满足适用条件。

检验 3：将各因变量和自变量进行共线性诊断，5 个自变量无多重共线性，满足适用性条件。以续航里程这个产品属性为例，验证结果如表 4.14 所示，F_{VI} 值全部大于 0，所以自变量无多重共线性。（$F_{VI} = \dfrac{1}{容差}$，是容忍度的倒数，用于判断是否存在多重共线性，$F_{VI} \in [0,10]$ 表示可以接受，自变量无多重共线性。）

表 4.14　　　　　　　　　　　多重共线性诊断

变量	共线性统计	
	容差	F_{VI}
性别	0.979	1.022
年龄	0.811	1.233
受教育程度	0.652	1.534
职业	0.741	1.349
家庭年收入	0.815	1.227

检验 4：平行性检验。有序 Logistic 回归应用的前提是模型满足平行性，即 P 值大于 0.05，说明模型接受原假设，模型可以使用有序 Logistic 回归。以产品属性得分为因变量，性别等个体特征为自变量进行平行检验，发现所有 P 值均大于 0.05，满足使用条件，可以进行后续分析。表 4.15 是以续航里程属性为例的平行性检验结果。

表 4.15　　　　　　　　　　　平行线检验

模型	−2 对数似然	卡方	自由度	显著性
原假设	331.698			
常规	296.309	35.390	36	0.497

4. 回归分析

在通过适用性检验的基础上，本书运用 stata 对模型进行有序 Logistic 回归分析，得到以下结果，如表 4.16 所示。

表 4.16 不同类型消费者对新能源汽车产品属性重视程度的异质性回归结果

产品属性	个性特征				
	性别	年龄	职业	受教育程度	家庭年收入
价格	−0.0285 (0.2231)	−0.0285 (0.2231)	0.0005 (0.0642)	−0.0419 (0.1147)	−0.2165 ** (0.0989)
品牌口碑	0.4857 ** (0.2212)	−0.0595 (0.1103)	−0.1970 *** (0.0650)	−0.1593 (0.1150)	0.1918 ** (0.0975)
品牌档次	0.2275 (0.2168)	0.0442 (0.1085)	−0.1966 *** (0.0629)	−0.0517 (0.1131)	0.0284 (0.0976)
品牌宣传	−0.0094 (0.2083)	0.0907 (0.1052)	−0.0643 (0.0596)	−0.1829 (0.1098)	−0.0466 (0.0899)
品牌情怀	−0.0668 (0.2072)	0.5091 *** (0.1107)	−0.1110 * (0.0610)	−0.1277 (0.1067)	−0.2091 ** (0.0912)
续航里程	−0.0942 (0.2478)	0.0539 (0.1259)	−0.0765 (0.0706)	−0.0420 (0.1265)	0.1038 (0.1101)
百公里加速度	0.6641 *** (0.2140)	0.1441 (0.1059)	−0.0893 (0.0607)	−0.1989 * (0.1092)	−0.1736 * (0.0935)
快充充电速度	−0.2597 (0.2258)	0.1370 (0.1131)	0.0221 (0.0655)	0.0038 (0.1171)	−0.1051 (0.0975)
制动性能	−0.2890 (0.2419)	0.2379 (0.1247)	0.0378 (0.0708)	−0.1260 * (0.1243)	−0.0802 (0.1037)
娱乐功能	−0.1990 (0.2104)	−0.2003 * (0.1065)	−0.1987 (0.1115)	−0.0822 * (0.0612)	0.0859 (0.0921)
自动驾驶功能	0.0093 (0.2064)	0.1153 (0.1054)	−0.0379 (0.0599)	0.0062 (0.1072)	−0.1689 * (0.0918)
智能化配置	0.4589 ** (0.2199)	−0.0401 (0.1095)	−0.0831 (0.0637)	0.2070 * (0.1149)	−0.2078 ** (0.0974)
驾控稳定性	0.1874 (0.2305)	−0.0628 (0.1143)	0.0153 (0.0678)	−0.0667 (0.1189)	−0.0724 (0.0991)
电池安全	0.5145 * (0.3226)	−0.1021 (0.1589)	−0.1370 (0.0905)	−0.0843 (0.1626)	0.0114 (0.1387)
被动安全	0.2725 (0.3056)	−0.1134 (0.1525)	−0.1350 (0.0855)	−0.1370 (0.1567)	0.3046 ** (0.1510)
主动安全	0.5058 * (0.2690)	−0.2316 * (0.1319)	−0.1061 (0.0776)	−0.0291 (0.1362)	0.0569 (0.1185)
自动驾驶安全	0.4957 (0.2322)	−0.0428 (0.1146)	−0.0403 (0.0681)	−0.1208 (0.1202)	−0.0419 (0.1000)

续表

产品属性	个性特征				
	性别	年龄	职业	受教育程度	家庭年收入
动力电池回收服务	0.5292 **	0.0024	− 0.0822	0.2668 **	− 0.1883 **
	(0.2213)	(0.1091)	(0.0649)	(0.1138)	(0.0834)
三电质保服务	0.4564	− 0.0412	− 0.0446	− 0.1327	− 0.0584
	(0.2328)	(0.1159)	(0.0682)	(0.1192)	(0.0991)
充电设施建设服务	0.3878	− 0.0302	− 0.0264	− 0.0836	0.0704
	(0.2488)	(0.1232)	(0.0720)	(0.1270)	(0.1096)
售后维修保险保养等服务	0.3906	0.0581	− 0.0002	0.0050	− 0.0958
	(0.2254)	(0.1111)	(0.0653)	(0.1168)	(0.0971)
外形设计	0.1095	− 0.0732	− 0.1268	− 0.1677	− 0.0387
	(0.2168)	(0.1079)	(0.0638)	(0.1126)	(0.0951)
内饰设计	0.2434	− 0.0683	0.1149	0.2078	− 0.0389
	(0.2182)	(0.1080)	(0.0064)	(0.1142)	(0.0972)

注：*、** 和 *** 分别表示在10%、5%和1%的统计水平上显著。

由表4.16可以看出，性别对消费者关于品牌口碑、百公里加速度、智能化配置、电池安全、被动安全以及动力电池回收服务这些产品属性的偏好产生显著性影响。通过对问卷消费者关于产品属性得分的分析，发现女性更注重新能源汽车的品牌口碑、智能化配置、动力电池回收服务；而男性更注重新能源汽车的电池安全和主动安全产品属性。女性心思细腻，较男性更加稳重，购买产品会多方比较品牌口碑，选择更好的产品，也更重视绿色环保，更关注新能源汽车的动力电池回收。而男性，对汽车产品研究更多，更了解电池安全和主动安全性能，因此更关心这些属性。此外，笔者进行问卷梳理时有个意外发现，就是女性较男性更关注百公里加速度，这可能是因为部分女性消费者受教育、外界环境等各种因素的影响，对速度感有了更多的追求。

年龄对消费者关于品牌情怀、娱乐功能以及主动安全的偏好产生显著性影响。问卷调查显示，40岁以上被调查者中有31人非常重视品牌情怀，40岁以下有16人非常重视。年龄越大，就越珍视情怀，对老品牌的忠诚度更高；年纪轻的消费者相较于情怀更追随时尚潮流，对品牌的忠诚度根据产品的潮流吸引力而定。年龄对消费者关于娱乐功能的重视度呈负向影响，只有1/3的被调查者认为娱乐功能重要或非常重要，这说明多数消费者对娱乐功能不是特别在意。车企只要保证基本音乐、收音机、视听功能即可，不必过度追求车载游戏、购物直播等功能，为汽车娱乐功能"减负"，将成本空间留给更实用的功能开发。而关于年龄对主动安全偏好的影响，我们发现，年龄越轻对主动安全越重视，这可能是因为较低年龄的消费者对主动安全的相关知识更了解，所以也就更为重视。

职业对消费者关于品牌口碑、品牌档次以及品牌情怀的偏好产生显著性影响。教师、医生对品牌口碑和品牌情怀更为重视，可能与其职业素养、性格以及生活环境有关，教师和医生一般比较稳重，注重情怀，对物质要求在于质而不在于档次，所以会比较看重汽车的口碑和情怀。而律师以及企事业单位的管理者和员工因为工作环境和客户对接等原因，在身份地位上比较看重，所以会比较在意汽车的品牌档次。

受教育程度会对消费者关于智能化配置以及动力电池回收服务的偏好产生显著正向影响。受教育程度较高的人对新能源汽车认知程度更高，对汽车智能化了解更深透，也就会对新能源汽车的智能化配置有更多的期待。另外，受教育程度高的人在生活习性以及日常消费等方面可能更注意绿色环保，对新能源汽车的动力电池回收服务也就会更关注一些。

家庭年收入会对消费者关于价格、品牌口碑、智能化配置、主动安全以及动力电池回收服务的偏好产生显著性影响。消费者购车价格必然与其经济实力相匹配，年收入较低者会购入口碑较好、性价比更高的车型；年收入较高者就会考虑更高价格且更高端的车型，而且会提升汽车的安全配置和智能化配置，既保证汽车安全性，又提高汽车档次和舒适性，保证驾驶者的驾车愉悦度。家庭年收入会对消费者关于动力电池回收服务的偏好有影响，可能是因为动力电池回收可以为其带来一部分利益，也可能是与消费者受教育程度等因素有关，更加注重环保。

基于消费者偏好的相关研究，我们对新能源汽车消费偏好和产品属性进行了分类，并在此基础上设计问卷调查消费者偏好，运用计量统计学方法分析其偏好。通过调查发现，消费者在选择新能源汽车时，一般会选择具有知名度和影响力的品牌，如比亚迪、特斯拉等。这一定程度上与消费者对一些产品属性的偏好程度有关；此外，调查结果表明，消费者对品牌口碑、快充充电速度、智能化配置、充电服务、内饰设计以及安全属性（电池、主被动以及自动驾驶安全）偏好程度更高。了解消费者偏好的产品属性，既能为接下来政策作用下产业价值提升的研究提供着眼点，也能为引导新能源汽车市场发展探寻方向。

二、政策作用下新能源汽车产业价值提升博弈模型构建

新能源汽车产业政策作用于产业发展市场，其根本目的在于通过政策引导从消费端和供给端共同促进产业价值的提升，而产业价值提升是产品和服务价值的提升，是品牌价值和顾客价值的提升，也是产业竞争力的提升。其中产业价值提升目的是为消费者提供更好的产品和服务，收获源源不断的消费者和市场份额；产业价值提升的来源也是消费者，只有了解消费者偏好和需求，企业才有努力和突破的方向。因而在政策作用下新能源产业价值提升需要产业链上多方主体的参与，了解消费者需求，综合发挥整车企业、上下游供应商的实力优势，才能真正促进新能源汽车产业高质量发展。因此，基于消费者偏好的调查，从消费者偏好的品牌口碑、快充充电速度、智能化配置、安全性等产品属性考虑，构建政策作用下整车企业、供应商和消费者的三方演化博弈模型，分析我国新能源汽车在政策引导产业价值提升过程中各方主体的损益关系和行为策略，以此为依据进一步分析新能源汽车产业政策作用机制并探寻产业价值提升策略。

（一）政策作用下新能源汽车产业价值提升的博弈关系分析

随着补贴的退坡和股比的放开，我国新能源汽车市场逐渐由政府主导向市场主导过渡，企业渐渐在新能源汽车发展中占据主导地位。但是作为多技术环节的产业系统，新能源汽车从原材料制备到整车系统集成，融汇新能源、新材料、人工智能等多种变革性技术（周城雄等，2017），再加上消费者关于新能源汽车的复杂偏好，单靠整车企业无法有效提升新能源汽车产业价值，需要综合发挥上下游供应商、科研院所、消费者、政府等多方主体的力量，分工协作，才能有效推动新能源汽车产业高质量发展。其中，整车企业作为新能源汽车制造商，是连接上游供应商和下游消费者的桥梁，对市场需求和技术变革的敏感性更直接，其主动性、努力程度和创新能力直接关系产业价值提升的效果；供应商，上至锂、钴、镍、稀土等原材料供应商，下至"三电"等零部件制造商等，作为产品研发和信息共

享的关键主体，能够在产业价值提升过程中不断注入新鲜血液；消费者作为新能源汽车市场的最终检验者和消费偏好需求的直接来源，对新能源汽车市场发展潮流具有一定的导向作用，在考虑消费者偏好的博弈模型中不可或缺；而政府在补贴退坡和市场主导的情况下，其政策会对新能源汽车产业价值提升产生影响，但更多承担政策引导和监督支持的作用，可不作为主体直接参与到产业价值提升博弈模型中；科研院所是整车企业和供应商研发创新的合作以及辅助机构，可作为融入整车企业和供应商系统中的一部分，不做过多细分。演化博弈模型涉及变量复杂，且变量之间也存在一定的关联关系，若模型参与主体过多，会导致模型过于复杂，不利于结果分析和仿真模拟。故考虑现实实际，本书博弈模型将政府和科研院所的参与视为环境因素考虑，以发挥更大作用的整车企业、供应商和消费者为主体，构建三方博弈模型，博弈关系如图 4.4 所示。

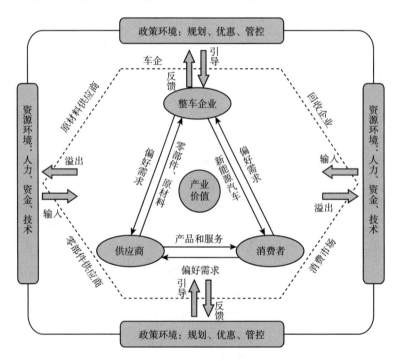

图 4.4　新能源汽车产业价值提升系统示意

首先在新能源汽车产业价值提升过程中，消费者关于新能源汽车的偏好需求是整车企业和供应商努力的源头和方向。近年来，我国巨大的汽车市场已成为国内外汽车制造商、零部件制造商、销售商等众多企业争夺的对象，行业竞争越来越激烈。自主品牌车企和供应商要想在竞争激烈的市场中获得顾客的青睐，就要抓住消费者的偏好心理，明确消费者对新能源汽车的需求，了解消费者想从购买的新能源汽车中获得的价值以及影响消费者价值感知的产品属性。车企和供应商应从消费者偏好的产品属性出发，投入人力、资金、技术等资源，提升该产品属性方面的功能和价值，以满足消费者的需求，提高消费者的购买意愿和对该自主品牌新能源汽车的忠诚度。如果自主品牌车企和供应商仍未有危机意识，未意识到消费者在未来新能源汽车市场中的重要作用，想一味依靠国家政策支持走低价渗透策略去提高市场竞争力，定难以走得长远，而且会导致自己陷入"低品质—低价格—低服务—低定位"的恶性循环（Nordbeck & Steurer，2016），最终被市场所淘汰。

其次，围绕新能源汽车产业价值提升，整车企业和供应商之间是竞争与合作的关系。车企和供应商合作动机很明确，一方面，在新能源汽车产业链中，整车企业是和消费者对接沟通的上一环，整车企业需要将自己关于消费者偏好的调查信息与合作的供应商互通，当然供应商也可依靠自己调查，但是合作可以节约更多的人力、物力和财力。另一方面，在新能源汽车制造中，整车企业不可能靠自己独立完成所有环节的研发生产，需要供应商向其提供原材料和零部件，整车企业才能生产出更优质的新能源汽车。当然，整车企业和供应商在新能源汽车的核心技术研发方面存在重叠，如"三电"等核心技术，这时候竞争不可避免；此外，为突破核心技术，在争取国家政策经费、人才、创新设备机器等资源的支持上更是竞争不断。但作为产业价值提升的核心主体，整车企业拥有丰富的创新资源和强大的社会网络，参与产业价值提升的意愿较强，承担的责任和风险也较大；而与供应商合作的企业不仅仅局限于新能源车企，而且"三电"等核心技术研发伴随着高风险和高投入，供应商参与意愿可能不高，整车企业可给予供应商适度激励，刺激供应商的参与热情，确保合作的顺利进行。

在新能源汽车产业价值提升过程中，整车企业、供应商和消费者是互相成就、利益相关的主体。整车企业和供应商关于新能源汽车及相关产品和服务的研发与设计会影响消费感知价值，而消费者的感知价值决定其购买行为，进而影响整车企业和供应商的市场和收益，甚至影响产业链整体收益。因此，整车企业、供应商和消费者三者的良好互动和合作，是有效提升新能源汽车产业价值的重要途径。在此过程中，整车企业、供应商和消费者均符合有限理性经济人假设，在合作过程中的策略选择是一个动态调整的过程，在学习和进化的过程中逐渐趋于动态平衡，形成演化稳定的博弈策略。

（二）基本假设

根据上述博弈关系分析，为了更好地研究主体间的利益关系，提出以下几点假设：

假设1：博弈参与主体为整车企业、供应商和消费者。其中，整车企业承担产业价值提升的核心主体责任，三方参与人均是有限理性，具备对不同战略的风险和收益的判断能力，并以自身利益最大化为目标。

假设2：面对自主品牌新能源汽车产业价值提升问题，整车企业博弈策略为（努力，不努力）。努力是指整车企业积极采取措施，主动和上下游供应商合作，信息共享，从消费者偏好的产品属性出发，提高成本投入，加强研发创新，提升产业价值；不努力是指整车企业坚持现有发展策略，不采取措施提升新能源产业价值。供应商博弈策略为（积极参与，消极参与）。积极参与是指供应商主动参与新能源汽车产业价值提升过程，同样从产品属性出发，加强研发创新，优化产品服务，与整车企业共担风险，共创收益；消极参与是指供应商不参与产业价值提升活动，存在"搭便车"或机会主义行为。消费者博弈策略为（购买，不购买），是指消费者是否选择购买自主品牌新能源汽车。

假设3：整车企业选择努力的概率为 x，选择不努力的概率为 $1-x$；供应商选择积极参与的概率为 y，选择消极参与的概率为 $1-y$；消费者选择购买概率为 z，选择不购买的概率为 $1-z$；(x,y,z) 相互独立，且 x,y，$z \in (0,1)$。

根据上述描述，构建如图4.5所示的博弈树，以便直观地体会整车企业、供应商和消费者三方主题的博弈策略。

（三）变量设置

基于以上假设和博弈模型，设定各方主体变量参数。

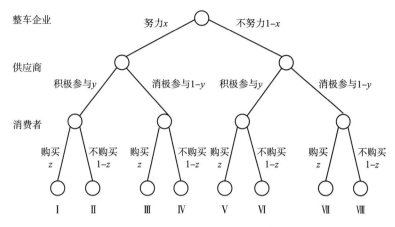

图 4.5　产业价值提升的多主体博弈树模型

1. 整车企业损益变量

π_1：整车企业基本收益，即车企未采取措施提升新能源汽车产业价值时所获得的收益。

$\Delta\pi_1$：整车企业的增值收益，即车企努力采取措施提升新能源汽车产业价值后，新能源汽车产销扩增给车企带来的额外收益。

G：整车企业对供应商的激励，即整车企业作为新能源汽车产业链上的核心主导企业，为激励供应商积极参与新能源汽车产业价值提升过程，给予其一定的经费支持和信息支持。

C_1：整车企业未采取措施提升新能源汽车产业价值时的基本成本。

ΔC_1：整车企业努力采取措施提升新能源汽车产业价值付出的额外成本。额外成本来源于车企从消费者偏好的产品属性方面所额外付出的人力、财力、物资等资源，由以下几方面构成——ΔC_{11} 调查消费者偏好并进行产品内饰设计和品牌口碑打造所付出的成本、ΔC_{12} 车企升级快充技术付出的成本、ΔC_{13} 车企配置智能化系统或设备付出的成本、ΔC_{14} 车企配置和研发汽车安全系统所投入的成本、ΔC_{15} 车企运营动力电池回收服务付出的成本。因此，$\Delta C_1 = \Delta C_{11} + \Delta C_{12} + \Delta C_{13} + \Delta C_{14} + \Delta C_{15}$。

S_1：整车企业不采取措施提升新能源汽车产业价值时的潜在损失。新能源汽车市场竞争越来越激烈，若自主品牌车企不采取措施提升自主品牌新能源汽车价值，消费者购买意愿和市场份额就会下降，自主品牌车企利益就会受到损失。

2. 供应商损益变量

π_2：供应商基本收益，即供应商不积极参与提升新能源汽车产业价值时的收益。

$\Delta\pi_2$：供应商的增值收益，供应商积极参与提升新能源汽车产业价值，为车企提供高质量产品和服务所带来的额外收益。

C_2：供应商不积极参与提升新能源汽车产业价值时的基本成本。

ΔC_2：供应商积极参与提升新能源汽车产业价值后所付出的额外成本。与整车企业额外成本来源类似，主要由以下几个方面构成——ΔC_{21}供应商升级快充技术所付出的成本、ΔC_{22}供应商研发智能化设备或系统所付出的成本、ΔC_{23}供应商研发汽车安全设备或系统所付出的研发成本、ΔC_{24}建设充电桩站和运营充电桩站管理平台所付出的成本。因此，$\Delta C_2 = \Delta C_{21} + \Delta C_{22} + \Delta C_{23} + \Delta C_{24}$。

S_2：供应商不积极参与提升新能源汽车产业价值的潜在损失。供应商不积极采取措施提升产品质量和服务，就可能会被车企淘汰，其未来收益就会遭受损失。

3. 消费者的损益变量

u_0：消费者不购买自主品牌新能源汽车（购买非自主品牌新能源汽车）时所获得的效用，此效用在数值上等于消费者对此汽车的感知价值与购买价格之差。

u_1：消费者购买未进行价值提升时的自主品牌新能源汽车所获得的效用，具体含义同 μ_0。

Δu：消费者购买进行价值提升的自主品牌新能源汽车时所获得的额外效用。

整车企业和供应商额外成本的构成含义上虽部分相似，但他们的侧重点不同，比如虽然车企和供应商都进行动力电池安全技术升级研发，但车企可能主攻电池包整体安全性和电池管理等方面，而供应商可能从电池原材料的选择与配置、封装测试等方面着手，车企和供应商发挥各自所长，携手提升新能源汽车产业价值。根据上述变量和三方主体间关系，得出整车企业、供应商和消费者的收益矩阵（见表4.17）。

表 4.17 整车企业、供应商和消费者三方收益矩阵

博弈参与者			消费者	
			购买 z	不购买 $1-z$
整车企业	努力 x	供应商	积极参与 y	$\pi_1 + \Delta\pi_1 - G - C_1 - \Delta C_1$ $\pi_2 + \Delta\pi_2 + G - C_2 - \Delta C_2$ $u_1 + \Delta u$	$-G - C_1 - \Delta C_1$ $G - C_2 - \Delta C_2$ u_0
			消极参与 $1-y$	$\pi_1 + \Delta\pi_1 - C_1 - \Delta C_1$ $\pi_2 - C_2 - S_2$ $u_1 + \Delta u$	$-C_1 - \Delta C_1$ $-C_2$ u_0
	不努力 $1-x$	供应商	积极参与 y	$\pi_1 - C_1 - S_1$ $\pi_2 + \Delta\pi_2 - C_2 - \Delta C_2$ $u_1 + \Delta u$	$-C_1$ $-C_2 - \Delta C_2$ u_0
			消极参与 $1-y$	$\pi_1 - C_1 - S_1$ $\pi_2 - C_2 - S_2$ $u_1 + \Delta u$	$-C_1$ $-C_2$ u_0

（四）新能源汽车产业价值提升博弈模型求解及分析

根据表 4.17 的收益矩阵，得到整车企业、供应商和消费者三方主体的期望收益和复制动态方程。

1. 整车企业的期望收益

设整车企业努力时的期望收益为 U_{11}，整车企业不努力时的期望收益为 U_{12}，则整车企业的平均期望收益为 $\overline{U}_1$，则 $\overline{U}_1 = xU_{11} + (1-x)U_{12}$，其中：

$$
\begin{aligned}
U_{11} &= yz(\pi_1 + \Delta\pi_1 - G - C_1 - \Delta C_1) + y(1-z)(-G - C_1 - \Delta C_1)\\
&\quad + (1-y)z(\pi_1 + \Delta\pi_1 - C_1 - \Delta C_1)\\
&\quad + (1-y)(1-z)(-C_1 - \Delta C_1)
\end{aligned} \tag{4-4}
$$

$$
\begin{aligned}
U_{12} &= yz(\pi_1 - C_1 - S_1) + y(1-z)(-C_1)\\
&\quad + (1-y)z(\pi_1 - C_1 - S_1)\\
&\quad + (1-y)(1-z)(-C_1)
\end{aligned} \tag{4-5}
$$

2. 供应商的期望收益

设供应商积极参与时的期望收益为 U_{21}，供应商消极参与时的期望收益

为 U_{22}，则供应商的平均期望收益为 $\bar{U}_2$，则 $\bar{U}_2 = yU_{21} + (1-y)U_{22}$，其中：

$$
\begin{aligned}
U_{21} = & \; xz(\pi_2 + \Delta\pi_2 + G - C_2 - \Delta C_2) \\
& + x(1-z)(G - C_2 - \Delta C_2) \\
& + (1-x)z(\pi_2 + \Delta\pi_2 - C_2 - \Delta C_2) \\
& + (1-x)(1-z)(-C_2 - \Delta C_2) \quad (4-6)
\end{aligned}
$$

$$
\begin{aligned}
U_{22} = & \; xz(\pi_2 - C_2 - S_2) + x(1-z)(-C_2) \\
& + (1-x)z(\pi_2 - C_2 - S_2) \\
& + (1-x)(1-z)(-C_2) \quad (4-7)
\end{aligned}
$$

3. 消费者的期望收益

设消费者购买时的期望收益为 U_{31}，消费者不购买时的期望收益为 U_{32}，则消费者的平均期望收益为 $\bar{U}_3$，则 $\bar{U}_3 = zU_{31} + (1-z)U_{32}$，其中：

$$
\begin{aligned}
U_{31} = & \; xy(u_1 + \Delta u) + x(1-y)(u_1 + \Delta u) \\
& + (1-x)y(u_1 + \Delta u) + (1-x)(1-y)u_1 \quad (4-8)
\end{aligned}
$$

$$
U_{32} = xyu_0 + x(1-y)u_0 + (1-x)yu_0 + (1-x)(1-y)u_0 \quad (4-9)
$$

4. 三方博弈动态复制方程

整车企业选择努力策略的动态复制方程为：

$$
\begin{aligned}
F(x) &= \frac{\partial x}{\partial t} = x(U_{11} - \bar{U}_1) \\
&= x(1-x)(z\Delta\pi_1 - yG - \Delta C_1 + zS_1)
\end{aligned}
$$
$$
(4-10)
$$

供应商选择积极参与策略的动态复制方程为：

$$
F(y) = \frac{\partial y}{\partial t} = y(U_{21} - \bar{U}_2) = y(1-y)(z\Delta\pi_2 + xG - \Delta C_2 + zS_2)
$$
$$
(4-11)
$$

消费者选择购买策略的动态复制方程为：

$$
F(z) = \frac{\partial z}{\partial t} = z(U_{31} - \bar{U}_3) = z(1-z)(u_1 + (x+y-xy)\Delta u - u_0)
$$
$$
(4-12)
$$

（五）三方演化稳定策略分析

整车企业、供应商和消费者三方群体演化，可用式（4-10）～式（4-12）三个复制动态方程表示，但并不能直接判断出系统最终会演变到哪个均衡点。根据赫舒拉发（Hirshleifer）概念，当动态的某平衡点的任意小领域内出发的轨线最终演化趋向于该平衡点时，则称此平衡点为演化均衡点。根据雅可比矩阵定型分析系统在这些均衡点的局部稳定性，令 $F(x) = 0$、$F(y) = 0$、$F(z) = 0$，联立三者复制动态方程，赋值得到以下方程组：

$$\begin{cases} F(x) = x(1-x)(z\Delta\pi_1 - yG - \Delta C_1 + zS_1) = 0 \\ F(y) = y(1-y)(z\Delta\pi_2 + xG - \Delta C_2 + zS_2) = 0 \\ F(z) = z(1-z)(u_1 + (x+y-xy)\Delta u - u_0) = 0 \end{cases} \quad (4-13)$$

对方程组（4-13）求解过程如下：

（1）当均衡点为纯策略组合时，即满足 $\begin{cases} x(1-x) = 0 \\ y(1-y) = 0 \\ z(1-z) = 0 \end{cases}$ 时，易推导出

$\begin{cases} x = 0, x = 1 \\ y = 0, y = 1 \\ z = 0, z = 1 \end{cases}$，进而解得系统内的八个均衡点，分别为 $(0, 0, 0)$，$(1, 0, 0)$，$(0, 1, 0)$，$(0, 0, 1)$，$(1, 0, 1)$，$(1, 1, 0)$，$(0, 1, 1)$，$(1, 1, 1)$。根据上述三个复制动态方程，求得雅可比矩阵为：

$$J = \begin{bmatrix} \dfrac{\partial F(x)}{\partial x} & \dfrac{\partial F(x)}{\partial y} & \dfrac{\partial F(x)}{\partial z} \\ \dfrac{\partial F(y)}{\partial x} & \dfrac{\partial F(y)}{\partial y} & \dfrac{\partial F(y)}{\partial z} \\ \dfrac{\partial F(z)}{\partial x} & \dfrac{\partial F(z)}{\partial y} & \dfrac{\partial F(z)}{\partial z} \end{bmatrix} = \begin{bmatrix} (1-2x)(z\Delta\pi_1 - yG - \Delta C_1 + zS_1) \\ y(1-y)G \\ z(1-z)(1-y)\Delta u \end{bmatrix}$$

$$\begin{matrix} x(1-x)(-G) & x(1-x)(\Delta\pi_1 + S_1) \\ (1-2y)(z\Delta\pi_2 + xG - \Delta C_2 + S_2) & y(1-y)(\Delta\pi_2 + S_2) \\ z(1-z)(1-x)\Delta u & (1-2z)(u_1 + (x+y-xy)\Delta u - u_0) \end{matrix}$$

$$(4-14)$$

当雅可比矩阵的所有特征值 $\lambda < 0$ 时，该均衡点为渐进稳定点，反之为不稳定点。以（1，1，1）为例，讨论系统满足渐进稳定的条件。均衡点（1，1，1）下雅可比矩阵为：

$$J = \begin{bmatrix} -(\Delta\pi_1 - G - \Delta C_1 + S_1) & 0 & 0 \\ 0 & -(\Delta\pi_2 + G - \Delta C_2 + S_2) & 0 \\ 0 & 0 & -(u_1 + \Delta u - u_0) \end{bmatrix}$$

$$(4-15)$$

解得特征值为：$\lambda_1 = -(\Delta\pi_1 - G - \Delta C_1 + S_1)$，$\lambda_2 = -(\Delta\pi_2 + G - \Delta C_2 + S_2)$，$\lambda_3 = -(u_1 + \Delta u - u_0)$。当 $\Delta\pi_1 + S_1 > \Delta C_1 + G$，$\Delta\pi_2 + G + S_2 > \Delta C_2$，$u_1 + \Delta u > u_0$，则三个特征值均为负数，此时（1，1，1）是渐进稳定的。同理可得其他七个平衡点的稳定性（见表4.18）。

表4.18 三方演化博弈系统均衡解的稳定分析

序号	均衡解	特征值符号	稳定性
1	(0, 0, 0)	当 $u_1 < u_0$ 时，均为负值	渐进稳定点
2	(1, 0, 0)	有正值	不稳定点
3	(0, 1, 0)	有正值	不稳定点
4	(0, 0, 1)	有正值	不稳定点
5	(1, 1, 0)	有正值	不稳定点
6	(0, 1, 1)	当 $\Delta\pi_1 + S_1 < \Delta C_1 + G$，$\Delta\pi_2 + G + S_2 > \Delta C_2$，$u_1 + \Delta u > u_0$ 时，均为负值	渐进稳定点
7	(1, 0, 1)	当 $\Delta\pi_1 + S_1 > \Delta C_1 + G$，$\Delta\pi_2 + G + S_2 < \Delta C_2$，$u_1 + \Delta u > u_0$，均为负值	渐进稳定点
8	(1, 1, 1)	当 $\Delta\pi_1 + S_1 > \Delta C_1 + G$，$\Delta\pi_2 + G + S_2 > \Delta C_2$，$u_1 + \Delta u > u_0$，均为负值	渐进稳定点

由表4.18可知，在新能源汽车产业价值提升过程中，整车企业、供应商和消费者三方主体的行为策略相互影响，相互作用。第一，若国内整车企业和供应商不采取措施提升新能源汽车产业价值，消费者从自主品牌新能源汽车中所获效用就会越来越低，消费者自然选择不购买策略，此时演化就会趋向于渐进稳定点（0，0，0）。第二，当 $\Delta\pi_1 + S_1 > \Delta C_1 + G$，$\Delta\pi_2 +$

$G + S_2 < \Delta C_2$，$u_1 + \Delta u > u_0$ 时，（1，1，1）是系统演化的均衡点，说明只有当整车企业和供应商积极采取措施提升产业价值，并让消费者从自主品牌中获得更高的效用，消费者就会选择自主品牌。但车企和供应商作为商家，以利为先，当他们从产业价值提升中所获得的收益大于其成本和机会损失之和，才会为提升产业价值付出，采取努力和积极参与的策略；在此过程中，消费者只有收获比国外品牌新能源汽车更多的效用，才会采取购买策略。第三，当整车企业和供应商中仅有一方从产业价值提升中所获收益大于成本和机会损失之和，即 $\Delta\pi_1 + S_1 > \Delta C_1 + G$ 或 $\Delta\pi_2 + G + S_2 > \Delta C_2$ 时，整车企业或供应商从有限理性的角度思考，为了规避风险会倾向于选择不努力或不积极参与的策略；当然如若在此过程中消费者仍能从自主品牌新能源汽车中获得较高效用，其也会选择购买策略，在此情况下，系统的演化将趋近于（0，1，1）和（1，0，1）两个渐进稳定点。

（2）除上述均衡解外，该博弈还存在一个特殊均衡点，还存在满足式（4-16）的均衡解：

$$\begin{cases} z\Delta\pi_1 - yG - \Delta C_1 + zS_1 = 0 \\ z\Delta\pi_2 + xG - \Delta C_2 + zS_2 = 0 \\ u_1 + (x + y - xy)\Delta u - u_0 = 0 \end{cases} \qquad (4-16)$$

求解式（4-16），可得 $\begin{cases} y = \dfrac{z\Delta\pi_1 + zS_1 - \Delta C_1}{G} \\ x = \dfrac{\Delta C_2 - z\Delta\pi_2 - zS_2}{G} \\ x + y - xy = \dfrac{u_0 - u_1}{\Delta u} \end{cases}$ ，将 x 和 y 代入第三

个等式则有 $z^2(\Delta\pi_1 + S_1)(\Delta\pi_2 + S_2) + z[(\Delta\pi_1 + S_1)(G - \Delta C_2) - (\Delta\pi_2 + S_2)(G + \Delta C_1)] + \Delta C_1 \Delta C_2 + \Delta C_2 G - \Delta C_1 G - G^2(u_0 - u_1)/\Delta u = 0$ ，令

$$\begin{cases} k_1 = (\Delta\pi_1 + S_1)(G - \Delta C_2) - (\Delta\pi_2 + S_2)(G + \Delta C_1) \\ k_2 = (\Delta\pi_1 + S_1)(\Delta\pi_2 + S_2) \\ k_3 = \Delta C_1 \Delta C_2 + \Delta C_2 G - \Delta C_1 G - G^2(u_0 - u_1)/\Delta u \end{cases}$$ ，可得一元二方

程 $k_1 z^2 + k_2 z + k_3 = 0$，$x$、$y$、$z \in (0,1)$，结合变量实际意义，求解此一元二次方程，得方程解为：

$$
\begin{cases}
x = \dfrac{\Delta C_2 - \Delta \pi_2 \dfrac{-k_2 + \sqrt{k_2^2 - 4k_1 k_3}}{2k_1} - S_2 \dfrac{-k_2 + \sqrt{k_2^2 - 4k_1 k_3}}{2k_1}}{G} \\[6mm]
y = \dfrac{\Delta \pi_1 \dfrac{-k_2 + \sqrt{k_2^2 - 4k_1 k_3}}{2k_1} + S_1 \dfrac{-k_2 + \sqrt{k_2^2 - 4k_1 k_3}}{2k_1} - \Delta C_1}{G} \\[6mm]
z = \dfrac{-k_2 + \sqrt{k_2^2 - 4k_1 k_3}}{2k_1}
\end{cases}
$$

$$(4-17)$$

此均衡解通过仿真进行相关分析。

三、数值模拟与仿真分析

根据复制动态方程及约束条件，运用 MATLAB 2020b 软件进行数值仿真。参考有关文献（Nordbeck & Steurer，2016；Weick，1976；周燕，潘遥，2019；翟纪超，2010），再咨询新能源汽车产业领域的专家，经过团队研讨，设整车企业选择"努力"、供应商选择"积极参与"、消费者选择"购买"策略的初始值为（0.5，0.5，0.4），$\Delta \pi_1 = 4.15$，$\Delta C_1 = 2.38$（$\Delta C_{11} = 0.15$，$\Delta C_{12} = 0.68$，$\Delta C_{13} = 0.35$，$\Delta C_{14} = 0.7$，$\Delta C_{15} = 0.5$），$S_1 = 0.45$，$G = 0.2$，$\Delta \pi_2 = 4.16$，$\Delta C_2 = 2.35$（$\Delta C_{21} = 0.65$，$\Delta C_{22} = 0.40$，$\Delta C_{23} = 0.70$，$\Delta C_{24} = 0.60$），$S_2 = 0.35$，$u_0 = 0.90$，$u_1 = 0.70$，$\Delta u = 0.50$，演化初始时间为 0，结束时间为 100。

（一）初始条件下三方策略演化趋势

整车企业、供应商和消费者在初始条件下的演化路径如图 4.6 所示，该系统最终收敛于最优状态，即趋向于渐进稳定点（1，1，1）。说明只要整车企业和供应商从消费者重视的产品属性出发，下定决心采取措施提升新能源汽车产业价值，使消费者从自主品牌新能源汽车中所获得的效用高于国外品牌时，消费者就会作出理性思考，购买自主品牌新能源汽车。当然在这一过程中，整车企业和供应商是有限理性的，其努力的前提是能从价值提升中获得利润，即其额外收益和潜在损失之和要大于付出的额外成本，否则整车企业和供应商将不会有长期动力去进行这项活动。

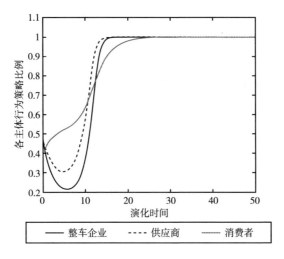

图 4.6　初始值状态下各主体演化路径

（二）从不同产品属性偏好角度分析相关主体行为演化策略

根据前述变量设计，整车企业和供应商的额外成本已按照消费者偏好的产品属性划分和赋值，针对不同产品属性额外成本分别进行仿真模拟。

总体来说，不同产品属性偏好即不同额外成本构成下，整车企业、供应商和消费者行为演化趋势不同，有相反趋势，也有相同趋势，且演化速率不同。对于整车企业来说（见图 4.7），从 ΔC_{11}（产品内饰设计和品牌口碑塑造）、ΔC_{12}（加强快充技术研发）、ΔC_{13}（配置和研发高端智能化设备）、ΔC_{14}（加强安全系统研发）四个方面提升价值，整车企业努力意愿和消费者购买意向均逐渐加强，并趋向于 1，但明显看出这四个方面对整车企业和消费者的促进作用有大小之分，即 $\Delta C_{14} > \Delta C_{12} > \Delta C_{13} > \Delta C_{11}$。消费者最看重新能源汽车的安全属性尤其是电池安全、主被动安全等，其次就是快充充电速度，安全是新能源汽车的"生命线"，快充充电速度则是刺激消费者购买的关键动能。提高汽车安全性能，降低自燃自爆等安全隐患，在此基础上提高快充充电速度，可有效提高消费者对该品牌新能源汽车的信任度和购买欲。但对于车企来说，从这两面入手风险高、难度大，需要车企认真决策并长期付出努力。产品内饰设计和智能化配置，消费者也同样在意，独特精致的内饰设计，搭配智能化应用系统，可为消费者提供更安全舒适的驾乘体验。相较于升级安全系统和加强快充技术研发，从这两方面着手，车企耗费的人力物力相对较少，回报率较高，更容易推动自主品牌新能源汽车走向高端化。从图 4.7a 还可看出，通过运营动力电池回收服务（ ΔC_{15} ）提升新能源汽车产业价值，对于整车企业来说还不是可行方式。我国 2018 年才发布《新能源汽车动力蓄电池回收利用暂行办法》，动力电池回收利用发展时间较短；且动力电池种类繁多，布局回收网络和回收体系成本投入极高，但政府尚未对动力电池回收出台较好的支持政策，很多车企无法单独承担动力电池回收服务的高额成本。所以从车企角度考虑，从动力电池回收服务角度提升产业价值不是最优方案。

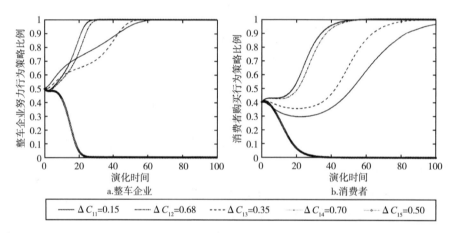

图 4.7 车企针对不同产品属性偏好的努力对相关主体行为演化的影响

同整车企业类似，从图 4.8a 可以看出，从 ΔC_{21}（快充技术升级）、ΔC_{22}（高端智能化设备研发）、ΔC_{23}（升级汽车安全系统）以及 ΔC_{24}（充电桩建设和运营）四个方面入手提升产品价值，均可使供应商行为演化到理想状态，只不过演化速度有快慢之分，其中 $\Delta C_{21} > \Delta C_{24} > \Delta C_{23} > \Delta C_{22}$。从演化状态来看，供应商更愿意通过升级快充技术、建设和运营充电桩站和升级汽车安全系统来提升产品价值。从图 4.8b 可以看出，我国新能源汽车普及越来越广，消费者会面临"充电慢，充电难"等问题，动力电池快充和充电桩市场会有很高的市场需求，只有加强快充技术研发和充电桩站建设，满足消费者需求，才能有效增强消费者购买意愿。动力电池安全是新能源汽车底线，需要车企和动力电池企业持续不断的努力，我国动力电池行业已处于世界领先地位，在电池安全技术研发方面掌握比较丰富的经验，从升级安全性能方面提升新能源汽车产业价值，是比较有效的手段。此外，智能化已成为新能源汽车产业的发展潮流和趋势，从前面现状分析也了解，89%新能源汽车用户表示其购车时会关注汽车智能化，其中智能硬件、自动/辅助驾驶和 OTA 升级是多数消费者的首选。所以车企和供应商应加大在智能化应用方面的研发力度，以扩大在新能源汽车智能化市场上的占有率。

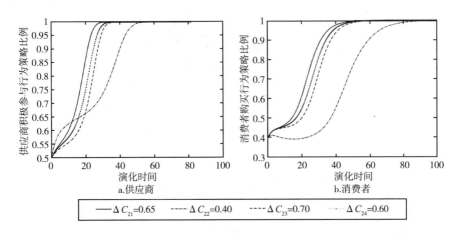

图 4.8　供应商针对不同产品属性偏好的努力对相关主体行为演化影响

根据以上分析，整车企业和供应商可从不同方面采取措施提高新能源汽车产业价值，努力方向有重合但又各有侧重，车企和供应商可发挥各自优势，分工协作，在提升价值的基础上实现资源的有效利用。

（三）G、ΔC_2 和 S_2 对供应商行为演化的影响

要想提升新能源汽车产业价值，供应商和整车企业就必须投入更多的资金和资源，当然，出于利益和风险考量，企业不会无限制投入。从图 4.9和图 4.10 可以看出，随着额外成本的逐渐提升，供应商积极参与意愿先缓慢下降，达到一定额度后再骤降。这就说明在一定成本投入范围内，供应商所获利润和投入成本成正比关系，获利越多其参与意愿越强；但随着项目的进行，所面临的技术难度和风险问题不容忽视，受制于资金投入、研

发实力等问题，供应商就会选择放弃。在合理成本投入范围内，供应商有必要积极提升自身产品功能和价值，否则就会在未来被行业所淘汰，原有市场份额也会被竞争对手抢走，这其中暗藏的机会损失巨大，正如图4.9所示，潜在损失越大，供应商越会加快提升产品价值步伐，研发出更优秀的产品。此外，从图4.9还可以发现，整车企业对供应商的激励并没有发挥作用，实际上这恰恰说明我国新能源汽车产业已发展到比较好的阶段，供应商已然可以跟随产业核心企业和市场发展的步伐，去自主实施自己的战略计划，不再需要整车企业的额外激励。

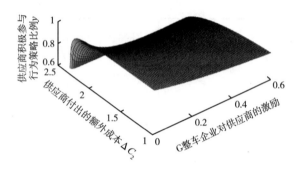

图 4.9 ΔC_2 和 G 对供应商行为的影响

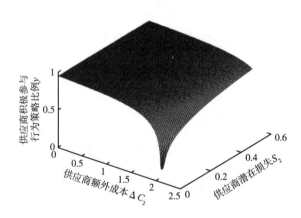

图 4.10 ΔC_2 和 S_2 对供应商行为的影响

（四） ΔC_1 和 Δu 对消费者行为演化的影响

企业的收益直接来源于市场，即消费者。对于自主品牌来说，未来要想在中国乃至世界新能源汽车市场立足，就必须提高成本投入，不断开拓创新，将资金投入落到实处，生产更有价值的产品，满足消费者效用最大化。如图 4.11 所示，在一定额外效用内，随着车企额外成本的提升，消费者购买意愿先降低再升高。出现这种情况的原因可能是：当车企成本投入处于低水平时，产品价值提升不够显著，但购买价格较高，消费者所获得边际效用较低，其购买意愿便下降；但随着车企投入的增加，产品更加智能安全，设计更新颖，同时实现规模经济，消费者可以获得更高额外效用，购买意愿会明显升高。

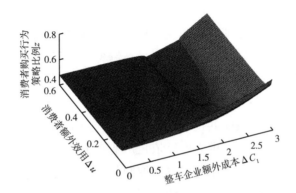

图 4.11　ΔC_1 和 Δu 对消费者行为的影响

四、新能源汽车产业价值提升策略

随着双积分政策的推行和股比限制的放开，合资及外资企业的进入掀起新一轮热潮，国内新能源汽车市场竞争日益激烈。这也给消费者带来更多选择，消费者将不再局限于自主品牌，而是带着自己的偏好去选购更符合自己心意的新能源汽车。自主品牌若仍想依靠补贴走低价策略参与市场竞争，定难走得长远。本课题组在消费者偏好调查基础上，将消费者重视的产品属性设计成变量放入多主体演化博弈模型中，结合仿真模拟探寻政策作用下产业价值提升策略。结果表明：整车企业和供应商努力提升产业价值可有效提高消费者购买意愿，优化电池安全系统、升级快充技术、研发并配置高端智能化设备、产品内饰设计和品牌口碑塑造等是促进整车企业和供应商积极参与产业价值提升的关键因素；消费者购买意愿随着整车企业努力成本的提高先下降后上升；影响供应商积极参与的影响因素为额外成本 ΔC_2 和机会损失 S_2，额外成本应控制在合理范围内，机会损失越大，供应商参与意愿越强。根据以上结论，强化以下几个方面工作，可望有效提升我国新能源汽车产业价值。

（一）实施制造端的产业价值提升策略

产业价值提升的核心主体是整车企业和供应商，只有整车企业和供应商承担好自己的责任，才能为消费者提供优质的产品和服务，具体可从以下几个方面展开：

第一，发挥整车企业主导作用，加强车企和供应商的分工协作，共同努力提升产业价值。新能源汽车从原材料制备、零部件制造到整车系统集成，离不开产业链上各个企业的分工与合作。针对电池材料、车用芯片等研发周期长的关键技术，整车企业和供应商可以合作展开共性技术研发，实现资源信息共享、风险共担，以提高资源利用率和创新效率；而在各自擅长的领域，整车企业和供应商可依托产业链上的资源各自发挥优势。整车企业可加强汽车的集成制造、成本控制与供应链管控能力，提高新能源汽车性价比；同时还应注重汽车的造型设计，可为消费者提供定制化造型设计服务，打造更加高端的新能源汽车。供应商应加强原材料和零部件的技术创新和工艺创新，为整车企业提供更高性能的原材料和零部件。

第二，以消费者偏好的产品属性为重点，加强技术创新，优化产品和服务。产品和服务优化以技术创新为基础，虽然我国新能源汽车关键核心技术已居世界领先地位，但仍有待继续提升。可考虑构建以企业为主体的产、学、研、用协同创新系统，针对消费者最重视汽车安全、快充速度、智能化配置等产品属性，加强创新投入和知识信息共享，共同努力优化产品性能和提高服务水平。车企和供应商应团结科研院所、高等院校的力量，实施新材料、新能源、动力电池、电机等核心技术的重大研发工程，合力破解研发创新上的难题。在这个过程中，企业要持续关注消费者的需求变化，把控市场的发展方向，同高校、研究院等机构沟通交流，进行技术的变革创新，降低创新风险的同时，保障创新成果使消费者满意。

第三，营造良好的产业价值提升环境，推进自主品牌车企嵌入全球产业价值链。整车企业和供应商在立足国内自主发展的同时，也要关注国际新能源汽车产业发展趋势。在双循环的驱动下，自主品牌车企和相关制造商、供应商可建立对外畅通合作渠道和机制，促进集成电路、智能化、网联化等技术创新的对外深度合作；此外，企业还可借助"一带一路"合作的优势，打通新能源汽车在共建"一带一路"国家的市场，合资合作，开放采购，提升自主品牌新能源车企在国际市场中的竞争力。同时还需加强知识产权保护，完善相关政策法规，建设专业化服务平台，全面加强保密管理，增强电池、电机等关键技术的专利保护，为自主品牌新能源汽车融入全球市场营造良好的创新环境。

（二）实施消费端的产业价值提升策略

消费者是产业价值提升的方向和源头，了解消费者并采取有针对性的措施吸引消费者，可有效推动新能源汽车产业发展。

第一，实施消费端的偏好调查，为产业价值提升探寻切入点。从消费者偏好入手提升新能源汽车产业价值，自然要先知道消费者偏好什么。车企作为和消费者直接对接的上游企业，在偏好调查上首当其冲。车企可通过线上线下相结合方式去调查，线下由销售员委婉询问顾客偏好和需求；线上一方面通过大数据处理购买记录分析消费者喜好倾向，另一方面可搭建连接消费者的共创平台，消费者在平台上分享关于新能源汽车的多样化需求和产品改进意见，平台分析员分析总结有用意见提供给车企，车企根据分析结果去改进和优化产品性能和设计，为消费者提供心仪的产品和服务。

第二，塑造品牌口碑，加强品牌宣传，提高消费者对新能源汽车的认知。消费者对新能源汽车的认知度低，必然会影响消费者对新能源汽车的购买行为。口碑的塑造不仅依靠产品自身过硬，还需要一定的营销策略。首先可在一些社交和问答平台，如汽车之家、知乎等，联合客户和平台上汽车专家进行品牌宣传和口碑营销，打造品牌知名度。其次可借助短视频平台，如抖音、快手等，设计有创意的短视频去介绍新能源汽车的性能、环保优势和补贴政策等信息，通过反复和多样性的宣传让消费者了解新能源汽车优势，并最终购买新能源汽车。销售商在制订宣传方案时，可以针对不同性别、不同年龄、不同职业的群体偏好设计出多样化的宣传方案，在相应的地区借助电梯广告、丰巢广告等反复播放，最大化地吸引消费者的目光，加深消费者关于新能源汽车的记忆。

第三，实施差异化策略，提高顾客品牌忠诚度。不同类型的消费者对产品属性的偏好程度具有异质性。针对不同类型顾客的差异化需求，企业可凭借自己的优势，从产品性能、造型设计、销售渠道、服务方式、品牌宣传等方面制定相对应的差异化措施，让消费者体会到差别优势，这样可有效俘获消费者的青睐。比如特斯拉针对欧美市场或者高端市场主推 Model X、Model Y 等车型，而在进入中国市场后，就迅速推出 Model 3 以应对中级车市场。乘联会发布的数据显示，2020 年中国制造的 Model 3 全年销量为 137459 辆，迅速登上中国新能源汽车销量首位，差异化战略实施效果显著。因此，自主品牌车企要把握好差异化策略的实施，抓住不同特征类型消费者的心理，提升市场竞争力。

（三）实施售后端的产业价值提升策略

提高售后端的服务质量，可以降低消费者的后顾之忧，有助于提高消费者的购买意愿。根据本书调查研究，提高服务质量可考虑从充电服务和动力电池回收服务采取措施。

第一，政府加强规划引导，合理布局充电桩建设。随着新能源汽车保有量持续快速增加，我国新能源汽车"充电难、充电慢"的问题日益凸显。虽然国家出台了一系列相关指导政策，但很多一线城市充电设施建设用地仍然困难。因此，地方政府应加大对充电桩站建设的规划扶持引导力度，协调各方力量，简化充电设施建设用地审批，科学合理地审批充电桩站用地专项规划，尽可能提供更多土地资源建设充电桩；此外，政府应激励运营商加强充电技术创新，不断提升充电桩的充电效率和兼容稳定性，推动充电设施建设持续健康发展。

第二，推进分布式充电桩建设，强化充电设施运维管理。在布局优化传统充电建设模式基础上，还应从用户需求出发，适度推进分布式充电桩建设，缓解城市土地资源限制，提高充电效率。此外，政府应统筹车企和充电设施制造商，加强充电运营服务，建设"车—桩—网"一体化运营服务平台，为驾驶者提供优质的找桩、用桩服务。优化充电桩站分布信息查询服务，加强技术研发，将充电设施查询服务接入高德地图、百度地图等互联网 App，同时鼓励支持移动运营商将充电桩接入车联网平台，提高充电服务的数字化与智能化水平。加大 App 充电服务在消费者中的宣传力度，积极引导消费者运用高德地图、百度地图等 App 在线搜索充电桩站，缓解电动汽车车主"找桩难、找桩慢"等问题。

第三，政府加大扶持力度，帮助整车企业实施动力电池回收服务。随着新能源汽车产业的发展，动力电池回收已不可避免。但由于动力电池种类繁多，回收网络搭建非常困难，仅靠整车企业一方的力量很难完成。政府应加大对车企动力电池回收服务的扶持力度，同时制定一系列政策引导车企搭建动力电池回收网络。政府还应统筹安排车企和动力电池企业、第三方拆解企业的合作，共同探索动力电池回收与拆解技术。同时加强源头治理，重视动力电池的绿色设计，因势利导，发挥综合效益，构建动力电池回收体系，保障动力电池有效利用和环保处置。

第二节　生产者责任延伸下新能源汽车企业决策的影响机制研究

在政策推动和市场需求牵引双重作用下，我国新能源汽车产业快速发展，由此带来的动力电池回收这一衍生问题也越来越突出，若不能有效解决这一问题，便无法真正实现新能源汽车绿色闭环产业链的发展。但因现有回收技术不成熟、回收体系不完备等多方面原因，企业难以充分利用废旧动力电池中的剩余价值，如何开展基于技术效率和经济效益最大化的合作，以及如何分配在此过程中产生的利益等问题，都有待进一步解决。因此，本书通过研究现有规制下动力电池回收相关利益主体间的复杂博弈关系，探寻新能源汽车企业决策的影响机制和多方主体利益均衡的实现机制。

一、新能源汽车产业多主体博弈作用机理分析

新能源汽车动力电池回收过程涉及产业链上多个利益主体，存在回收责任不清、企业回收积极性不高、回收成本居高不下等一系列问题，制约着新能源汽车产业的绿色健康发展；研究回收主体间的复杂博弈关系，探寻其策略选择的现实依据，对于深度剖析动力电池回收多主体行为变化及

利益均衡问题十分关键。因此，从现实情况出发，借助相应的科学方法将研究问题化繁为简，分别从产业多主体博弈的现实依据及利益关系进行分析，促使研究更有针对性。

（一）新能源汽车产业多主体博弈的现实依据

在能源危机和环境污染的双重压力下，培育和发展新能源汽车已成为全球汽车产业转型的主要方向（赵伟光，李凯，2019）。对我国而言，如图4.12所示，2009～2020年，新能源汽车产销量显著增长，已从消费者可用发展至愿用阶段，同时中汽协、中金公司研究部还进一步预测新能源汽车渗透率将突破10%的临界点，进入S形增长曲线的陡峭阶段，即市场及需求快速驱动产业发展。而我国作为全球最大的新能源汽车消费市场，动力电池的生产和消费居世界首位，动力电池回收这一问题也随之突出；通常情况下，动力电池容量衰减到初始状态80%左右时，便无法继续满足电动汽车的性能要求，这决定了退役动力电池处置存在较大的技术改进和再利用空间，这也是废旧电池回收行业重要的利润来源。若不能妥善处理，大量废旧电池既会对环境造成严重的危害，也会造成极大的资源浪费。

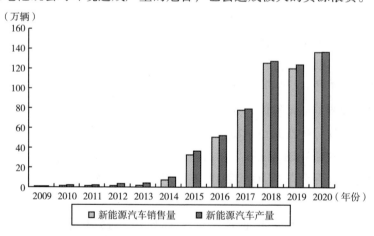

图4.12 2009～2020年我国新能源汽车产销售量

资料数据来源：汽车工业协会。

这一问题早已引起社会和政府的广泛关注，自2012年起政府陆续出台多项相关政策来推动动力电池回收利用产业发展，截至2020年3月，以生产者责任延伸制度为基本原则的政策体系已初步搭建；在地方政府和行业组织的引导下，一些传统废旧回收企业开始介入早期退役动力电池回收业务，部分企业逐步发展成为专业化废旧电池回收公司。通过天眼查对经营范围包括动力电池回收的企业进行统计（见图4.13），可以发现，随着年份的推移，每年存续的动力电池回收企业数呈显著增长势态。但结合工信部自2018年以来持续公布的符合《新能源汽车废旧动力蓄电池综合利用行业规范条件》的企业名单信息可知，目前符合行业规范的企业数量仅有47家，动力电池回收行业的正规化占比较低，回收体系较为混乱。

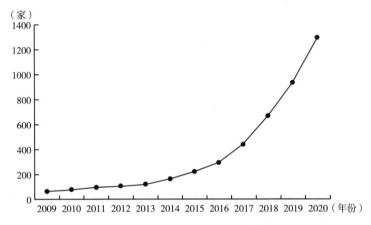

图4.13　动力电池回收企业数

资料来源：笔者通过天眼查对经营范围包括动力电池回收的企业进行统计整理。

从形式上看，国内动力电池回收仍处于起步阶段，动力电池回收利用体系仍不健全，没有形成完整的流通体系，导致很多电池无法进入正规渠道，而是落入小作坊之手。据高工产研锂电研究所（GGII）统计显示，2018年动力电池的总报废量达7.4万吨，然而动力电池回收量只有5472吨，只占报废动力电池总量的7.4%，市场上动力电池的回收量远远低于预期，流入非正规渠道以及未处理的废旧电池所带来的损失无法估量。一方面由于回收渠道限制，回收企业难以大范围接触到作为动力电池回收源头的消费者，另一方面动力电池回收利用既需要必要的技术创新，又需要一定的经济投入，基于能力或者动力，一般的回收企业都不可能全面担负起回收责任。

而即便废旧动力电池进入正规渠道，仍面临许多难题，一般来说退役的动力电池主要有三种去向。其一是经过测试筛选后挑选出性能较为优良的电池进行梯次利用；其二是经过拆解处理后提取出电池中的原材料，再交由动力电池生产企业生产新电池；其三是无利用价值，作为废弃物处理。从回收经济性考虑，各家电池厂商生产的电池规格、材料、接入方式等各不相同，针对单一型号电池的回收难以形成规模，且废旧动力电池评估、分拣等技术不成熟，导致设备和人力成本投入大；从回收安全考虑，废旧动力电池状态不稳定，如果在运输过程中未进行合理封装或者在拆解过程中操作不当，都易引起电池内部短路燃烧，甚至爆炸；此外，动力电池由于使用环境、使用习惯等不同，在梯次使用过程中往往具有较大差别，因而当处理过程技术不成熟、电池单体一致性无法得到保障时，易导致梯次利用的动力电池在使用过程中产生短路，引起电解质的燃烧甚至是爆炸起火。

因此，动力电池回收是一个复杂的系统工程（见图4.14），涉及多方主体的利益，从本质上可以看作是利益形成与分配的过程。动力电池回收工程的利益相关者涉及整车企业、政府、电池生产企业、消费者、第三方回收拆解企业等，不同的主体在新能源汽车回收过程中发挥着不同的作用，他们观察和收集其他参与主体的行为信息，并结合自身的利益需求，采取相应行动，如此反复博弈，以实现最终的平衡。

图4.14 动力电池回收再生利用流程

（二）生产者责任延伸下的多主体博弈利益关系分析

2018年1月工信部、国家能源局、环境部等多部门联合发布《新能源汽车动力蓄电池回收利用管理暂行办法》（以下简称《办法》），明确落实生产者责任延伸（EPR）制度，以此保障动力电池回收工作有序推进。生产者责任延伸是一种现实规制，更是面向产品全生命周期的环境保护理念，是指生产者不仅要对产品性能负责，还要承担产品源头预防责任、产品环境信息披露责任、废弃产品回收处置与循环利用责任，将该理念运用到动力电池回收过程，有利于保障电池有效利用和环保处置，实现从"末端治理"向"源头预防"模式的转变。

但在落实层面，回收主体责任界定不清、回收成本居高不下等问题导致动力电池回收积极性不高。电池生产企业为了在激烈的市场中生存，需要不断提高电池续航，无暇顾及电池生态设计；整车企业主要利润来源是汽车销售，若依靠其完整的销售网络布局回收网络，占用门店使用空间的同时还会增加运营成本；第三方拆解企业出于成本考虑，并不愿意投入大量资本提升技术水平，殊不知其技术水平决定了动力电池再生利用水平；大多数消费者在现有市场机制和利益驱动下会选择把动力电池卖给出价较高的小商小贩，致使动力电池回收难上加难；政府由于自身局限性和信息不对称也难以给出合适的激励约束机制。由此可见，动力电池回收体系构建不仅仅要考虑技术、创新等硬性问题，更要考虑各方复杂利益冲突问题，需要多主体不断博弈，才能达到最均衡状态，实现系统利益最佳。

因此，在动力电池回收过程中，政府责任规制主要起引导作用，行业的长久发展归根结底还是要充分调动各企业的能动作用。对于产业链上各企业而言，角色不同，核心优势各有不同，所承担的延伸责任也有所不同。首先，整车企业是不具备电池生产、拆解、处理等技术的"组装厂"，但其与消费者有着天然的联系，这对其而言，在回收网络布局上是先决优势。因此，政府要充分利用其销售网络布局废旧电池回收网点，并给予消费者相应补偿，政府财政补贴力度、政策支持状况将直接影响整车企业回收积极性。当然，整车企业要处理废旧电池也需要积极寻求与其他企业合作。其次，电池生产企业作为动力电池生产商，掌握电池设计、研发、生产等一系列核心技术，是落实产品预防责任的主体。从技术和现实情况考虑，电池生产企业在生产过程中应考虑电池的生态设计、引入清洁工艺，落实产品源头预防责任，从源头减少产品的资源承载量、降低产品的潜在致污能力，并充分利用上下游合作关系，掌握更多的溯源信息。目前动力电池热稳定性差，一旦进入规模化梯次利用，存在着一定的安全隐患，且经济成本较高，企业也难以承受。突破这些技术难题和破解安全瓶颈，需要国家有关部门出台相关激励鼓励政策，支持电池生产企业增加科技研发投入，同时完善溯源管理体系建设，明确动力电池生命周期各环节主体责任。最后，第三方拆解企业是以盈利为主要目的专业处理机构，掌握专业的电池材料回收技术，其技术水平决定了动力电池再生利用水平，在进行废旧动力电池处理的过程中，其必然会考虑回收过程中的收益是否大于所耗费的成本。废旧动力电池的拆解处理需要大量的资金、标准化的技术投入以及人员支持等，而这也都是企业所需要付出的成本，而其收益，一部分来自生产者所提供的废旧动力电池处理服务的价值实现，一部分来自可再生金属材料、梯次电池部分，还包括因绿色处理废旧动力电池而获得的生产企业回收专用补贴。因此，政府除了给予财政补贴之外，还应对动力电池回收行业设置较高技术与环保门槛，对具有相关资质的企业进行授权，对无资质的相关单位进行严惩，为正规企业创造更好的经营环境。而第三方拆解企业除了应借助国家对动力电池回收的财政补贴，加大对动力电池拆解回收核心技术攻关的投入，还应与动力电池生产企业开展深度合作，同时与高等院校等组建产学研联盟，依托高校科研成果，提高动力电池拆解回收率。

所以仅凭任何一方解决废旧电池回收利用问题，都会进行重复的基础设施投入、技术人才投入及研发经费投入，唯有产业链上各企业专业化分工与合作，实现企业无缝对接与技术互通，才能达到技术效益、经济效益和环境效益最大化。但究竟能否实现企业间通力合作、积极配合、共同找到系统得以稳定的均衡点，共同构建新能源汽车绿色产业链闭环还值得商榷。从长远的动态来看，该模型是一个多方演化博弈模型。据此，本书主要选取新能源汽车生产商、电池生产企业、第三方回收拆解企业作为博弈主体进行分析，明确各主体责任，分析帕累托均衡时不同主体的行为策略以及收益随相关因素变化情况。

二、生产者责任延伸下新能源产业多方博弈模型构建

当前的现实情况是，动力电池回收过程涉及众多参与主体、问题多且关系复杂，在现行生产者责任延伸机制下，意味着生产者在动力电池回收上的责任刚性，其基础损益受到该责任的明显约束。因此，整车企业、电

池生产企业及第三方回收拆解企业开展基于技术效率和经济效益最大化的合作，以及合理分配此过程中产生的利益，至关重要。本书从现有政策规制出发，构建生产者责任延伸下整车企业主导的动力电池回收模式，通过模型解析整车企业、动力电池生产企业和第三方回收拆解企业的回收责任合理分配问题，分析帕累托均衡时不同主体的行为策略以及收益随相关因素变化情况，寻找利益均衡实现条件。

（一）基本假设

假设4：本书以整车企业、动力电池生产企业和第三方回收拆解企业作为参与主体，依据生产者责任延伸理论，构建整车企业承担回收主体责任的动力电池回收模式，三方参与人均是有限理性，对动力电池回收问题持风险规避的态度。

假设5：退役的动力电池主要去向及技术难题，其一是经过测试筛选后挑选出性能较为优良的电池进行梯次利用，主要的技术难题是电池寿命检测技术和离散整合技术，且均与动力电池全产业链溯源密不可分；其二是经过拆解处理后提取出电池中的原材料，再交由动力电池生产企业生产新电池，其中尤为重要的便是电池拆解技术以及原材料回收技术；其三是无利用价值，作为废弃物处理。本书主要考虑动力电池的前两种情况。

假设6：在大多数情况下，整车企业是不具备电池生产、拆解、处理等技术的"组装厂"，因此本书在模型中不考虑其独自进行回收再利用的情况；而电池生产企业具备电池生产技术，并与车企位于新能源汽车产业链的上下游，从技术和现实情况考虑，电池企业能够充分利用上下游合作关系，掌握更多的溯源信息，在电池研发设计过程考虑原材料使用以及回收拆解难易程度，并对废旧电池进行初次检测，筛选出能够梯次利用的电池，当然，并不排除其会投资研发电池原材料回收的相关技术，能够具备拆解企业回收再生资源的能力，但在该情况下，将电池生产企业视为特殊的拆解企业。

假设7：三方主体均有两种策略选择。整车企业选择与动力电池生产企业合作的概率为 x，选择与第三方拆解企业合作的概率为 $1-x$；电池企业选择承担延伸责任的概率为 y，选择不承担延伸责任的概率为 $1-y$；第三方拆解企业选择积极投入的概率为 z，选择消极投入的概率为 $1-z$；且 x，y，$z \in (0,1)$。

（二）相关变量设定

本书基于现实情况，将延伸责任在企业间进行分配，构建如图 4.15 所示的整车企业承担回收主体责任的动力电池回收模式，以更直观的形式体现整车企业、动力电池生产企业、第三方回收拆解企业三方主体间的关系。

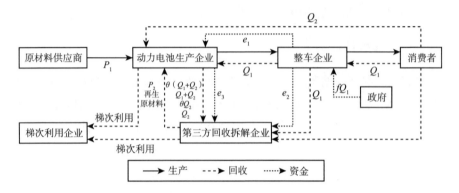

图 4.15　生产者责任延伸下的动力电池回收模式

1. 整车企业的相关变量

Q_1：整车企业回收量（kW·h）。

P_r：动力电池回收价格（元/kW·h）。

f：政府单位补贴资金（元/kW·h）。

e_1：整车企业给予电池生产企业的补贴，即车企选择与电池企业合作情况下，由于产业链上下游关系，车企为激励电池生产企业积极承担延伸责任，依据车企回收量给予相应的资金补贴。

e_2：整车企业给予拆解企业用于回收过程的研发激励（元/kW·h），即车企选择与拆解企业合作情况下，车企为激励拆解企业积极投入提高技术，依据车企回收量给予拆解企业用于提高梯次利用、回收拆解相关技术的研发补贴。

π_1：整车企业与电池企业合作回收获得的额外收益，即车企选择与电池企业合作情况下，由于电池企业积极承担生产者延伸责任，车企与电池企业的合作关系进一步加强、信息传递更加充分、企业声誉提高等带来一系列额外收益。

$\Delta\pi_1$：整车企业与拆解企业合作回收获得的额外收益，即车企选择与拆解企业合作、拆解企业积极投入的情况下，车企激励使得拆解企业技术提高，由此给车企带来的附加收益。

C_1：整车企业布局回收网络的成本。

2. 动力电池生产企业的相关变量

Q_2：电池企业回收量（kW·h）。

P_1：新原材料的平均价格（元/kW·h）。

P_2：再生原材料的平均价格（元/kW·h）。

e_3：电池企业对拆解企业用于回收过程的研发激励（元/kW·h），即在拆解企业积极投入的情况下，电池企业将部分责任以补贴形式进行转移，根据电池企业回收量给予拆解企业用于提高梯次利用、回收拆解处置相关技术的单位研发补贴。

π_2：电池企业承担生产者延伸责任时的增值收益，在整车企业的激励下，电池企业在前期生产环节考虑到电池绿色设计、绿色生产而带来的一系列收益，包括原材料节约、排污费降低、社会形象提升等。

$\Delta\pi_2$：电池企业的潜在收益，即拆解企业不断提高梯次利用水平、原材料的回收利用率，再生原材料产出增加，进一步降低电池企业的生产成本，由此给电池企业带来收益。

C_2：电池企业承担生产者延伸责任时的投入，即在电池企业承担延伸责任的情况下，对动力电池进行绿色设计、绿色生产，并对废旧电池进行初次检测，筛选出能够梯次利用的电池，因此主要包括废旧电池初步处理成本、电池生态设计研发投入、清洁工艺引入、技术团队建设等。

3. 第三方回收拆解企业的相关变量

π：梯次利用单位收益。

π_3：第三方回收拆解企业积极投入时的增值收益，即拆解企业积极投入提高电池循环利用率，降低废弃产品回收、处置与循环利用的成本所带来的收益。

$\Delta\pi_3$：第三方拆解企业的潜在收益，即电池企业积极承担生产者延伸责任时，电池的环保性和可循环性有一定提高，进一步减少再利用成本，增加再生原材料的产出，由此给拆解企业带来的直接收益。

C_3：第三方拆解企业积极投入时的成本，主要指加大核心技术研发的成本、扩大回收网点布局的成本、维护合作关系的成本等。

L：第三方拆解企业维持原有状态时遭受的机会损失，主要指电池企业承担延伸责任时，因其他拆解企业凭借技术优势抢占市场份额导致收入受损。

θ：废旧电池中用于拆解回收原材料的比例。

根据上述变量，得出各博弈主体的收益情况如表4.19所示。

表4.19　　　整车企业、电池生产企业和第三方拆解企业收益矩阵

博弈参与者			整车企业	
			与动力电池合作 x	与第三方拆解企业合作 $1-x$
第三方拆解企业	积极投入 z	动力电池生产企业 承担延伸责任 y	• $fQ_1 + \pi_1 - e_1Q_1 - C_1$ • $\pi_2 + \Delta\pi_2 + e_1Q_1 + \theta(Q_1 + Q_2)(P_1 - P_2) + \pi(1-\theta)(Q_1 + Q_2) - C_2 - (1-\theta)P_r(Q_1 + Q_2) - e_3\theta(Q_1 + Q_2)$ • $\pi_3 + \Delta\pi_3 + e_3\theta(Q_1 + Q_2) + \theta(Q_1 + Q_2)P_2 - C_3 - P_r\theta(Q_1 + Q_2)$	• $fQ_1 + \Delta\pi_1 - e_2Q_1 - C_1$ • $\pi_2 + \Delta\pi_2 + \theta(Q_1 + Q_2)(P_1 - P_2) + \pi(1-\theta)Q_2 - C_2 - (1-\theta)P_rQ_2 - e_3\theta Q_2$ • $\pi_3 + \Delta\pi_3 + e_2Q_1 + e_3\theta Q_2 + \theta(Q_1 + Q_2)P_2 + \pi(1-\theta)Q_1 - C_3 - P_r(Q_1 + \theta Q_2)$
		动力电池生产企业 不承担延伸责任 $1-y$	• $fQ_1 - C_1$ • $\Delta\pi_2 + \theta(Q_1 + Q_2)(P_1 - P_2) - e_3(Q_1 + Q_2)$ • $\pi_3 + e_3(Q_1 + Q_2) + \theta(Q_1 + Q_2)P_2 + \pi(1-\theta)(Q_1 + Q_2) - C_3 - P_r(Q_1 + Q_2)$	• $fQ_1 + \Delta\pi_1 - e_2Q_1 - C_1$ • $\Delta\pi_2 + \theta(Q_1 + Q_2)(P_1 - P_2) - e_3Q_2$ • $\pi_3 + e_2Q_1 + e_3Q_2 + \theta(Q_1 + Q_2)P_2 + \pi(1-\theta)(Q_1 + Q_2) - C_3 - P_r(Q_1 + Q_2)$
	消极投入 $1-z$	动力电池生产企业 承担延伸责任 y	• $fQ_1 + \pi_1 - e_1Q_1 - C_1$ • $\pi_2 + e_1Q_1 + \theta(Q_1 + Q_2)(P_1 - P_2) + \pi(1-\theta)(Q_1 + Q_2) - C_2 - (1-\theta)P_r(Q_1 + Q_2)$ • $\Delta\pi_3 + \theta(Q_1 + Q_2)P_2 - P_r\theta(Q_1 + Q_2) - L$	• $fQ_1 - C_1$ • $\pi_2 + \theta(Q_1 + Q_2)(P_1 - P_2) + \pi(1-\theta)Q_2 - C_2 - (1-\theta)P_rQ_2$ • $\Delta\pi_3 + \theta(Q_1 + Q_2)P_2 + \pi(1-\theta)Q_1 - P_r(Q_1 + \theta Q_2) - L$
		动力电池生产企业 不承担延伸责任 $1-y$	• $fQ_1 - C_1$ • $\theta(Q_1 + Q_2)(P_1 - P_2)$ • $\theta(Q_1 + Q_2)P_2 + \pi(1-\theta)(Q_1 + Q_2) - P_r(Q_1 + Q_2)$	• $fQ_1 - C_1$ • $\theta(Q_1 + Q_2)(P_1 - P_2)$ • $\theta(Q_1 + Q_2)P_2 + \pi(1-\theta)(Q_1 + Q_2) - P_r(Q_1 + Q_2)$

（三）均衡条件设定

根据表4.19，运用无差异方程原理，设定生产者责任延伸下多方博弈的均衡条件。

1. 整车企业均衡条件

设整车企业与动力电池企业合作时的收益为 E_1，整车企业与拆解企业合作时的收益为 E_1'：

$$\begin{aligned}
E_1 &= yz(fQ_1 + \pi_1 - e_1Q_1 - C_1) + (1-y)z(fQ_1 - C_1) \\
&\quad + y(1-z)(fQ_1 + \pi_1 - e_1Q_1 - C_1) \\
&\quad + (1-y)(1-z)(fQ_1 - C_1) \\
&= y(\pi_1 - e_1Q_1) + fQ_1 - C_1 \\
E_1' &= yz(fQ_1 + \Delta\pi_1 - e_2Q_1 - C_1) + (1-y)z(fQ_1 + \Delta\pi_1 - e_2Q_1 - C_1) \\
&\quad + y(1-z)(fQ_1 - C_1) + (1-y)(1-z)(fQ_1 - C_1) \\
&= z(\Delta\pi_1 - e_2Q_1) + fQ_1 - C_1
\end{aligned}$$

由 $E_1 = E_1'$ 得：

$$y(\pi_1 - e_1Q_1) = z(\Delta\pi_1 - e_2Q_1) \qquad (4-18)$$

2. 动力电池生产企业均衡条件

设动力电池企业承担责任时的收益为 E_2，动力电池企业不承担责任时的收益为 E_2'：

$$\begin{aligned}
E_2 &= xz\big[\pi_2 + \Delta\pi_2 + e_1Q_1 + \theta(Q_1 + Q_2)(P_1 - P_2) \\
&\quad + \pi(1-\theta)(Q_1 + Q_2) - C_2 - (1-\theta)P_r(Q_1 + Q_2) \\
&\quad - e_3\theta(Q_1 + Q_2)\big] + (1-x)z\big[\pi_2 + \Delta\pi_2 \\
&\quad + \theta(Q_1 + Q_2)(P_1 - P_2) + \pi(1-\theta)Q_2 - C_2 \\
&\quad - (1-\theta)P_rQ_2 - e_3\theta Q_2\big] + x(1-z)\big[\pi_2 + e_1Q_1 \\
&\quad + \theta(Q_1 + Q_2)(P_1 - P_2) + \pi(1-\theta)(Q_1 + Q_2) \\
&\quad - C_2 - (1-\theta)P_r(Q_1 + Q_2)\big] + (1-x)(1-z) \\
&\quad \big[\pi_2 + \theta(Q_1 + Q_2)(P_1 - P_2) + \pi(1-\theta)Q_2 - C_2 \\
&\quad - (1-\theta)P_rQ_2\big] = z(\Delta\pi_2 - e_3\theta Q_2) - xze_3\theta Q_1 \\
&\quad + x\big[e_1Q_1 + \pi(1-\theta)Q_1 - (1-\theta)P_rQ_1\big] + \pi_2
\end{aligned}$$

$$+ \theta(Q_1 + Q_2)(P_1 - P_2) + \pi(1 - \theta)Q_2$$
$$- C_2 - (1 - \theta)P_r Q_2$$

$$\begin{aligned}
E_2' &= xz[\Delta\pi_2 + \theta(Q_1 + Q_2)(P_1 - P_2) - e_3(Q_1 + Q_2)] \\
&\quad + (1 - x)z[\Delta\pi_2 + \theta(Q_1 + Q_2)(P_1 - P_2) - e_3 Q_2] \\
&\quad + x(1 - z)[\theta(Q_1 + Q_2)(P_1 - P_2)] \\
&\quad + (1 - x)(1 - z)[\theta(Q_1 + Q_2)(P_1 - P_2)] \\
&= z(\Delta\pi_2 - e_3 Q_2) - xze_3 Q_1 + \theta(Q_1 + Q_2)(P_1 - P_2)
\end{aligned}$$

由 $E_2 = E_2'$ 得:

$$z(1 - \theta)e_3 Q_2 + xz(1 - \theta)e_3 Q_1 + x[e_1 Q_1 + \pi(1 - \theta)Q_1$$
$$- (1 - \theta)P_r Q_1] = C_2 + (1 - \theta)P_r Q_2 - \pi_2 - \pi(1 - \theta)Q_2$$

$$(4 - 19)$$

3. 第三方拆解企业均衡条件

设第三方拆解企业积极投入时的收益为 E_3,第三方拆解企业消极投入时的收益为 E_3':

$$\begin{aligned}
E_3 &= xy[\pi_3 + \Delta\pi_3 + e_3\theta(Q_1 + Q_2) + \theta(Q_1 + Q_2)P_2 \\
&\quad - C_3 - P_r\theta(Q_1 + Q_2)] + (1 - x)y[\pi_3 + \Delta\pi_3 \\
&\quad + e_2 Q_1 + e_3\theta Q_2 + \theta(Q_1 + Q_2)P_2 + \pi(1 - \theta)Q_1 \\
&\quad - C_3 - P_r(Q_1 + \theta Q_2)] + x(1 - y)[\pi_3 + e_3(Q_1 + Q_2) \\
&\quad + \theta(Q_1 + Q_2)P_2 + \pi(1 - \theta)(Q_1 + Q_2) - C_3 \\
&\quad - P_r(Q_1 + Q_2)] + (1 - x)(1 - y)[\pi_3 + e_2 Q_1 \\
&\quad + e_3 Q_2 + \theta(Q_1 + Q_2)P_2 + \pi(1 - \theta)(Q_1 + Q_2) \\
&\quad - C_3 - P_r(Q_1 + Q_2)] = xy(e_3\theta Q_1 - P_r\theta Q_1)(1 - x)y \\
&\quad [\pi(1 - \theta)Q_1 - P_r Q_1] + x(1 - y)e_3 Q_1 \\
&\quad + (1 - x)e_2 Q_1 + y(\Delta\pi_3 + e_3\theta Q_2 - P_r\theta Q_2) \\
&\quad + (1 - y)[e_3 Q_2 + \pi(1 - \theta)(Q_1 + Q_2) - P_r \\
&\quad (Q_1 + Q_2)] + \pi_3 + \theta(Q_1 + Q_2)P_2 - C_3
\end{aligned}$$

$$\begin{aligned}
E_3' &= xy[\Delta\pi_3 + \theta(Q_1 + Q_2)P_2 - P_r\theta(Q_1 + Q_2) - L] \\
&\quad + (1 - x)y[\Delta\pi_3 + \theta(Q_1 + Q_2)P_2 \\
&\quad + \pi(1 - \theta)Q_1 - P_r(Q_1 + \theta Q_2) - L]
\end{aligned}$$

$$+ x(1-y)[\theta(Q_1+Q_2)P_2 + \pi(1-\theta)(Q_1+Q_2)$$
$$- P(Q_1+Q_2)] + (1-x)(1-y)[\theta(Q_1+Q_2)P_2$$
$$+ \pi(1-\theta)(Q_1+Q_2) - P_r(Q_1+Q_2)] = y(\Delta\pi_3$$
$$- P_r\theta Q_2 - L) + (1-x)y[\pi(1-\theta)Q_1 - P_rQ_1]$$
$$- xyP_r\theta Q_1 + (1-y)[\pi(1-\theta)(Q_1+Q_2)$$
$$- P_r(Q_1+Q_2)] + \theta(Q_1+Q_2)P_2$$

由 $E_3 = E_3'$ 得：

$$xy(\theta-1)e_3Q_1 + x(e_3-e_2)Q_1 + y[(\theta-1)e_3Q_2 + L]$$
$$= C_3 - \pi_3 - e_2Q_1 - e_3Q_2 \tag{4-20}$$

由式（4-18）、式（4-19）、式（4-20）可得以下方程组（4-21）：

$$\begin{cases} y(\pi_1 - e_1Q_1) = z(\Delta\pi_1 - e_2Q_1) \\ z(1-\theta)e_3Q_2 + xz(1-\theta)e_3Q_1 + x[e_1Q_1 \\ + \pi(1-\theta)Q_1 - (1-\theta)P_rQ_1] \\ = C_2 + (1-\theta)P_rQ_2 - \pi_2 - \pi(1-\theta)Q_2 \\ xy(\theta-1)e_3Q_1 + x(e_3-e_2)Q_1 + y[(\theta-1)e_3Q_2 + L] \\ = C_3 - \pi_3 - e_2Q_1 - e_3Q_2 \end{cases} \tag{4-21}$$

（四）变量约减与模型求解

为方便求解方程组（4-21）的解析解，本书对相关变量做如下假定，以实现变量约减。

假定1：依据现实数据，在不考虑企业其他固定成本的情况下，废旧电池梯次利用和提取再生原材料的收益大于相应的废旧电池回收成本，因此，假定 $e_1Q_1 + \pi(1-\theta)Q_1 - (1-\theta)P_rQ_1 > 0$

假定2：令 $\pi_1 > e_1Q_1$，即整车企业激励电池企业承担延伸责任的额外收益大于整车企业给予电池生产企业的专业补贴。因为只有这样，车企才有动力给予电池企业资金补贴。同理，$\Delta\pi_1 > e_2Q_1$。

假定3：假定整车企业与电池企业给拆解企业的单位补贴是相当的，则可令 $e_2 \approx e_3$，即对于拆解企业而言，补贴来源于哪个企业并无差距。

根据上述假设，对方程组（4-21）整理如下：

$$z = \frac{y(\pi_1 - e_1 Q_1)}{\Delta \pi_1 - e_2 Q_1}, \quad x = \frac{y[(1 - \theta)e_3 Q_2 - L] + C_3 - \pi_3 - e_2 Q_1 - e_3 Q_2}{(e_3 - e_2)Q_1 - y(1 - \theta)e_3 Q_1}$$

令 $\begin{cases} t_1 = \pi_1 - e_1 Q_1 \\ t_2 = \Delta \pi_1 - e_2 Q_1 \\ t_3 = (1 - \theta)e_3 \\ t_4 = (e_3 - e_2)Q_1 \\ t_5 = C_3 - \pi_3 - e_2 Q_1 - e_3 Q_2 \\ t_6 = e_1 Q_1 + \pi(1 - \theta)Q_1 - (1 - \theta)P_r Q_1 \\ t_7 = C_2 + (1 - \theta)P_r Q_2 - \pi_2 - \pi(1 - \theta)Q_2 \end{cases}$，则有：

$(-t_1 t_3 Q_1 L)y^2 + [t_1 t_3 (t_4 Q_2 + t_5 Q_1) + t_2 t_6 (t_3 Q_2 - L) + t_2 t_3 t_7 Q_1]y + t_2 (t_5 t_6 - t_4 t_7) = 0$

令 $\begin{cases} k_1 = -t_1 t_3 Q_1 L \\ k_2 = t_1 t_3 (t_4 Q_2 + t_5 Q_1) + t_2 t_6 (t_3 Q_2 - L) + t_2 t_3 t_7 Q_1 \\ k_3 = t_2 (t_5 t_6 - t_4 t_7) \end{cases}$，则有：$k_1 y^2 + k_2 y + k_3 = 0$；

求解得：$y = \dfrac{-k_2 \pm \sqrt{k_2^2 - 4k_1 k_3}}{2k_1}$

由假设 7 知，x 是整车企业选择与动力电池生产企业合作的概率，y 是电池企业选择承担延伸责任的概率，z 是第三方拆解企业选择积极投入的概率。根据现实意义可知，x，y，$z \in (0,1)$ 且 $k_1 < 0$，$k_2 < 0$，$k_3 > 0$，以均衡解为 $y = \dfrac{-k_2 - \sqrt{k_2^2 - 4k_1 k_3}}{2k_1}$，此时 x、z 均大于 0，故：$z = \dfrac{(-k_2 - \sqrt{k_2^2 - 4k_1 k_3})(\pi_1 - e_1 Q_1)}{2k_1 (\Delta \pi_1 - e_2 Q_1)}$

$$x = \frac{(-k_2 - \sqrt{k_2^2 - 4k_1 k_3})[(1 - \theta)e_3 Q_2 - L] + 2k_1 (C_3 - \pi_3 - e_2 Q_1 - e_3 Q_2)}{2k_1 (e_3 - e_2)Q_1 - (-k_2 - \sqrt{k_2^2 - 4k_1 k_3})(1 - \theta)e_3 Q_1}$$

三、多方博弈的数值模拟与仿真分析

在生产者责任延伸理念下，要解决动力电池回收问题，就需要其他企业都尽可能参与到废旧电池的回收处理中，整车企业、电池企业、拆解企业三者共同构建良性回收网络，实现合作共赢；从模型求解角度看，需要分析各主体的行为概率受哪些关键变量的影响，因此采用 MATLAB 软件进行数值仿真，可以更直观地反映出变量之间的影响趋势。

依据东方证券关于动力电池回收的研究报告，2018 年我国需要回收的废旧电池容量为 6.73GW·h，废旧电池回收平均价格为 100 元/kW·h，其中磷酸铁锂电池容量为 4.75GW·h，占比 70.53%，磷酸铁锂电池梯次利用平均收入为 200 元/kW·h；三元动力电池容量为 1.7GW·h，占比 25.25%；同时，该报告统计的电池平均价格为 360 元/kW·h。另根据上海有色网报告，电池拆解贵金属后是以硫酸盐的形态再销售，再生原材料销售价格应低于纯金属形态的市场价格，因此 $P_1 > P_2$。本书的博弈模型相关参数设定如表 4.20 所示。

表 4.20 相关参数设定

参数	赋值	参数	赋值
整车企业回收量 Q_1	4	电池企业回收量 Q_2	1
动力电池回收价格 P_r	1	政府单位补贴资金 f	0.1
车企给予电池企业补贴 θ_1	0.25	车企给予拆解企业研发激励 θ_2	0.15
废旧电池拆解回收原材料比例 θ	0.3	电池企业给予拆解企业研发激励 θ_3	0.15
新原材料的平均价格 P_1	3.6	再生原材料的平均价格 P_2	2.9
车企与电池企业合作额外收益 π_1	1.5	车企与拆解企业合作额外收益 $\Delta\pi_1$	0.8
电池企业承担延伸责任增值收益 π_2	1	电池企业承担延伸责任的投入 C_2	3.5
梯次利用单人收益 π	2	拆解企业维持原有状态机会损失 L	2
拆解企业积极投入的增值收益 π_3	1	第三方拆解企业积极投入的成本 C_3	2.5

以下对各主体关键变量进行仿真分析。

（一）对 y 的关键变量分析

命题 1： 当废旧电池回收拆解比例处于一定水平后，整车企业给予电池企业补贴反而会降低电池企业承担延伸责任的概率。

如图 4.16 所示，随着废旧电池回收拆解比例增大，即三元锂电池所占比重增加，电池企业承担延伸责任的概率逐渐减小。对于电池企业来说，承担延伸责任需要对废旧电池进行初步检测，并筛选出能梯次利用的电池，回收拆解比例的变化意味着废旧电池的利润在电池企业和拆解企业之间进行再分配。当三元锂电池成为市场主流，一方面梯次利用的电池数量将降低，这将减少电池企业梯次利用的收益；另一方面若拆解企业积极提升技术，则会增加电池企业按拆解处理量给予拆解企业的专用补贴。因此，电池企业作为理性参与人，考虑这两方面原因，承担延伸责任概率便随之下降。

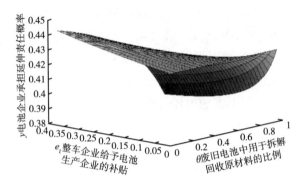

图4.16　e_1、θ对电池企业承担延伸责任概率的影响

在实际中，补贴对企业发展具有一定的激励作用，如图4.17所示，当回收拆解比例处于低水平时，随着车企给予电池生产企业补贴增加，电池

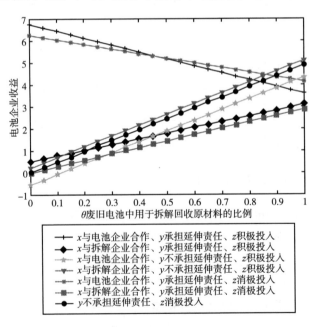

图4.17　不同策略下电池企业收益受 θ 的影响

企业主动承担延伸责任的意愿增强；但随着回收拆解比例不断上升，补贴增加，而电池企业承担延伸责任的概率逐渐呈下降趋势，这与我们日常认知有一定出入，究其原因主要是受其他参与者策略影响。

如图 4.18 所示，在电池企业承担延伸责任、车企与电池企业合作的情况下，电池企业收益虽随着回收拆解比例增加而减少，但却高于电池企业承担延伸责任、车企与拆解企业合作情况下的收益，因此整车企业的策略选择对于电池企业而言至关重要。但从另一方面考虑，当回收拆解比例上升到一定程度，更有利于拆解企业达到规模效应，创造更多利润空间，此时车企给予电池企业的补贴越大，电池企业所承担车企变化策略转而与拆解企业合作的风险越大。因此，在博弈中电池企业为确保自身利益，承担延伸责任的意愿便随之降低。

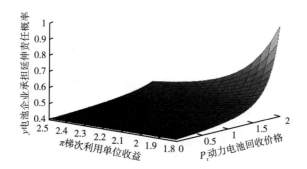

图 4.18 π、P_r 对电池企业承担延伸责任概率的影响

命题 2：整车企业作为回收责任的源头主体，其策略选择对电池生产企业是否承担延伸责任有决定性影响。

当电池回收价格维持在低水平时，意味着电池本身价值较低、利润空间有限，对于电池企业而言，在该情况下承担延伸责任所获利润与成本投入是不成正比的，梯次利用收益所带来的影响也极小，因此承担延伸责任的概率维持在低水平；当电池回收价格不断增加，意味着电池价值高，在技术上仍有很大发展空间，生产企业也开始逐步意识到提升核心技术、把握电池绿色生产所带来的增值收益是不可估量的。因此随着动力电池回收价格不断增加，电池企业承担延伸责任的意愿增强。

在动力电池处于高水平时，随着梯次利用收益增加，电池企业承担责任的意愿会降低，究其原因，主要是梯次利用成本增加导致电池企业需要承担风险增加。如图 4.19 所示，电池企业收益与梯次利用收益是正比关系，拆解企业策略选择对电池收益影响不大，但车企的策略选择对电池企业收益有较大影响。梯次利用收益增加一方面也意味着梯次利用所需成本增加，而电池企业是产业链上游企业，掌握动力电池生产的核心技术，而现阶段电池研发集中于提高能量密度、增加续航里程等研发上，对废旧电池进行梯次处理只是企业增加的一个附加业务，因此当该附加业务成本上升，电池企业所要承担的附加风险增加导致企业意愿降低。

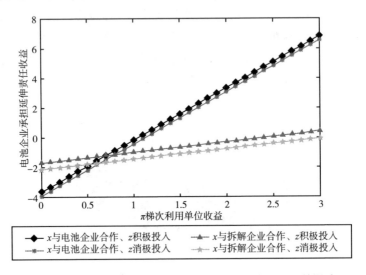

图 4.19 不同策略下电池企业承担延伸责任收益受 π 的影响

命题 3：电池企业对拆解企业用于回收过程的研发激励控制在合理水平，有利于构建良性回收网络。

如图 4.20 所示，为构建良性回收网络，当拆解企业积极提升技术时，电池企业会根据废旧电池处理量给予拆解企业相应的研发激励，在研发激励初期，拆解企业率先攻破难度系数较小的技术问题，会给电池企业带来一系列增值收益，也让其意识到回收行业向好的发展态势，因此在利益驱动下其承担延伸责任的意愿增强。电池企业为进一步获取增值收益，会增加对拆解企业的研发补贴，但由于攻克技术的难度加大，给电池企业带来的增值收益受到影响，此时，对电池企业而言，若再承担延伸责任会带来更大的风险与压力，因此从企业风险规避角度来看，其承担责任的意愿降低。

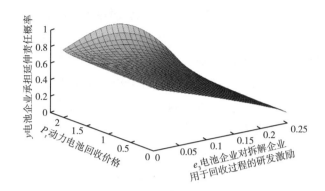

图4.20　P_r、e_3 对电池企业承担延伸责任概率的影响

（二）对 z 的关键变量分析

命题4：拆解企业行为受到市场环境因素影响较大，同时企业内部成本作用效果更加明显。

如图4.21所示，电池回收价格低时，拆解行业成本低、竞争激烈、利润空间有限，若拆解企业积极投入提升技术，短期内可能增加企业成本，为避免企业陷入危机，拆解企业积极投入的概率降低；随着回收价格逐渐增加，行业成本也随之提高，此时技术才是企业立根之本，同时整车（电池）企业补贴对拆解企业提高技术有促进作用，两者共同作用，会增加企业积极投入的概率。

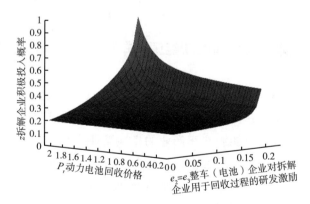

图4.21　P_r、e_2 对拆解企业积极投入概率的影响

如图 4.22 所示，在实际中，拆解企业会对电池进行拆解处置和梯次利用两种处理方式。其中梯次利用的关键技术在于如何快速准确地评估电池性能，归根结底仍在于如何实现动力电池全产业链溯源；而电池拆解对设备和技术要求相对更高，关键在于如何提升电池循环利用率、降低废弃产品回收、处置与循环利用的成本，因此拆解企业积极投入研发技术也更加倾向该处理方式。因此对拆解企业而言，积极提升技术需要加大研发投入并承担相应风险，但高风险也伴随高收益，故随着拆解企业积极投入成本的增加，拆解企业提升技术的可能性增大。而梯次利用收入低，则相对而言拆解收入高，要获取这部分收入就需要拆解企业积极提升电池循环利用率；随着梯次利用收入变高，拆解企业更愿意梯次利用而非拆解，提升技术的意愿也会降低。

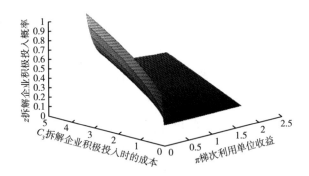

图 4.22　C_3、π 对拆解企业积极投入概率的影响

四、多主体利益均衡的新能源汽车产业引导策略研究

动力电池的回收利用不仅能够促进新能源汽车产业健康可持续发展，而且对推进生态文明建设具有重要意义。国家政策要求落实生产者责任延伸，看似是为了实现新能源汽车产业的良性循环，但放眼于社会效益，这是考虑到环境优化全局，同时也为其他产业循环经济发展起到良好示范作用。而在现有生产者责任延伸下，要想顺利实现动力电池的回收利用，需从全局出发，在相关政策指引和多方主体参与下，做到多管齐下、多举并行。

第一，准确定位车企在回收中的角色，充分发挥源头主体作用。整车企业作为回收责任的源头主体，其策略选择对构建良性回收网络有关键性影响（见对主体关键变量分析的命题 2，整车企业策略选择对电池生产企业是否承担延伸责任有决定性影响）。因此，整车企业应清楚意识到其在废旧电池回收中的角色，积极选择与电池企业合作，并给予适当补贴激励，连通产业链正向和逆向流通，与此同时，加强双方信息沟通及电池溯源管理系统建设，打造电池各个环节上的信息闭环，力保有源可溯，进一步降低企业梯次利用成本。除此之外，整车企业应充分发挥回收网络布局上的先决优势，采取多种方式为消费者提供方便快捷的回收服务，提高消费者自发移交废旧电池的积极性；同时逐步提高动力电池回收价格，这虽然会在短期内增加企业的成本投入，但能有效遏制非正规回收渠道发展，在防止对环境造成二次污染的同时增加自身回收量，形成规模优势，另外也可以有效提高其他主体企业的回收积极性。

第二，均衡动力电池性能与回收利用技术，转变电池生产理念。自2016 年首次将电池能量密度纳入新能源车补贴政策考核指标，政府不断提高新能源汽车续航里程门槛。在政策引导和消费者购买意愿影响下，三元锂电池占比不断增加，企业不断追求续航里程、百公里加速及外观设计，电池企业材料成本和研发成本也随之增加，利润空间不断压缩，根本无暇顾及电池回收利用的"源头预防"（见命题 1，三元锂电池所占比重增加，电池企业承担延伸责任的概率逐渐减小）。但随着废旧电池回收问题日益严峻，"源头预防"变得尤为重要。因此，在确保续航里程的前提下，电池企业应重视产品绿色设计的价值，采用更易于回收利用的材料，充分利用与整车企业构成的电池回收反馈渠道，推进基于环境友好的动力电池研发，采用更易于回收利用的材料，改进电池焊接组装技术，使固体废弃物经过处理后可以进行回收再利用，并最大限度减少重金属带来的污染，因势利导，发挥综合效益，促进节能环保，使我国电池管理进入良性循环。其次，充分利用与整车企业构成的电池回收反馈渠道，进一步了解电池使用过程中所需改进的地方，拓展企业利润空间。另外，从仿真结果可以看出，给予拆解企业补贴所起到的影响是有限的（见命题 3），电池生产企业可依据自身发展状况以及废旧电池处理量动态调整该补贴水平。

第三，增强拆解企业危机意识，培育核心竞争力。废旧动力电池的评估以及专用技术设备的开发需要投入大量资金，致使国内拥有拆解动力电池资质的企业寥寥无几。此外，电池品类繁多且不同厂商的电池焊接方式不同，在废旧动力电池回收过程难以形成统一标准，因此电池预处理环节仍需要大量的人力手工操作，处理效率低下。第三方拆解企业作为回收处理的专业机构，其技术水平决定了动力电池再生利用水平，但目前拆解企业以中小型厂商居多，少有具备核心竞争力的厂商。随着电池报废量的快速增加，未来必定有更多企业参与回收，加剧行业竞争，对回收技术的要求也会不断提高，唯有拥有核心技术，才能占据先机形成规模优势。当下，拆解企业应加大研发力度，提高原材料回收率及无害化处理能力，借助自身已有的回收网络进行回收，不断优化服务质量，形成一定的技术优势。与此同时，拆解企业积极与电池企业接洽，建立长期合作关系，保证动力电池回收行业的持续健康发展。

第五章　基于政策分解的新能源汽车补贴等产业政策多维度协同研究

新能源汽车产业是典型的技术密集型产业，具有技术涉及面广、产业技术复杂及产业链较长等特点，这决定了产业政策本身具有多领域性。其"多领域性"体现在两个方面，一方面是政策制定涉及多个部门，即产业政策制定主体是多领域的；另一方面是产业政策涉及技术环节领域多，产业政策涵盖相应的技术环节是多领域的。因而，本书以协同理论与政策评价理论为基础，进行多维度政策分解，对我国新能源汽车产业政策耦合效应、协同状况和政策效力影响因素进行分析，据此进一步寻求破解政策不协同困境的有效对策。

第一节　新能源汽车补贴等产业政策关联及其耦合效应研究

自 2009 年我国实施"十城千辆"示范推广工程以来，国家及各部委相继或联合出台一系列覆盖新能源汽车产业的相关政策，这些政策出自不同部门，作用不同领域，具有不同政策属性，形成了庞大复杂的产业政策体系，从系统理论的角度看，可以将其视为由若干子系统组成并涉及多属性、多要素、多目标的复杂系统，而系统的运行并不能仅仅依赖于单个子系统，与子系统间的相互作用、协调发展密切相关，系统耦合也变得尤为重要。

"耦合"这一概念主要是指两个或两个以上系统通过相互作用而彼此影

响的现象（李苏秀等，2016）。从政策文本上看，若出自不同层级部门、不同形式下的政策相互独立、关联性弱，则可能体现在政策文本与执行层面的不协调，将增加政策执行成本，甚至使政策偏离原有意图（张国强，徐艳梅，2017；李珺，战建华，2017），因而很多学者以政策间的关联或与关联相关的指标表征耦合，从而得到耦合效应或效果的结论。但在社会经济系统中，政策归根结底要作用于产业发展具体环节，在产业发展目标上体现政策耦合的叠加、协同、助长效应（王洛忠，张艺君，2017），抑或是政策不耦合所产生的对立效应，这也为本书所指的"耦合效应"。可见，在面对日益复杂的产业技术环境和竞争更加激烈的市场环境，既需要考虑政策与政策间的关联情况，也需要考虑政策在系统运行目标上是否发挥相应的耦合效应；只有当数量众多、类型不一的政策相互配合、协调发展，才能真正发挥政策的耦合效应，为产业营造良好的发展环境。因此，政府需要在剖析新能源汽车产业政策系统间的关联性的基础上，进一步结合政策实施效果来表征政策系统间的耦合性，并根据不同关联及耦合程度制定和完善相应政策，发挥政策间最大程度耦合以推动产业高质量可持续发展。

一、新能源汽车产业政策系统结构及耦合评价指标体系构建

（一）产业政策收集与系统结构分析

新能源汽车产业政策是指政府通过战略规划引导、标准法规制定、质量安全监管、市场秩序维护、绿色消费引导等方面作用于新能源汽车产业的政策，具体包括各级、各类政府部门为实现新能源汽车产业发展目标而制定的规划、法令、意见、办法、方案、标准等。考虑到地方政策通常是对国家政策的延伸，本书主要关注国家及各部委颁布的与新能源汽车产业相关的政策，并通过中国汽车工业协会、国家法规数据库、北大法律信息网数据库等网站收集了2009~2019年国务院、工信部、国家发改委、财政部、科技部等多部门发布的与新能源汽车产业相关的政策；同时为保证数据完整性，使用万方数据库对所收集的政策进行核对，从政策有效期、政策内容、发布部门等维度进行整理，最终确定118项政策文本。

　　为划分庞大复杂的新能源汽车产业政策系统结构，需结合已有文献的研究成果进行分析，而不同学者侧重点有所不同，划分结果也有所差异。李文博等（Li et al, 2016）将新能源产业相关政策分为宏观、示范、补贴、税收优惠、技术支持、产业管理和基础设施七个方面，并对示范政策与补贴政策的内容进行了区分。然而，我国在推行示范政策的过程中，伴随着一系列补贴标准，两类政策相辅相成，难以完全分离。为了使政策分类更具综合性与代表性，《中国新能源汽车产业发展报告（2015）》将这两种政策合并为示范政策进行考虑。本书主要在上述两项研究的基础上，结合政策文本具体内容，将政策系统划分为战略规划、行业管理、税收优惠、示范、技术创新和基础设施六大政策子系统，从分类上更好地涵盖了目前我国新能源汽车产业的相关政策。而作为产业政策系统的有机构成，这六个政策子系统并非相互独立，而是具有内在关联性和相互影响的耦合关系。其中，战略规划是产业发展方向，是其他相关政策的最终目标合集；行业管理规范行业发展，是税收优惠和示范政策的监管与约束；而税收优惠和示范政策从消费需求上拉动其他政策系统的发展；技术创新则是产业发展核心所在，是其他政策得以实现的驱动源泉。

　　具体来看：（1）战略规划政策的核心是从战略层面规划布局新能源汽车产业发展，指导产业的具体发展方向，并凸显发展新能源汽车重要性和紧迫性的相关政策。例如，以新能源汽车为突破口促进汽车产业发展，加快培育和发展节能与新能源汽车产业以缓解能源和环境压力，将新能源汽车产业列入重点发展领域等。（2）行业管理政策的核心是规范行业发展，加强对新能源汽车行业的监管，如制定行业相关准入条件、技术规范和管理办法、新能源汽车产品质量安全和使用安全等。（3）税收优惠政策是通过减免购置税、车船税、增值税等方式来减少消费者或企业成本的政策。（4）示范政策是旨在加速普及和促进新能源汽车产业化目标实现的政策，以引导的方式指导政策的实施和产业发展等相关工作的开展，如制定汽车产品推广目录、确定试点城市与推广目标、明确财政补助范围和对象等。（5）技术创新政策主要是对技术创新行为进行各方面支持或是强调技术创新重要性的政策，例如，依托国家科技计划与示范项目对关键技术给予科技支撑，部署技术创新工程并建立技术创新体系，引导建设各类研发平台并完善产学研合作机制等。（6）基础设施政策旨在完善新能源汽车基础设施建设，为新能源汽车的使用提供充电、废旧电池回收保障等相关政策。

结合上述分析，本书的政策分类结果如表 5.1 所示。

表 5.1 　　　2009~2019 年我国新能源汽车产业政策系统分类结果　　单位：项

政策子系统	战略规划	行业管理	税收优惠	示范	技术创新	基础设施
政策数量	28	33	12	29	17	25

（二）政策文本量化

政策文本的量化最初是对涉及矿产权的各项法规进行分类和打分，并利用量化结果对政策作用效果进行统计分析（Libecap，1978）；而彭纪生等（2008）在此方法基础上，从不同维度建立政策量化标准赋值打分，并利用量化结果分析政策的力度、目标、措施的演化及其协同情况；再到目前的张国兴等（2014）、何源等（2021）采用 5 分制并对每一分值进行定义，该方法本质是依照一定量化标准对政策子要素进行赋值评分。本书首先在参考已有文献的基础上，初步考虑从政策力度、措施和目标方面进行量化，在量化过程中，考虑到战略规划政策偏向于产业发展整体发展方向上，与其他政策子系统有所不同，因而从政策颁布部门级别、政策目标明确性和措施多样性角度分析战略规划政策子系统，从具体政策措施实施力度、目标对象明确程度及方案详细程度分析其他政策子系统。同时还邀请了 3 位分别来自南京航空航天大学、江苏大学、中国计量大学的公共政策领域教授和 3 位浙江吉利控股集团有限公司相关负责人对子系统关键性要素进行讨论，最终确定如表 5.2 所示的子系统要素划分结果。

表 5.2 　　　　　　　新能源汽车产业政策系统要素

系统	子系统	子要素
新能源汽车产业政策系统	战略规划政策	部门权威性
		目标明确性
		实施措施多样性
	行业管理政策	监管力度
		监管制度完善性

续表

系统	子系统	子要素
新能源汽车产业政策系统	税收优惠政策	扶持对象针对性
		管理办法具体程度
	示范政策	推广方案详细程度
		监管保障程度
	技术创新政策	技术目标准确性
		激励措施详细程度
	基础设施政策	规划建设力度
		建设方案明确性

其次从不同政策子系统角度出发制定量化标准。本书在参考已有政策量化标准的基础上，结合新能源汽车产业政策的特点，初步对量化标准的 5 分、3 分和 1 分进行定义，并同 3 位公共政策领域教授和 3 位新能源汽车企业负责人对关键性内容进行讨论，最终制定了如表 5.3 所示的 5 分制量化标准。

表 5.3　　　　新能源汽车产业政策量化标准（以行业管理政策为例）

得分	量化标准
5	从多方面确定相关监管工作，明确各方面责任和参与部门，有具体的处罚措施；明确提出产品多个环节要求，有具体的措施和行动方案，且要求具有强制性，对规范企业行为有十分明显的作用
4	从某一个或几个方面确定相关监管工作，明确责任和参与部门，有较为具体的处罚措施；明确提出产品一个或多个环节要求，有较为具体的措施和行动方案，对规范企业行为有一定作用
3	从某一方面制定相关监管工作，内容十分详细具体；或是仅从某几方面制定相关监管工作，内容较为具体；没有单独列出的产品环节要求，但政策内容明确表达了一个或多个环节要求，有较为详细的行动方案
2	仅从某一方面或某几方面制定相关监管工作，没有具体内容；没有单独列出的产品环节要求，但政策内容表达了一个或多个环节要求，均无具体行动方案
1	仅提到要对新能源汽车进行行业监管，未做详细阐述

最后，根据量化标准对划分子系统后的产业政策进行打分。为保证政策量化过程的严谨性和真实性，该打分阶段由 2 位新能源汽车产业政策领域专家、3 位公共政策领域的教授和 6 位本课题组成员组成评估小组，对政

策进行多轮打分，主要分为预评分、初步评分和终审评分三个阶段。预评分即在每个政策子系统下随机抽选 6 条政策，通过对打分人员培训后，由每位成员对这 36 项政策进行独立打分，第一次预评分的一致性（分值相差1）概率为 69.4%，评分结果并不理想，经讨论后再次修改政策量化标准，并重复上述过程，得到评分的一致性概率为 88.89%；接着进入初步评分阶段，每位成员对 118 项政策进行独立打分，整理并保留评分一致性的政策，发现其中仍有 28 项政策评分结果差值大于 1，因而再次有针对地讨论上述政策存在评分差异的原因，并由 2 位新能源汽车产业政策领域专家和 3 位公共政策领域的教授重新打分，最终得到真实有效的量化数据。同时政策自出台至废止过程中，效力会逐步减弱，但也伴随着政策的不断完善，因而考虑将政策在有效期内发挥的效用视为相同，即有效期内的政策量化数值相同，并在此基础上形成政策数据的时间序列，如表 5.4 所示。同时为保证数据的可靠性，采用同质性信度方法对政策量化数据进行内部一致性检验，通常，Cronbach's $\alpha > 0.8$ 视为信度良好，本研究的信度分析结果为Cronbach's $\alpha = 0.83$，说明政策量化结果可靠性好。

表5.4　118 项政策评分结果

子系统	子系统要素	2009年	2010年	2011年	2012年	2013年	2014年	2015年	2016年	2017年	2018年	2019年
战略规划政策	部门权威性	4	0	0	4	12	10	8	6	13	17	14
	目标明确性	5	0	0	9	7	9	6	3	13	16	14
	实施措施多样性	3	0	0	9	8	9	5	3	15	14	12
行业管理政策	监管力度	2	4	0	0	0	4	11	31	23	17	15
	监管制度完善性	2	5	0	0	0	2	16	31	23	21	19
税收优惠政策	扶持对象针对性	0	0	0	7	0	5	8	3	2	10	5
	管理办法具体程度	0	0	0	4	0	3	5	2	1	8	5

续表

子系统	子系统要素	2009年	2010年	2011年	2012年	2013年	2014年	2015年	2016年	2017年	2018年	2019年
示范政策	推广方案详细程度	3	7	14	6	4	18	7	6	12	7	11
	监管保障程度	3	9	14	8	3	17	7	7	12	5	11
技术创新政策	技术目标准确性	3	0	0	17	2	1	8	6	14	3	0
	激励措施详细程度	3	0	0	15	1	1	3	6	13	4	0
基础设施政策	规划建设力度	0	2	2	4	2	18	17	7	6	11	2
	建设方案明确性	0	2	4	3	3	20	18	7	9	10	3

从表 5.4 可以看出，早期我国新能源相关政策更加注重市场端的推广作用，并长期持续地使用行业管理及示范政策，对其他政策的重视程度不高，产业政策系统并不完善；随着产业不断发展，新能源汽车产业政策系统自 2014 年开始变得复杂多样，从整体上看，对技术创新与基础设施政策的重视程度依旧明显弱于其他政策。然而，日渐复杂的政策系统间耦合效应究竟如何？政策是否不耦合产生政策的对立效应，以致政策偏离原有意图？这些需进一步结合政策实施效果进行分析。

（三）产业政策系统耦合目标设定

由上述分析可知，新能源汽车产业政策系统是以促进产业增长和效率提升的政策为基础（张莉等，2019），涉及多属性、多要素、多目标的复杂政策系统，其最终目的是实现产业全局性、长期性发展，进而增强综合国力，具有明确的目的性和社会性，与新能源汽车产业发展之间具有鲜明的因果关系，也决定了政策系统的耦合效果最终是通过产业发展目标来体现的。因此本书通过专家访谈和文献分析（何向武，周文泳，2018；刘兰剑，项丽琳，夏青，2020），借鉴已有新能源汽车产业竞争力评价指标体系[①]，

[①] 中国汽车技术研究中心，日产（中国）投资有限公司，东风汽车有限公司. 新能源汽车蓝皮书：中国新能源汽车产业发展报告（2020）[M]. 北京：社会科学文献出版社，2020。

从产业链角度设定产业政策目标，包括研发技术和人才的积累情况、汽车使用过程中基础设施保障情况、产业规模大小以及由此带来的社会经济效益，同时结合各类统计年鉴中产业发展数据的可得性，确定了表5.5所示的新能源汽车产业政策系统耦合目标。

表5.5 新能源汽车产业政策系统耦合目标

系统总目标	系统子目标	单位
产业规模	新能源汽车销售量	万辆
	新能源汽车产量	万辆
	新能源汽车市场渗透率	%
经济效益	新能源汽车制造业利润总额	亿元
	第二产业生产总值增量	亿元
技术进步	新能源汽车专利申请数量	件
	电动汽车标准数量	项
	规模以上汽车企业 R&D 项目数	项
人才积累	规模以上汽车制造企业 R&D 全时当量	人
	规模以上汽车制造企业研发人员数	人
基础保障	累计建设新能源汽车充电桩数量	万台
	动力电池回收企业数	个

二、产业政策系统关联及耦合模型构建

新能源汽车产业政策系统是一个复杂的政策系统，但同时也是一个难以全面采集信息的灰色系统。虽政策系统的产生原因、评价指标容易确定，但各子系统间关系不清晰，存在空间和时间的差异，系统复杂性特征显著，显示出灰色系统的特征。除此之外，新能源汽车产业还具有发展时间短、数据量较少的特点，因此本书采取了基于灰色关联的系统耦合模型，以政策量化和产业发展目标的年度数据为基础，构建新能源汽车产业政策系统关联度及耦合模型，政策系统关联模型用于分析政策与政策文本间的相互作用程度，而政策系统耦合模型则是结合政策实施效果来分析政策耦合是否在产业发展政策目标上发挥出相应的叠加、协同、助长效应。

（一）政策系统关联模型

首先，鉴于原始数据量纲不同，为便于不同样本间的横向比较，采用极差标准化方法对数据进行无量纲化处理。设 X_1，X_2，$\cdots$，X_i（$i=1$，2，$\cdots$，n）是产业政策系统 X 的 i 个子系统，X_{11}，X_{12}，$\cdots$，X_{ij}（$j=1$，2，$\cdots$，m）是子系统 X_i 的 j 个子要素，其 t 时刻的值为 $x_{ij}(t)$（$t=1,2,\cdots,T$）。则计算公式如下：

$$x'_{ij}(t) = \frac{x_{ij} - \min_t x_{ij}(t)}{\max_t x_{ij}(t) - \min_t x_{ij}(t)} \tag{5-1}$$

其次，为揭示不同政策系统间相互影响的情况，引入灰色关联分析模型（刘思峰等，2013）来评价政策子系统两两组合的关联度情况，则 t 时刻两政策系统要素间的关联系数 $\gamma(x'_{ij}(t), x'_{i'j'}(t))$ 为：

$$\gamma(x'_{ij}(t), x'_{i'j'}(t)) = \frac{\min_{i,j,t}|x'_{ij}(t) - x'_{i'j'}(t)| + \rho \max_{i,j,t}|x'_{ij}(t) - x'_{i'j'}(t)|}{|x'_{ij}(t) - x'_{i'j'}(t)| + \rho \max_{i,j,t}|x'_{ij}(t) - x'_{i'j'}(t)|} \tag{5-2}$$

式中，$x'_{ij}(t)$、$x'_{i'j'}(t)$ 分别为不同政策系统要素 t 时刻的取值，$i \neq i'$；$\rho \in (0,1)$ 为分辨系数，一般取值 0.5。

最后，在式（5-2）的基础上进一步计算灰色关联度，定量评判政策系统的关联情况，则 X_i 和 $X_{i'}$ 的灰色关联度为：

$$\gamma(X_i, X_{i'}) = \frac{1}{m \times T} \sum_{j=1}^{m} \sum_{t=1}^{T} \gamma(x'_{ij}(t), x'_{i'j'}(t)) \tag{5-3}$$

通过比较不同政策子系统间的关联度大小，可以分析出政策子系统间哪些相互作用程度大，哪些要素的作用关系紧密。当 $\gamma = 0$ 时，说明两政策系统间无关联，相互之间并不影响；当 $0 < \gamma < 1$ 时，说明政策系统间存在关联性，γ 越大，关联性越大，系统间相互影响程度也越大，为了对政策关联情况进行具体评价，本书在参考相关文献（汪阳洁，姜志德，王继军，2015）的基础上设定如表 5.6 所示的系统关联度等级。

表 5.6　　　　　　　　　　　　　系统关联度等级划分

关联度	关联评价	关联度	关联评价
$0 \leqslant \gamma < 0.4$	严重不关联	$0.7 \leqslant \gamma \leqslant 0.8$	中度关联
$0.4 \leqslant \gamma \leqslant 0.5$	中度不关联	$0.8 \leqslant \gamma \leqslant 0.9$	良好关联
$0.5 \leqslant \gamma \leqslant 0.6$	轻度不关联	$0.9 \leqslant \gamma \leqslant 1$	优质关联
$0.6 \leqslant \gamma \leqslant 0.7$	弱关联		

（二）政策系统耦合模型

首先，设 Y_1，Y_2，$\cdots$，Y_k（$k = 1$，2，$\cdots$，s）为系统目标 Y 的 k 个子目标，$y_k(t)$ 为 t 时刻系统子目标 Y_k 的观测值，其中子目标数据主要源于 2009 ~ 2019 年的国家统计局官网以及《新能源汽车蓝皮书》《节能与新能源汽车统计年鉴》《中国科技统计年鉴》等，对部分缺失数据采用曲线拟合法进行处理。由于子目标的原始数据量纲和数量级不同，为了消除其对结果的影响，同样采用极差标准化方法对数据进行无量纲化处理，计算公式如下：

$$y'_k(t) = \frac{y_k - \min\limits_{t} y_k(t)}{\max\limits_{t} y_k(t) - \min\limits_{t} y_k(t)} \tag{5-4}$$

其次，将 $\xi_{ij}^k(t)$ 定义为 t 时刻子系统 X_i 的第 j 个系统要素与系统子目标 Y_k 的关联系数，可得：

$$\xi_{ij}^k(t) = \frac{\min\limits_{i,j,t} |x'_{ij}(t) - y'_k(t)| + \rho \max\limits_{i,j,t} |x'_{ij}(t) - y'_k(t)|}{|x'_{ij}(t) - y'_k(t)| + \rho \max\limits_{i,j,t} |x'_{ij}(t) - y'_k(t)|} \tag{5-5}$$

其中，$\rho \in (0,1)$ 为分辨系数，一般取值 0.5。

在此基础上，进一步求解关联度，将 r_{ij}^k 定义为子系统 X_i 的第 j 个系统要素与系统子目标 Y_k 的贡献度，计算公式如下：

$$r_{ij}^k = r(x'_{ij}, y'_k) = \frac{1}{T} \sum_{t=1}^{T} \xi_{ij}^k(t) \tag{5-6}$$

通过式（5-5）和式（5-6）可知，$\xi_{ij}^k(t)$ 表示了各个时刻系统要素与系统子目标之间的关联程度，r_{ij}^k 从总体上表示系统要素与子目标的关联程度，其取值范围为 $0 \leqslant r_{ij}^k \leqslant 1$，它们均反映了子系统要素对系统子目标 Y_k 的贡献度，关联性越强，系统要素对子目标的贡献度越大（王邦兆，王欢，郭本海，2014），即政策耦合效应越好；反之则贡献度越小，耦合效应越差。

由于政策子系统 X_i 有 m 个系统要素，每个要素对子目标 Y_k 的贡献度为 r_{ij}^k，系统要素的贡献程度可以反映出子系统对系统目标的贡献度，本书参考文献采用几何平均值的方式来计算子系统 X_i 对子目标 Y_k 的贡献度 R_i^k：

$$R_i^k = \sqrt[j]{r_{i1}^k \cdot r_{i2}^k \cdot \cdots \cdot r_{ij}^k} = \left(\prod_{j=1}^{m} r_{ij}^k \right)^{\frac{1}{j}} \qquad (5-7)$$

由公式（5-7）可以得到政策系统 X 对系统目标 Y 的贡献度矩阵：

$$\begin{bmatrix} R_1^1 & R_1^2 & R_1^3 & \cdots & R_1^k \\ R_2^1 & R_2^2 & R_2^3 & \cdots & R_2^k \\ \vdots & \vdots & \vdots & & \vdots \\ R_i^1 & R_i^2 & R_i^3 & \cdots & R_i^k \end{bmatrix} \qquad (5-8)$$

各个政策子系统对不同的系统子目标的贡献度存在差异，差异越小则系统耦合程度越大，反之，差异越大说明系统的耦合程度越小。因此，子系统对系统子目标贡献程度的方差可以反映政策系统的耦合程度：

$$C = \sqrt{\frac{1}{s} \sum_{k=1}^{s} (\lambda_k - \bar{\lambda})^2} \qquad (5-9)$$

其中，λ_k 是各子系统对系统子目标 T_k 贡献度向量 $[R_1^k, R_2^k, \cdots, R_i^k]^T$ 的模：

$$\lambda_k = \sqrt{(R_1^k)^2 + (R_2^k)^2 + \cdots + (R_i^k)^2} \qquad (5-10)$$

为了以更直观的形式呈现政策系统间关联及耦合的关系差异，本书在结合两模型参数的基础上，构建如图 5.1 所示的新能源汽车产业政策系统关联及耦合结构关系图。

从图 5.1 可以看出本书首先是通过政策子系统关联度指标来衡量政策与政策文本间的相互作用程度，并不涉及政策的最终实施效果，但由于政策文本间的关联度并不能表征政策系统间的耦合程度，因而在政策文本关联度基础上进一步通过贡献度指标来衡量政策子系统要素、政策子系统对系统子目标及总目标的贡献程度，最终通过贡献度的差异程度来表征政策系统的耦合效应，层层递进。

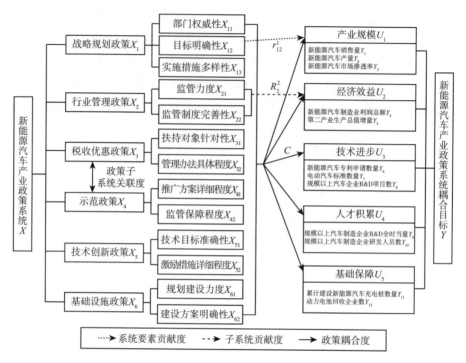

图 5.1　新能源汽车产业政策系统关联及耦合结构

三、新能源汽车财税等产业政策系统耦合实证分析

利用上述模型，结合新能源汽车产业相关政策量化数据及产业发展数据，通过政策子系统在不同耦合目标上的贡献度差异情况，分析整个政策系统在目标体系上的耦合情况；同时为发挥政策间最大程度耦合，还需找出能够提高产业政策贡献度、缩小贡献度差距的政策要素，由果溯因。因而本书先对政策系统的总体耦合效果进行分析，再进一步剖析不同组合下政策 m 子系统关联度及贡献度情况。

（一）产业政策系统总体耦合效果

利用新能源汽车产业政策系统耦合模型，得到政策子系统在不同耦合目标上的贡献度（见图 5.2 柱状），以及整个政策系统在目标体系上的耦合情况（见图 5.2 折线）。

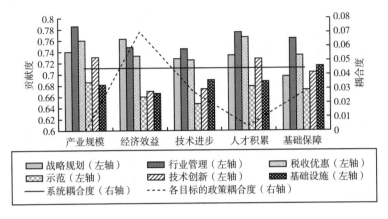

图 5.2　新能源汽车产业政策耦合情况

从图5.2的折线可以看出新能源汽车产业政策系统在不同目标上的耦合度存在明显差异，在产业发展目标体系上的耦合状态相对较差。由于耦合度越小政策耦合状态越好，因此从整体上看，可将政策系统在不同目标上的耦合情况划分为三个等级层：第一层是政策耦合状态最好的产业规模和人才积累目标，其耦合度分别为0.001745和0.003263；第二层是技术进步和基础保障目标，其耦合度分别为0.027132和0.027286；第三层是经济效益目标，其耦合度为0.069646。在各目标上的政策耦合效果存在显著差异。而与各耦合目标相比，政策系统在产业发展目标体系上的耦合度为0.044638，整体耦合状态并不理想。由于政策耦合效应是由贡献度的差异程度来表征，进而从各政策子系统贡献度角度来看（见图5.2的柱状）可以看出，战略规划、行业管理及税收优惠的贡献度明显优于示范、技术创新及基础设施的贡献，各项政策具有明显的目标偏好，整个政策系统对产业化的重视多于对技术研发、基础保障设施的重视，产业不同环节存在政策效应差异，在产业经济效益上也并未发挥出相应的政策耦合效应，这并不利于解决新能源汽车发展所面临的核心技术创新能力不强、质量保障体系不完善、基础设施建设滞后等多种现实问题（白恩来，赵玉林，2018）。同时在政策文本上，技术创新与基础设施政策并不连续，政策稳定性差，对技术创新与基础设施政策的重视程度也依旧弱于其他政策。为发挥政策间最大程度耦合，找出能够提高产业政策贡献度、缩小贡献度差距的政策要素，本书进一步从不同政策子系统角度出发，得出在政策两两组合情况下的关联度及该情况下各政策子系统对耦合目标的贡献度。

（二）不同组合下政策子系统关联度及贡献度

1. 贡献度较低的政策

根据政策优化的先后次序，首先从贡献度较低的示范政策、基础设施及技术创新角度出发，分别得到不同组合情况下的关联度及贡献度。

由图5.3和图5.4可知，示范政策（X_4）与其他政策组合的关联度虽维持在同一水平，但产生的耦合协同效果并不显著。具体来看，示范与战略规划、行业管理、税收优惠政策组合情况下，对各目标的贡献度情况与示范政策本身作用效果重合（见图5.4），即上述三类政策对示范政策的实施并无促进作用，这说明目前示范政策并未受到上述三类政策的调控和约束。结合政策内容和属性发现，达到示范政策相应要求时，新能源汽车企业便能获得政府部门的补贴资金，这极大影响了企业的经营和研究策略，但也由此使得新能源汽车产业规模得以扩大。而在各目标贡献度方面，所有政策组合情况下示范政策在技术进步目标系统上的耦合结果较差，尤其是在新能源汽车专利申请数量目标上政策作用效果无任何提升。结合政策文本发现，示范推广类政策着重于新能源汽车市场培育，虽然对相关企业的技术要求逐渐增高，但总体在较为基础的技术水平，在该政策作用下，企业将更多的精力放在市场销量上，以获得政府的额外补助，难以激发企业研发活力。因而，从长期考虑，应适当降低示范政策补贴强度，提高补贴门槛，并将补贴与专利进行挂钩，在扩大市场规模的同时弥补补贴政策的局限性，刺激企业研发活力。

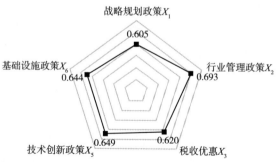

图5.3　示范政策组合情况下的关联度

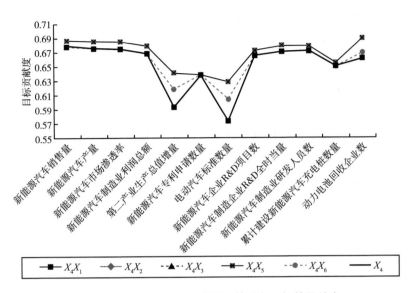

图5.4　不同组合情况下示范政策对各目标的贡献度

由图5.5可以看出，基础设施（X_6）与其他政策组合并未产生较大的耦合协同效应。结合图5.6关联度情况发现，基础设施与战略规划、行业管理和税收优惠政策组合情况下，对各目标的贡献度情况与基础设施政策

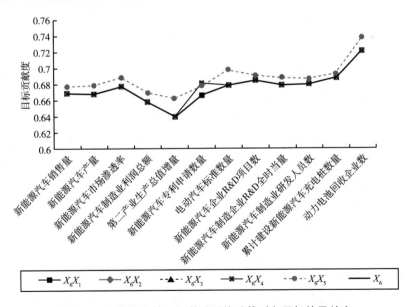

图5.5　不同组合情况下基础设施政策对各目标的贡献度

本身作用效果重合，其中基础设施与战略规划政策的关联度较低。通过政策文本发现，这些政策虽一直强调基础设施建设的重要性，但在实际操作中更为强调"地方政府因地制宜建设基础保障设施"，基础设施与战略规划、行业管理和税收优惠政策在实施过程中具有相对独立性，政策文本间关联度的高低对基础设施政策的实施结果并无影响。基础设施与示范、技术创新政策组合关联情况较好，在各目标的实施效果上均有一定的促进作用，尤其是与技术创新政策的耦合效应较好。因此，应从多方面加强对地方政府实施基础设施政策效果的考核，保障消费者在使用新能源汽车过程中充电、保养、废弃电池回收等基础需求，同时也要加强其相关技术的推动。

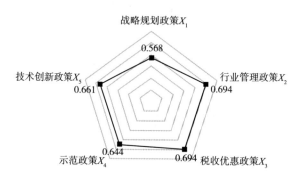

图5.6 基础设施政策组合情况下的关联度

由图5.7可以看出，技术创新政策（X_5）本身具有明显的政策效力，但与其他政策共同作用下贡献度反而下降，政策间耦合效应较差，尤其是表现在技术发展目标上。结合图5.8的关联度结果可知，技术创新与其他政策组合的关联度值均在0.6以上，最低值也为0.631，纵观所有政策组合的关联情况可以发现，技术创新政策与其他政策之间都保持了较强的关联性。在各目标贡献度方面，所有组合情况下技术创新政策的作用效果都低于该政策单独作用，但结合其他政策子系统的贡献度结果可知，技术创新政策对其他政策均有促进作用。从表面上看这些政策抑制了技术创新政策效力的发挥，但实际上这与技术的多样性有关。由于技术本身具有不同的发展方向，在技术创新政策中一般也是以"鼓励各种技术发展"的形式出现，不可否认这有益于行业的长远发展，但同时这也意味着技术的发散性，其他政策组合的存在，对企业的技术发展而言便是一种现实规制，抑制了技术的发散式生长，使其朝着更加规范化方向发展，即其他政策的技术目标偏好在一定程度上限制技术创新效力的发挥。同时关联性强的政策组合，对技术创新政策的效力约束也相对更弱，这也进一步说明，政策文本在补充和规范技术目标上的强关联能够更好地发挥政策间的协同效应。因此，在产业发展过程中应当矫正技术目标过度分散的倾向，梳理产业技术研发过程的难度及优先级，可针对不同层级和类别的技术目标出台针对性支持政策，以充分发挥其他政策与技术创新政策的规范协调作用。

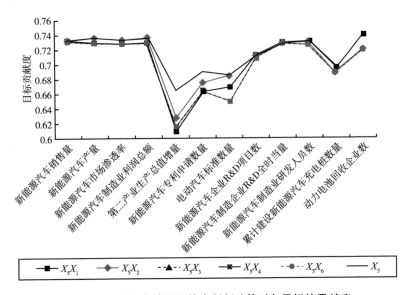

图5.7 不同组合情况下技术创新政策对各目标的贡献度

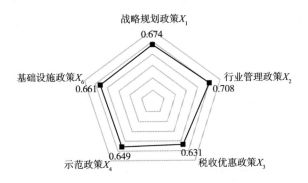

图5.8 技术创新政策组合情况下的关联度

2. 贡献度较高的政策

对于贡献度较高的政策，也需进一步保持或完善相关政策内容，协调配合其他政策，并保证整个政策系统的协调发展。

由图5.9可以看出，战略规划政策（X_1）本身对目标的贡献度较小，虽与其他政策共同作用下贡献度大幅提升，政策间耦合效应较显著，但与政策作用本身存在明显的背离现象。结合图5.10的关联度结果可知，战略规划与技术创新政策组合的关联度值为0.674，处于弱关联状态，但由图5.9可知，该组合下，战略规划政策对各目标的贡献度远高于其他组合，政策间相互推动、支撑作用明显。在各目标的贡献度方面，该组合情况下战略规划政策在第二产业生产总值增量和电动汽车标准数量目标上的贡献度与政策本身对目标的作用效果背离，这说明在与技术创新政策协同情况下，战略规划政策推动了新能源汽车上游技术研发与下游产业化发展的有效衔接，并通过相关标准研制支撑产业发展，促进各类生产要素合理流动和高效集聚。战略规划与税收优惠政策组合的关联度大于0.7，属于中度关联状态，但该情况下战略规划政策整体作用效果不佳，在新能源汽车市场渗透

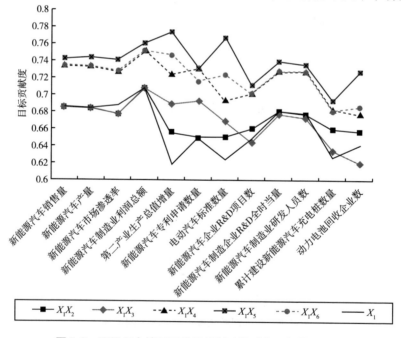

图5.9　不同组合情况下战略规划政策对各目标的贡献度

率、企业 R&D 项目数和动力电池回收企业数目标上的作用效果甚至比单独作用效果更差。通过对政策文本的进一步分析发现，这与战略规划政策在整个产业链的税收设计不完善有关。尽管国家非常重视税收手段的调节作用，但目前主要将其运用在新能源汽车生产和销售环节，较少涉及研发、保有和报废回收等环节，与新能源汽车发展实际需求有所脱节。由上述分析可知，战略规划政策在新能源汽车产业发展过程中必不可少，但同时也存在较大的优化空间，尤其是在产业链税收设计方面。

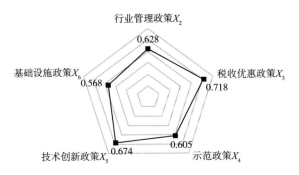

图 5.10　战略规划政策组合情况下的关联度

由图 5.11 可以看出，不同政策协同情况下行业管理政策（X_2）对各目标的贡献度和政策本身作用效果具有趋同性。结合图 5.12 的关联度结果发现，除了行业管理与战略规划政策组合外，不同政策组合间的关联度与对应情况下行业管理政策的贡献度之间具有一致性，这与新能源汽车的新兴产业性质密不可分。行业准入条件、行业监管、技术规范等方面需随着产业发展不断更新，因而出台的行业管理相关政策数量庞大，涵盖行业发展的各个方面，配合其他政策共同发挥良好的作用效果。同时对比图 5.11 可以发现，行业管理政策与战略规划政策组合情况下，战略规划政策效力得到提升，而行业管理政策原有效力受到约束。结合政策文本以及子系统要素贡献度的结果看，这是因为近年来行业管理和战略规划政策在积极营造开放、包容、公平的市场环境过程中，并未处理好有序监管与营造环境的关系。在各目标贡献度方面，行业管理政策在不同组合情况下对目标的作用效果与该政策单独作用效果的整体趋势相同，但在技术进步和基础保障目标系统上协同效果不稳定，呈现 W 形模式，其中在电动汽车标准数量和动力电池回收企业数上的作用效果与政策本身背离，这与中央与地方的政策在研发、生产及回收环节协同状况不佳有关（张莉等，2019）。政策落实过程中并未充分考虑新能源汽车跨行业融合发展问题，忽视了相关标准的制定，回收渠道不完善、回收责任界定不清，动力电池回收问题也难以解决。因此，从整体上看行业管理政策较为完善，但仍需加强标准制定、跨行业融合发展和动力电池回收监管等方面。

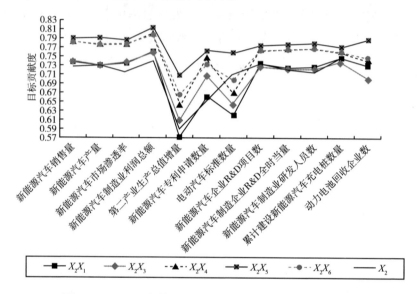

图 5.11 不同组合情况下行业管理政策对各目标的贡献度

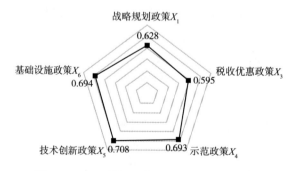

图 5.12 行业管理政策组合情况下的关联度

根据图 5.13 可以看出，除新能源汽车专利申请目标外，税收优惠政策（X_3）与其他政策组合对各目标的贡献度与政策单独作用效果具有较高一致性，但部分政策组合并未发挥政策协同效果。通过图 5.14 的关联度可以看出，税收优惠与战略规划政策组合的关联度为0.718，在整体上处于高水平关联状态，但该情况下税收优惠政策的作用效果与政策本身作用重叠。结合图5.10的分析结果发现，税收与战略规划的关联性强，但在政策实施过程中战略规划对税收政策并无任何促进效果，可能是税收优惠政策的反馈机制缺失，战略规划政策难以发挥及时调控的作用，使得税收优惠与战略规划政策并未产生应有的协同作用。税收优惠与行业管理政策组合的关联度为0.595，处于轻度不关联状态，该情况下行业管理政策对税收优惠政策的作用程度有限，但税收优惠政策的有效执行需要完善的监管体系作为支撑，因而为确保税收政策的实施效果，应进一步提高两政策联动性。税收优惠与示范政策组合的关联度为0.620，属于弱关联状态，该情况下税收优惠政策对各目标的贡献度保持了政策本身的作用趋势，与示范政策在目标匹配上具有较高一致性。在各目标的贡献度方面，税收优惠与技术、基础设施政策组合情况下对新能源汽车专利申请目标的协同效果与政策本身作用趋势并不相同，在企业R&D项目数量上作用趋势相同，因而税收优惠政策在一定程度能有效增强企业研发积极性，但在专利化过程也即研发过程中缺乏相应的税收优惠政策。因此，要重视税收优惠政策与示范政策的协调使用，在扩大新能源汽车产业规模的同时确保企业研发积极性，并建立相应的实施效果反馈机制加强政策监管体系。

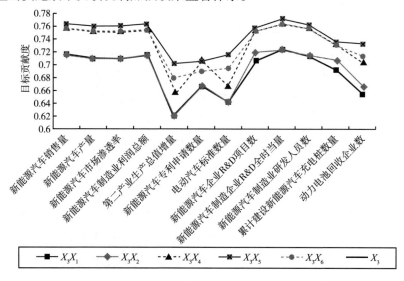

图5.13 不同组合情况下税收优惠政策对各目标的贡献度

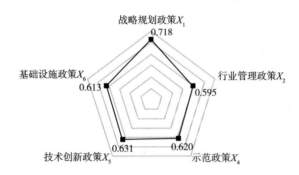

图 5.14　税收优惠政策组合情况下的关联度

四、新能源汽车产业政策系统关联耦合状态改进策略

随着新能源汽车产业不断发展，政策系统日渐复杂，涉及不同层级、不同形式的诸多政策相互配合、协调发展，才能真正发挥政策系统的耦合效应。基于此，本书在梳理 2009~2019 年我国新能源汽车产业政策的基础上，从政策本身出发将该产业政策系统分解为若干子系统，分析系统间的关联性及耦合效应，主要结论如下：

第一，从政策关联度角度看，新能源汽车产业政策通过政策文本表现出子系统间不同的关联性强弱，同时在不同组合情况下的关联度大都处于弱关联到中度关联的过渡阶段，与最终耦合效应之间并未显现出完全的一致性；在政策耦合效果方面，不同产业发展目标上的政策耦合效果存在显著差异，各项政策具有明显的目标偏好，整个政策系统对产业化的重视多于对技术研发、基础保障设施的重视，产业不同环节存在政策效应差异，在产业发展目标体系上的整体耦合状态并不理想。

第二，围绕政策系统耦合效应的短板，即贡献度较低的示范政策、基础设施及技术创新政策角度分别来看：示范推广类政策因其补贴的特殊性及市场培育的明确目的性，与其他政策的耦合协同效果并不显著，同时难以激发企业研发活力；基础设施政策则是在实施过程中具有相对独立性，仅与技术创新政策配合效果较好；而技术创新政策由于技术具有不同的发展方向，其与其他政策的相互协调一定程度地约束了技术的发散式生长，使其朝更加规范化方向发展，无法完全耦合发挥其应有效力。

第三，围绕政策系统耦合效应的长板，即贡献度较高的战略规划、行业管理及税收优惠政策角度分别来看：战略规划政策与其他政策的耦合效果较为显著，并且能够推动相关标准研制支撑产业发展，促进各类生产要素合理流动和高效集聚；行业管理政策则随着产业发展不断更新，配合其他政策共同发挥良好的作用效果，但在营造开放、包容、公平的市场环境过程中还需进一步完善有序监管；而税收优惠政策与战略规划政策间的协同调控作用有所缺失，同时在税收手段的使用上，目前主要将其运用在生产及销售环节，较少涉及研发、保有和报废回收等环节，与新能源汽车发展实际需求有所脱节。

根据以上结论，并结合我国新能源汽车产业发展现状，本书提出以下建议：首先，应转变政府治理理念，引导资源向产品研发及使用环节倾斜。整个产业政策系统在战略规划上相对完善，但就整体而言不应过度重视新能源汽车产业化，而应逐渐实现由质变到量变，引导资源集中实现核心技术研发突破；同时以消费者需求为导向，保障消费者基础使用权益，形成良好的产业链发展生态。其次，矫正技术目标过度分散的倾向，梳理产业技术研发过程的难度及优先级，可针对不同层级和类别的技术目标出台针对性支持政策，以充分发挥其他政策与技术创新政策的规范协调作用。最后，从长期考虑，应适当降低示范政策补贴强度，提高补贴门槛，并将补贴与专利进行挂钩，同时保持其与税收优惠政策目标的一致性，加大减税降费力度，尤其是对企业研发创新以及消费者使用阶段各种费用的减免，在扩大市场规模的同时弥补补贴政策的局限性，刺激企业研发活力。

第二节　新能源汽车补贴等产业政策协同研究

随着新能源汽车产业发展不断深化，产业发展的内外部环境更加复杂多变，市场竞争日益激烈，新能源汽车产业政策大量出台的同时，政策制定过程中政策未有效协同的问题逐渐显现，现实的问题带来了潜在制约。这些问题使部分政策领域在实践中缺乏政策指导和规范，相关配套环节工作无法有效展开，有些地方性政策甚至存在地方保护主义倾向。为更好地适应新能源汽车产业发展需要、促进产业高质量发展，未来产业政策须在"政策优化"和"政策协同"上下功夫。因而本节基于政策分解，利用模糊数学中隶属度的计算方法及耦合协调模型，从时间的维度展开，通过对新能源汽车产业政策历程以及中央和地方推动新能源汽车产业具体环节的政策实施进行分析，从"政策领域—时间维度"双重视角，测度2009 ~ 2018年间中央及代表性地区政策措施的协同度，以及新能源汽车产业价值链五环节（研发、生产、购置、使用、回收）的政策措施协同状况；并通过逐步回归法进行敏感性分析，确定影响政策协同的各政策效力指标灵敏度，为提高产业政策的央地协同水平提供方向和建议，为确定未来可行的政策提供决策依据。

一、新能源汽车产业政策协同测度模型构建

产业政策协同主要包含两个方面，一是指不同时期央地总体政策措施协同度，二是指不同地区各政策作用环节的央地政策措施协同度。对于前者，本书采用状态协同度模型测度其协同水平，描述协同趋势；对于后者，本书基于新能源汽车产业价值链分解，建立耦合协调模型，测度政策措施协同水平。在进行政策演变分析和政策协同分析过程中所采用的是历年政策措施的年度数值，该年度数值是通过制定出的政策措施量化标准，对筛选出的新能源汽车产业政策进行赋值形成单项分值，然后按照年度所计算得出的数值。

（一）状态协同度模型

状态协同度模型主要测度系统指标数值间的差值比率，用于评价两个系统间的协同度，也可以相对粗略地呈现出政策的内部协同情况。本书中，中央和各地方政府的政策措施系统构成了新能源汽车产业系统的两个子系统，利用该模型可以测度出央地政策措施的协同度。学者们利用这种测度方法度量了产业政策间的协同度，对本书研究也有较大的启示。例如，司光南（2008）建立状态协调度模型对"人口—经济"两个系统之间的协调度进行评价。张建中（2012）利用状态协同度方法构建模型，测算贸易、投资与环境三个子系统协同程度。李靖华和常晓然（2014）建立状态协同

度模型测量流通产业创新政策的措施、目标自身及相互之间的协同度。张炜等（2016）建立状态协同度模型测量区域创新政策供应、需求、环境三维度两两之间的协同度。状态协同度的通用模型结构为：

$$u(i/j) = \exp[-(F_i - F')^2/S^2] \tag{5-11}$$

其中，$u(i/j)$ 为 i 相对于 j 的状态协同度；F_i 为 i 的实际综合评价值；F' 是 j 对与 i 的期望拟合值；S^2 为 i 实际评价值的方差。为了计算 F'，分别以 X 和 Y 代表 i 和 j 的某状态评价值，利用方程 $Y = \alpha + \beta'X$ 求得系数 β'，再将 i 的实际值代入式（5-11），求得 j 的值，称为协调值。实际值与协调值相差越小，求得的状态协调度就越大（李靖和常晓然，2014）。

利用隶属度概念计算不同时期央地总体协同度，在现有模型基础上，根据中央和地方政策措施得分的年度数值，构建两系统间的协同度函数：

$$u(n/l) = \exp[-(MN_i - MN_i')^2/S^2] \tag{5-12}$$

其中，$u(n/l)$ 为中央的政策措施与地方政府政策措施的协同度；MN_i 为第 i 年中央的政策措施得分的实际值；MN_i' 是由地方政府的政策措施得分求得的中央政策措施得分的拟合值；S^2 为中央的政策措施得分的实际值的方差。

为了计算拟合值 MN_i'，这里分别以 X、Y 代表地方政府的政策措施和中央的政策措施的年度数值，以 2009~2018 年的数据为分析样本，利用回归方程 $Y = \alpha + \beta'X$ 求得系数 β'，将地方政府政策措施得分的实际值代入该回归方程就可求出第 i 年中央的政策措施得分的拟合值 MN_i'。通过状态协同度 $u(n/l)$ 就可对中央与地方政府对应措施之间的协同度进行评价，因此构造协同度函数，如式（5-13）所示。

$$U(N/L) = [\min\{u(n/l),u(l/n)\}/\max\{u(n/l),u(l/n)\}] \tag{5-13}$$

其中，$u(n/l)$ 为中央的政策措施对地方政府政策措施的状态协同度；$u(l/n)$ 为地方政府政策措施对中央的政策措施的状态协同度；$U(N/L)$ 为央地总体协同度。$u(n/l)$ 和 $u(l/n)$ 相差越远则 $U(N/L)$ 值越小，说明央地两系统间的协同度越低，$u(n/l)$ 和 $u(l/n)$ 相等时 $U(N/L)$ 值为1，说明两系统间完全协同。

（二）耦合协调模型

1. 模型概述

耦合是两个或多个系统相互作用影响的现象，耦合度是用以测度相互作用程度的指标，耦合协调度可以区分各系统要素是相互促进或是相互制约。学者们利用耦合协调模型度量了多系统的耦合协调度，对本书研究也有一定的借鉴意义。姜磊等（2017）建立"经济—资源—环境"的耦合度公式，丁慧媛（2019）构建沿海11省份新型城镇化综合发展水平各构成要素间的耦合协调模型，郭本海等（2019）利用耦合协调模型测度新能源汽车关键技术环节的产业政策措施间耦合协调度。本书建立耦合协调模型用以测度中央及北京、上海、江苏、深圳四地区在产业价值链五个环节（研发、生产、购置、使用、回收）中政策措施间的协同度。新能源汽车产业主体中，中央和地方政府拥有自己的政策措施各评价指标子系统，各子系统通过一定的耦合路径形成了各主体的政策措施系统，并且有学者指出在措施间存在协同耦合的关系（郭本海等，2019），因此适用于该模型。基于此，多个系统相互作用耦合度通用模型结构为（姜磊，柏玲，吴玉鸣，2017；Wang R et al，2017）

$$C = \left[\frac{a_1 \cdot a_2 \cdots a_n}{\left(\dfrac{a_1 + a_2 + \cdots + a_n}{n} \right)^n} \right]^{\frac{1}{n}} \tag{5-14}$$

$$T = \alpha a_1 + \beta a_2 + \cdots + \varphi a_n \tag{5-15}$$

$$D = \sqrt{C \times T} \tag{5-16}$$

其中，a_n 表示通过加权平均法求得的第 n 个系统的综合评价得分，C 是系统耦合度，D 是耦合协调度，T 是 n 个系统综合协调指数，即综合发展得分，α、β、φ 为待定系数，是综合评价得分的权重。权重可采用客观的熵值赋权法，也可人为设定，权重的大小反映了系统的重要程度，如果认为系统同等重要，则可将系数设为一致。

2. 变量设计与模型构建

由于中央和各地方政府是新能源汽车产业系统的两个子系统，并且中央和地方政府系统拥有自己的子系统，各子系统通过一定的耦合路径形成新能源汽车产业政策耦合系统，所以协同状况可以用耦合度来进行描述。
首先建立原始数据矩阵，采用公式（5－17）消除原始数据的量纲差异性影
响，即归一化处理。设 $x_{ij}(i,j = 1,2,3,4)$ 是第 i 个子系统的第 j 个指标，其
值为 $X_{ij}(j = 1,2,\cdots,n)$；α_{ij}、β_{ij} 是子系统各指标数值的最大值、最小值。归
一化公式为：

$$x_{ij} = (X_{ij} - \beta_{ij})/(\alpha_{ij} - \beta_{ij}) \tag{5－17}$$

其中 $0 \leqslant x_{ij} \leqslant 1$，反映各指标达到目标值的满意程度，趋近于 0 为最不满
意，趋近于 1 为最满意（郭本海，李军强，张笑腾，2018）。本书采用多
指标综合评价方法中的熵值法，对多维表现的不同数据赋予权重，这种
基于原始数据差异的赋权方法是比较客观的。确定了各子系统中指标的
权重之后，采用加权平均法式（5－18）得到子系统中指标的综合协调
水平。

$$U_{k,in} = \sum_{j=1}^{m} \lambda_{ijn} x_{ijn}, \sum_{j=1}^{m} \lambda_{ijn} = 1 \tag{5－18}$$

其中，λ_{ijn} 为各子系统中指标的权重。利用熵值法对各指标权重进行确定的
计算公式为：

$$p_{ij} = x_{ij} \cdot \left(\sum_{j=1}^{n} x_{ij}\right)^{-1} \tag{5－19}$$

$$h_i = -k \sum_{j=1}^{n} p_{ij} \cdot \ln(p_{ij}) \tag{5－20}$$

其中 $k > 0$，且 k 与样本的个数有关，$k = 1/\ln(n)$；h_i 的取值范围为 0～1。
最后计算各项指标权重，即第 i 项指标的熵权公式为：

$$\lambda_i = \frac{1 - h_i}{\sum_{i=1}^{n}(1 - h_i)} \tag{5－21}$$

构建评价中央及四省市不同政策措施间协同度模型为：

$$C = \left[\frac{U_1 \times U_2 \times \cdots \times U_n}{\left(\dfrac{U_1 + U_2 + \cdots + U_n}{n}\right)^n}\right]^{\frac{1}{n}} \tag{5－22}$$

$$T = \beta_1 U_1 + \beta_2 U_2 + \cdots + \beta_n U_n, \sum_{n=1}^{n} \beta_n = 1, D = \sqrt{C \times T} \quad (5-23)$$

其中，C 为各政策措施系统间的耦合度；耦合协调度 D 通过式（5 – 23）求得，$D \in (0,1)$，T 是各政策措施系统在各环节综合能力的评价指数。β 是待定系数，该系数是综合评价得分的权重，本书认为五项措施同等重要，因而我们设置 $\beta_1 = \beta_2 = \beta_3 = \beta_4 = \beta_5 = 1/5$。

3. 政策决策层级协同度模型

为分析中央与地方政府在产业价值链各环节的两系统之间通过相互作用产生影响的结果，进一步引入评价两个系统相互作用程度的耦合度通用模型（魏敏，2019；姜玲，叶选挺，李磊，2017）来度量四省市各环节央地协同度。首先要进行数据的归一化处理，进行单位的统一。归一化处理、通过熵值法确定各子系统中指标的权重以及通过加权平均法得到 $U_{k,in}$ 的方法都与政策领域维度协同度模型式（5 – 22）和式（5 – 23）一致，进而 $Z_{k,in} = 1/2 U_1 + 1/2 U_2$ 得到综合协调水平。基于前述耦合度通用模型，构建政策决策层级协同度的模型结构为：

$$C = \left\{ \frac{Z(x_1)Z(x_2)}{\left[\frac{Z(x_1) + Z(x_2)}{2} \right]^2} \right\}^k \quad (5-24)$$

$$T = \gamma_1 Z_1 + \gamma_2 Z_2, Z_1 + Z_2 = 1, D = \sqrt{C \times T} \quad (5-25)$$

其中，C 为耦合度，D 为耦合协调度，k 为调节系数，一般 $2 \leqslant k \leqslant 5$，为了增加区分度，在计算时取 $k = 5$。同样与多系统耦合协调度模型相似，取 $\gamma_1 = 1/2, \gamma_2 = 1/2$，通过公式求出相应耦合协调度 D 的值。耦合度是用以测度相互作用程度的指标；而耦合协调度的高低可以区分系统中各组成要素是相互促进还是相互制约（王颖等，2018），具有区分性质。因此本书主要分析耦合协调度 D 的值，同时借鉴以往研究，将 D 值分为 5 个等级，见表5.7。

表5.7　　　　　　　　　耦合协调的判别标准及协调等级

协调度 D	协调等级
[0, 0.2)	严重失调
[0.2, 0.4)	中度失调

协调度 D	协调等级
[0.4, 0.6)	勉强协调
[0.6, 0.8)	中度协调
[0.8, 1]	高度协调

在已有研究所用模型的基础上，结合本书内容进行创新改进，在政策体系的协同机制研究中从政策目标措施间、政策领域即产业链不同环节间以及不同层级三个方面，建立协同度模型、多系统耦合协调度模型、状态协同度模型以及两系统耦合协调度模型。通过模型表征产业政策协同状况，用以测度产业政策单一措施与各目标组合、多措施与各目标组合后的协同度、不同时期央地总体协同度以及不同地区各政策作用环节的央地协同度，为下文准确测度及综合评价政策协同状况奠定良好的基础。

二、新能源汽车产业政策量化与分解

结合我国经济制度环境特征，以"十城千辆"政策作为政策分析的起点，收集并筛选中央及代表性地区出台的与我国新能源汽车产业发展相关的产业政策，梳理新能源汽车产业政策体系，建立我国新能源汽车产业政策数据库，并从协同分析的角度，从政策目标和措施、政策领域以及政策层级三个方面对政策进行分解与量化处理。

（一）政策收集与整理

2008 年是新能源汽车元年，2009 年开始政府颁布了大量的鼓励扶持政策，推动新能源汽车规模化进入公共领域，至此，我国新能源汽车开始了快速发展。本节主要对 2009～2018 年中央及代表性地区的新能源汽车产业政策进行梳理，为保证分析的科学性与全面性，课题组对包括法律、法规、规章等政策文本进行了统计与梳理。

首先，通过中国汽车工业信息网、工信部网站、国家法规数据库和北大法律信息网数据库，对 2009～2018 年国家及各部委、北京市、上海市、江苏省和深圳市颁布的与新能源汽车产业相关的政策进行检索。为保证政策收集过程的全面性和准确度，再利用万方数据库对收集的政策进行核对。

其次，确定检索的关键词。以 2009 年颁布的《关于开展节能与新能源汽车示范推广试点工作的通知》和《汽车产业调整和振兴规划》为依据确定"新能源汽车""电动汽车""节能"等为关键词，对各个政策类型都进行搜索，例如"法律""条例""细则"等，初步确定 430 项与新能源汽车产业相关的政策。

最后，由于大量文献提到新能源汽车等关键词，却没有实质性的政策目的或措施，所以进一步从政策发布时间、发布部门、政策分解后的各维度对政策进行精读与筛选，最终确定 102 项国家层级的新能源汽车产业政策（颁布部门涉及国务院、工信部、国家发改委、国家能源局、国务院国资委、科技部等多个机构）以及相关省市的人民代表大会、人民政府等颁布的 161 项地方层级的新能源汽车政策（其中，北京市 53 项，上海市 32 项，江苏省 23 项，深圳市 53 项）。

（二）政策多维度分解

1. 政策措施维度分解

政策措施是指政策制定者和施策者为实现既定目的在政策着力点针对关键问题运用的方法和手段。张国兴等（2014）以及彭纪生、仲为国、孙文祥（2008）等将节能减排政策与技术创新政策的措施分为行政措施、引导措施、财税措施、人事措施、金融措施和其他经济措施六类，郭本海等（2019）将我国光伏产业政策措施分为财政税收措施、引导措施、金融措施、行政措施、监管保障措施、规范措施六类。本书在参考已有文献的基础上，结合新能源汽车产业政策自身特点，并咨询了 2 位从事新能源汽车领域研究的相关人士，同时邀请了 3 位公共政策领域的教授和 3 位浙江吉利控股集团有限公司相关负责人进行讨论，最终将政策措施分为财税支持措施、行业规范措施、规划引导措施、监督保障措施和其他措施五类，各类政策措施定义见第三章的表 3.3。

2. 政策领域各环节评价指标选取

在收集 2009～2018 年 263 项新能源汽车产业政策基础上，本书基于产业价值链的整个生命周期对政策进行分析。管理学中价值链主要分为两类活动，包括五种横向的产销基本活动和四种纵向支持活动。本书主要从五种基本活动视角出发，将新能源汽车产业价值链分为研发、生产、购置、使用和回收五个环节。中央和各地方政府产业政策系统由研发、生产、购置、使用和回收五个子系统构成，并由中央和地方政府进一步通过一定的耦合路径形成新能源汽车产业政策耦合系统，各环节子系统与指标相同，具体指标见表 5.8。

表 5.8　　我国新能源汽车产业政策系统要素（以研发环节为例）

系统	子系统	指标
研发环节	财税支持措施 F_1	支持力度 F_{11}
		扶持针对性 F_{12}
	规划引导措施 F_2	规划详细程度 F_{21}
		引导对象明确度 F_{22}
	行业规范措施 F_3	标准适用范围 F_{31}
		标准规范程度 F_{32}
		审批程序复杂性 F_{33}
	监管保障措施 F_4	监管力度 F_{41}
		保障措施完善性 F_{42}
	其他措施 F_5	详细程度 F_{51}
		作用范围 F_{52}

研发环节系统包括财税支持措施、规划引导措施、行业规范措施、监管保障措施、其他措施五个子系统，各子系统拥有自身评价指标，例如，财税支持措施子系统评价指标为支持力度和扶持针对性，规划引导措施子系统评价指标包括规划详细程度和引导对象明确度。

（三）政策量化处理

1. 政策措施量表设计

政策量化的实质是依照一定的标准对相关指标进行赋值评分，张国兴等（2014）以及郭本海、李军强、张笑腾（2018）采用 5 分制并对 5 分、3 分和 1 分进行了详细的定义，彭纪生、仲为国，孙文祥（2008）采用 5 分制并对 1~5 分每一分值进行了粗略的定义，综合学者们建立的政策措施量化标准，本书初步采用对 5 分、3 分和 1 分进行定义的 5 分制量化标准，并同 3 位公共政策领域的教授和 3 位浙江吉利控股集团有限公司相关负责人对关键性内容进行讨论，改进量化标准，最终确定的量化标准见表 5.9。

表 5.9　　　　　　　　我国新能源汽车产业政策措施量化标准

政策措施	得分	政策措施量化标准
财税支持措施	5	对新能源汽车产业给予大力的财政支持，从很多方面制定措施，内容十分详细具体
	4	支持力度较大，从某几方面制定措施，内容十分详细具体
	3	从某几方面给予支持，内容较为具体；或从某一方面给予支持，内容十分详细具体
	2	仅从某几方面或一方面的态度上表明积极利用财政措施，未制定具体内容
	1	仅提及财政或落实消费税、车辆购置税等相关字词，未做详细阐述
规划引导措施	5	从很多方面引导相关工作，内容十分详细具体；政府采购力度最大，并制定相关细节
	4	从某几方面引导相关工作，内容十分详细具体；政府采购力度较大，制定较为详细的细节
	3	从某几方面引导相关工作，内容较为具体；或是从某一方面十分详细具体的引导
	2	仅从某几方面或者某一方面引导相关工作，没有具体内容
	1	仅提到要引导新能源汽车产业化发展，未做详细阐述
行业规范措施	5	从很多方面制定相关标准规范措施，内容十分详细具体；在多方面有明确的量化门槛数值
	4	从某几方面制定相关标准、规范，且有明确的量化门槛数值
	3	提到行业中具体某几方面规范发展，有粗略的措施，未明确量化门槛数值；或是仅从某一方面规范发展，并有具体的措施，详细的阐述
	2	仅提到行业中具体某几方面或一方面需要规范发展，未明确量化门槛数值和具体措施等
	1	仅提到规范行业发展，未做详细阐述

政策措施	得分	政策措施量化标准
监管保障措施	5	从很多方面制定监管措施，明确责任和参与部门，内容十分详细具体
	4	从某几方面制定相关监管工作，明确责任和参与部门，内容十分详细具体
	3	仅从某几方面制定相关监管工作，内容较为具体；或是从某一方面制定相关监管工作，内容十分详细具体
	2	仅从某几方面或者某一方面制定相关监管工作，没有具体内容
	1	仅提到要对新能源汽车进行质量安全监管，未做详细阐述
其他措施	5	从惩罚措施和人才培养两大方面制定相关内容，内容十分详细具体
	4	从惩罚措施和人才培养某一方面制定相关工作，内容十分详细具体
	3	从惩罚措施和人才培养两方面制定相关内容，内容较为具体
	2	仅从某一方面制定相关内容，无具体内容
	1	仅提及惩罚力度、人才引进等相关字词，未做详细阐述

2. 政策量化赋值

邀请新能源汽车产业政策领域的相关专家、3 位产业政策领域的教授及 5 位本课题组内部成员成立评估小组，一起根据量化标准对政策进行量化赋值，过程共分为三个环节：预评分、初步评分和终审评分。界定评分分值相差小于等于 1 分为评分方向一致，相差 2 分及以上为评分方向不一致。首先，每位成员对不固定的 30 条政策独立地根据量化标准评分。评分一致的概率是 33.3%，讨论评分差异的原因之后，将量化标准更改为对 1～5 分每一分值分别进行定义的 5 分制量化标准，并进行内容调整。经过三次对随机挑选的政策进行评分及讨论之后，评分一致的概率是 86.7%，据此正式确定了一套详细的量化标准。接着，每位评估小组成员独立对 263 条政策的各指标进行评分，保留评估结果完全一致的政策。最后，仔细讨论评分结果的政策不一致的 73 条政策，分析评分冲突原因，由 2 位新能源汽车产业政策领域的相关专家及 3 位公共政策领域的教授重新打分，对结果无异议后确定最终数据。

为保证数据的可靠性，分别对产业价值链分解前的政策打分数据和分解后的数据进行内部一致性信度分析，信度系数 Cronbach's $\alpha > 0.8$ 视为信度良好。本书中产业价值链分解前的政策打分数据（2009～2018 年中央及四省市新能源汽车产业政策的五项政策措施量化得分）和分解后的数据（2015～2018 年中央及四省市研发、生产、购置、使用、回收环节的政策措施量化得分）的 Cronbach's α 值如表 5.10 所示。政策措施量化结果的 Cronbach's α 值均大于 0.8，显示政策量化结果可靠性好。

表 5.10   政策措施量化结果信度分析

变量	Cronbach's α	变量	Cronbach's α
中央五项政策措施	0.915	中央各环节政策措施	0.831
北京市五项政策措施	0.912	北京市各环节政策措施	0.903
上海市五项政策措施	0.864	上海市各环节政策措施	0.893
深圳市五项政策措施	0.842	深圳市各环节政策措施	0.900
江苏省五项政策措施	0.850	江苏省各环节政策措施	0.852

三、新能源汽车产业政策协同的实证分析

基于政策收集与分解，通过所构建的模型，测度 2009～2018 年中央及代表性地区新能源汽车产业政策总体及产业链各环节上的协同水平，利用社会网络分析方法描绘政策制定主体间互动关系，对新能源汽车产业政策制定主体协同情况、产业政策演变及政策的协同情况进行分析，揭示政策设计与政策实施各环节主要问题。

（一）新能源汽车产业政策制定主体协同分析

1. 政策参与部门概况

政策制定主体协同指的是由于政策目标的复杂性，政策制定会涵盖多个部门的职权范围，所以需要两个或者以上的政府机构进行合作才能实现，即多元化主体协同参与。我国新能源汽车产业政策协同主体分为两级，分别是中央政府机构和地方政府机构。本书对中央政府的界定为公共事务的管理者和执行者，包括国务院及各部委，对地方政府的界定为狭义的地方政府，即地方行政机关。例如在财税补贴政策中，财政部等制定宏观的补

贴政策,确定补贴区间及补贴车型的参数范围,各地方政府有选择地提供一定比例补贴,存在中央和地方政府"制定—落实"的补贴制度。依据这样的现实情形,本书构建了新能源汽车产业政策的政策制定主体两级关系图,如图 5.15 所示。

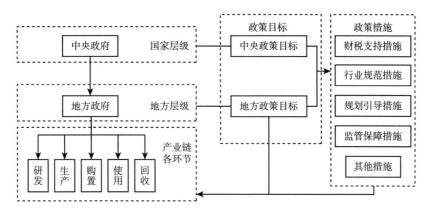

图 5.15 我国新能源汽车产业政策制定主体关系

由图 5.15 可知,本书将我国新能源汽车产业分为两大层级,即国家层级和地方层级,中央和地方政府分别制定政策目标与政策措施,并作用于产业价值链各环节(研发、生产、购置、使用、回收),构成了我国新能源汽车产业的政策制定主体关系。2009～2018 年我国国家层级颁布的新能源汽车产业政策类型分布情况如表 5.11 所示。

表 5.11　　　　**2009～2018 年我国中央新能源汽车产业政策类型统计**　　　单位:条

政策类型	通知	办法	意见	方案	计划	规划	规定	规范条件	指南	法律	公告	要求等
政策数量	38	12	11	7	7	5	4	4	3	2	2	7

资料来源:笔者根据新能源汽车产业政策梳理统计而成。

从表 5.11 的统计结果可以看出,我国国家层级新能源汽车产业政策体系中,通知、办法、意见、方案的形式颁布的占 65% 以上,法律法规及规定等占 9% 左右。在大致了解各类型分布情况的基础上,绘制历年国家层级政策的颁布数量折线图(见图 5.16)。

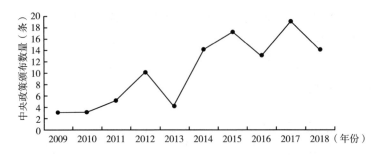

图 5.16　2009～2018 年中央新能源汽车产业政策制定情况

资料来源：笔者根据中央新能源汽车产业政策梳理绘制。

由图 5.16 可知，2009 年后产业政策的出台愈加密集，在 2013 年四部委联合发布了《关于继续开展新能源汽车推广应用工作的通知》后，我国新能源汽车产业推广进入新阶段，产业政策数量大幅提高，2014～2018 年新能源汽车产业政策数量均在 10 条以上。

进一步将地方政府层级的 161 条政策基于政策措施维度进行拆分后，共得到 389 项政策，具体政策分布详见表 5.12 所示。

表 5.12　　　　　2009～2018 年四地区新能源汽车产业政策措施分布

地区	财税支持措施	行业规范措施	规划引导措施	监管保障措施	其他措施	占比[①]（%）
北京市（项）	25	34	33	32	8	35.22
上海市（项）	22	20	25	12	4	22.62
江苏省（项）	14	16	15	10	11	16.97
深圳市（项）	14	34	23	17	6	25.19
占比[②]（%）	19.28	26.74	24.68	18.25	11.05	100

注：①各行占比是指该省市各类措施加总后，除以四省市各类措施总和的结果。

②各列占比是指四省市该类措施加总后，除以四省市各类措施总和的结果。

资料来源：笔者根据四地区新能源汽车产业政策梳理统计而成。

从数量上看，四省市在政策中运用规范措施和引导宣传措施较多，占比达 51.42%，表明政策制定者更倾向于行业规范和规划引导。其次是财税支持措施，主要原因是 2009 年新能源汽车开始规模化进入公众视野，各地方政府也大量出台了能够激励产业快速发展、使消费者增加购买使用的财税支持政策。

2. 政策参与部门协同状况及互动分析

首先，构建新能源汽车产业政策颁布部门间的社会网络矩阵，如表 5.13 所示。

表 5.13　　　　　　　我国国家层级新能源汽车产业政策部门协同简况

部门	1	2	3	4	5	6	7	8	9	10	11	12	13	14	15	16	17	18
1	17																	
2		14																
3		36																
4		29	26	4														
5		32	24	23	3													
6						1												
7		6	9	1	1													
8		2			2			1										
9		8	3	5	5			2	2									
10		2	1															
11		8	5	2	2		2	2	4		2							
12		7	2	2	2			1	4	2	4	1						
13		1	1	1	1			1	1		1	1						
14		8	3	4	3			1	4		5	7	1					
15		6	2	5	3			2	5		3	5	1	5				
16								1										
17		2	2	1	2		1	1	1		2	1		2	1			
18		1	1		1			1			1			1			1	

注：此表中 1~18 编号依次对应的部门为：国务院、工信部、财政部、科技部、国家发展改革委、全国人大常委会、国家税务总局、住房城乡建设部、国家能源局、海关总署、交通运输部、商务部、工商行政管理总局、质检总局、环境保护部、国务院国资委、公安部与教育部。因本表统计的是 2018 年以前的资料，故各部委使用的是 2018 年机构改革之前的名称。

　　表 5.13 的矩阵中，下对角线元素表示该部门与除了该部门外的其余部门共同颁布的政策数量，对角线元素则表示该部门单独颁布政策数量。由表 5.13 可知，我国新能源汽车产业政策制定部门协同度较高，特别是工信部、财政部、科技部、国家发展改革委、国家能源局、交通运输部和商务部。单独颁布政策最多的是国务院，这与国务院在我国行政体系中的特殊地位有关。由此可总结得出，政策协同的关键部门主要集中在工信部、财政部、科技部。

　　其次，构建整体网用以描绘政策颁布部门构成的网络关系，利用社会网络分析软件 UCINET 计算 2009~2018 年间每年我国新能源汽车产业政策部门整体网密度（见表5.14）。

表5.14　　　　　　我国新能源汽车产业政策参与部门合作紧密程度

年份	2009	2010	2011	2012	2013	2014	2015	2016	2017	2018
整体网密度	0.167	0.500	0.800	0.762	0.600	0.757	0.418	0.419	0.516	0.752

整体网网络密度越大，说明各部门构成的网络中部门之间的关系越紧密、联系越密切。从表5.14中的政策参与部门合作密度计算结果可以看出，除了2009年各部门之间的联系比较稀疏，其余年份密度均在0.4以上，总体来说部门间的联系较紧密。

进一步通过社群图对社会网络关系进行可视化表达，以更形象、更清晰地反映政策制定和颁布主体部门内部的社会网络结构，探讨政策颁布部门间的交往机制，利用数据矩阵，通过UCINET载入Netdraw可视化软件构建社会网络关系图，直观展示中央新能源汽车产业政策参与部门，如图5.17所示。

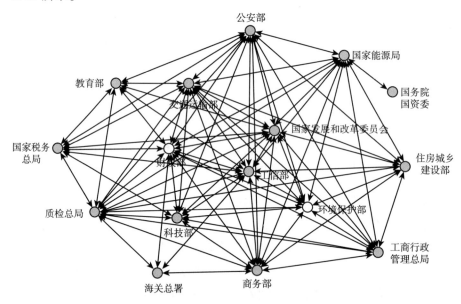

图5.17　2009～2018年间我国新能源汽车产业政策参与部门社会网络关系

注：因本图反映的是2018年以前的情况，故各部委使用的是2018年机构改革之前的名称。

各节点表示参与我国新能源汽车产业政策制定的各部门，通过各部门之间的连线可以发现与其联系紧密的部门。从图5.17中可以看到整个网络是由几个关键的节点，如工信部、财政部、科技部、国家发改委，即"桥"结构联系起来，联系更加紧密的子群体也是这些部门，同样它们也是我国新能源汽车产业政策制定中的核心部门，对信息流动起到关键作用。新能源汽车产业因为其涉及技术环节多等特点，在推广的过程中应维持现有各部门之间的合作关系，进一步加强多部门的协同作用，进而推动产业发展。

（二）政策各领域间协同分析

北京市、上海市、江苏省和深圳市有较好的汽车产业基础，市场环境较好，配套支持政策较为完善，出台了较为全面、创新和引领性的政策。在构建协同模型的基础上，本书对不同环节产业政策央地协同状况进行了分析，以期为政策制定者提供经验性数据支撑。

如图5.18所示，研发环节的不同政策措施间协同处于严重失调和中度失调状态，可见在研发环节政策本身存在问题，且在落实中央政策意图时精准性弱。2015~2018年，深圳市的央地协同一直处于协调状态，其政策措施间协同曲线与中央政策措施间协同曲线趋势一致。

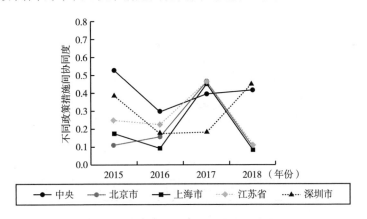

图5.18　研发环节不同政策措施间协同度

在生产环节，如图5.19所示，中央在2018年不同政策措施间协同状态处于中度失调状态，北京市和江苏省同样也处于中度失调状态。新能源汽车动力电池生产制造、整车产品质量把控与监管及生产责任制的制度建立是生产环节政策中最主要的内容，虽然央地协同度相对较高，但政策措施间协同度不理想，说明政策措施在协调方面仍有待进一步提高。

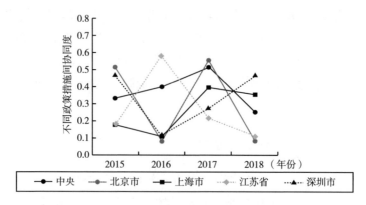

图5.19 生产环节不同政策措施间协同度

如图5.20所示，购置环节的不同政策措施间协同也处于严重失调状态。深圳在购置环节与中央高度一致，政策落实精准性强。2015年中央大力补贴以刺激企业生产以及消费者购买，而上海未出台相关政策，在2016年才出台了大量集中于补贴与充电基础设施建设方面的产业政策，产业政策与中央政府政策导向不够一致。

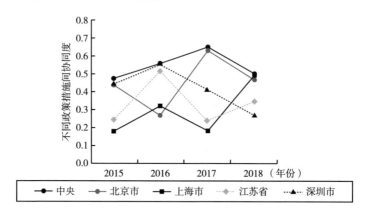

图5.20 购置环节不同政策措施间协同度

如图5.21所示，中央及四省市的使用环节不同政策措施间协同均处于协调状态，2015年北京和上海均达到高度协调状态。在新能源汽车销量急速增加的同时，充电基础设施建设的充换电设施认定标准和新安装充电基础设施规划也引起了重视。根据中国充电联盟统计，截至2018年12月，公共类充电桩总量为 30 万台，充电桩建设进度逐步加快。在使用环节中，产业政策中央与地方政府相互融合的力度及地方落实中央政策的精准性强，两系统间以及各措施间相互推动、支撑作用非常明显。

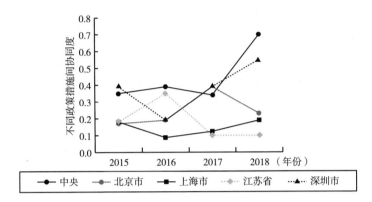

图 5.21 使用环节不同政策措施间协同度

在回收环节，如图 5.22 所示，上海市与江苏省不同政策措施间协同均处于中度失调状态。新能源汽车的回收问题一直备受关注，动力电池回收、整车残值率过低以及运输过程存在污染等是回收中存在的主要问题，为新能源汽车发展带来潜在制约。虽然在购置和使用环节央地整体协调发展水平较高，但是下游的回收环节也应当均衡发展，逐步建立并完善动力蓄电池回收利用规范、动力电池生产制造管理及动力电池安全检验，形成产业价值链闭环。

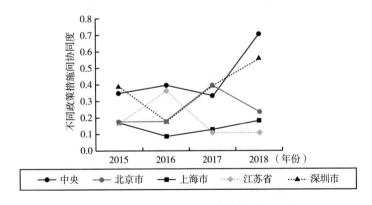

图 5.22 回收环节不同政策措施间协同度

（三）政策层级间协同分析

地方政府在执行的过程中可有一定程度的创造性，形成中央与地方良性互动关系，因此需要先明确央地政策的具体协同状况。有学者指出，中国太阳能光伏市场未来的健康发展取决于中央政策的实施以及央地之间的政策目标和激励措施的调整（Corwin & Johnson，2019）。而政策措施间协同是实现政策目标的有效途径，且地方政府是重要的相关方，所以央地政策措施间协同是非常重要且必要的。

从政策作用领域视角来看，在产业发展过程中，为达到不同的产业发展目的，不同时期的政策各有侧重，如受制于国内外产业技术竞争合作的环境等因素的影响，不同时期亟待破解的技术难题不一样。早期政策主要是针对整车企业和终端消费的财税激励政策，而现有政策则集中于外围技术突破和技术发展。从时间维度视角来看，无论是哪一类政策，其出台后的作用效力和影响都具有较长时期的持续性，产业不协同是难免的。因此无论是从政策作用领域还是从时间线索来看，都存在着两个维度交织在一起的不协同现象，解决不协同问题需要从"政策领域—时间维度"视角入手。利用中央和地方政府政策措施系统状态协同度模型，测度不同时期央地总体协同水平，结果如图5.23所示。

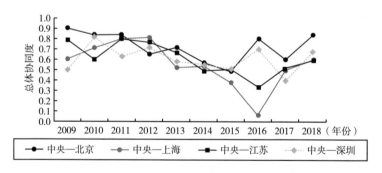

图5.23　不同时期央地总体协同度

整体来看，除2015年、2016年、2017年部分地区协同度较低，其余年份四地区央地协同度均在0.5以上，协同水平较高。从2015年开始协同趋势分化，呈现W形模式，协同效果不太稳定。具体来看，2009～2018年，北京市的央地协同效果和深圳市的央地协同效果之间不存在显著差异。

北京市在 2009～2018 年间一直保持较高水平，深圳市 2017 年、上海市 2015 年和 2016 年、江苏省 2016 年的央地协同效果均不理想。对协同度结果整理后可以得到央地政策不同措施协同使用度，如图 5.24 所示。

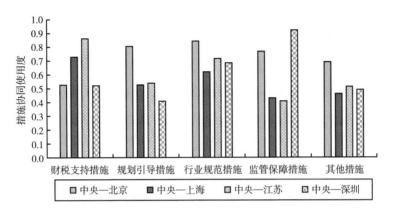

图 5.24　央地政策措施协同使用度对比

　　总体来说，财税支持措施和行业规范措施的央地协同使用度较高，均在 0.5 以上，而规划引导措施和监管保障措施中部分地区存在协同使用度较低的情况。具体来看，规划引导措施中深圳市的协同使用度较低，监管保障措施中上海市和江苏省协同使用度较低，其他措施中上海市和深圳市协同使用度较低。

　　2009～2014 年，四省市与中央的政策协同趋势基本一致，从 2015 年开始协同趋势分化，为深入探测 2015 年后政策工具使用及政策实施领域中的央地协同情况，将新能源汽车产业价值链分为五个环节后利用耦合协调模型进行分析。利用五措施系统耦合协调模型和央地政策措施系统耦合协调模型，得出作用于新能源汽车产业价值链五个环节的央地协同度以及不同政策措施间的协同度。

　　在研发环节中，如图 5.25 所示，四省市在 2016 年和 2017 年整体处于协调状态，大多处于 [0.4, 0.6) 的勉强协调区间，2015 年和 2018 年出现严重失调地区。上海在 2015 年、2016 年和 2018 年表现不佳，北京与江苏在 2018 年表现不佳。具体来看，2016 年，中央与江苏的协同处于中度协调状态，说明江苏省在研发环节与中央高度协同，政策落实精准性强。上海和北京的研发环节分别在 2015 年和 2018 年与中央的协同处于严重失调状态，总体协同情况不佳。虽然新能源汽车驱动电机和动力电池发展逐渐完善，在动力电池轻量化和充电时间等关键技术方面的指标都有明显提升，但是协同水平仍有待提高，产业政策对该环节需有一定倾向性，引导政产学研积极合作。

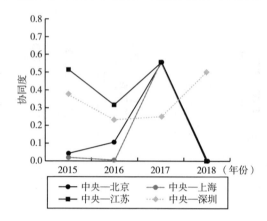

图 5.25　研发环节不同地区的央地政策协同度

在生产环节中，如图 5.26 所示，四地区在 2016 年和 2017 年整体处于协调状态，大多处于 [0.6，0.8) 的中度协调状态，在 2015 年和 2018 年均有严重失调地区。2015 年，上海和江苏表现不佳；2016 年，北京、上海和深圳表现不佳；2018 年，北京与江苏表现不佳。

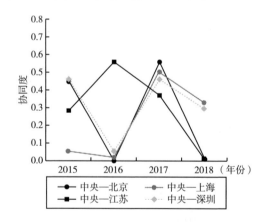

图 5.26　生产环节不同地区的央地政策协同度

在购置环节中，如图 5.27 所示，除上海市，其余地区均处于协调状态，大多处于 [0.6，0.8) 的中度协调状态，上海市在 2015 年处于严重失调状态。2015 年中央大力补贴以刺激企业生产以及消费者购买，而上海市未出台相关政策，在 2016 年才出台了大量集中于补贴与充电基础设施建设方面的产业政策，产业政策与中央政府政策导向不一致。

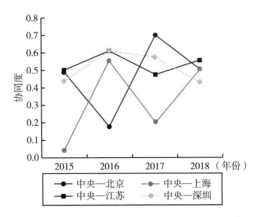

图 5.27 购置环节不同地区的央地政策协同度

在使用环节中，如图 5.28 所示，四地区以高水平耦合为主，协同度大多处于 [0.6，0.8) 的中度协调状态。可见使用环节四地区与中央相互促进作用明显，政策导向基本一致。

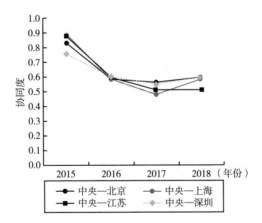

图 5.28 使用环节不同地区的央地政策协同度

在回收环节中，如图 5.29 所示，中央和北京市与深圳市两地的协同处于协调状态，和上海市与江苏省两地的协同状态不佳，虽然在使用环节中，产业政策中央与地方政府相互融合的力度及地方落实中央政策的精准性强，但是产业链发展存在不均衡情况。新能源汽车的回收问题一直备受关注，动力电池回收、整车残值率过低以及回收过程存在污染等是主要存在的问题，为产业发展带来潜在制约，在政策制定时应当重点关注。

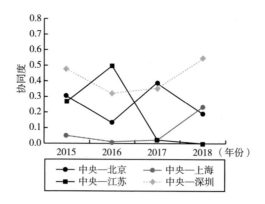

图 5.29　回收环节不同地区的央地政策协同度

通过探索各政策效力指标对央地协同度的敏感性程度，即对模型进行敏感性分析，找出能够提高产业政策的央地协同水平的政策效力指标，进而为确定未来可行的政策提供决策依据。构建以指标体系中 11 个指标的政策效力为自变量，以同期同环节的央地协同度为因变量的回归模型。利用R 软件实现逐步回归法的基本程序，其中标准回归系数 SRC 的绝对值大小表示参数的敏感性程度以及各自变量对因变量的贡献大小，正、负符号表示该自变量与因变量的正、负相关关系（徐崇刚等，2004），结果见表 5.15。

表 5.15　　　　　　　　　　逐步回归分析结果

回归次序	指标	SRC（敏感性程度）
1	F_{22}（引导对象明确度）	0.722
2	F_{42}（保障措施完善性）	0.595
3	F_{21}（规划详细程度）	−0.521
4	F_{41}（监管力度）	−0.512
5	F_{12}（扶持针对性）	−0.478
6	F_{11}（支持力度）	0.457
7	F_{32}（标准规范程度）	0.433

续表

回归次序	指标	SRC（敏感性程度）
8	F_{31}（标准适用范围）	0.246
9	F_{33}（审批程序复杂性）	0.109
10	F_{51}（详细程度）	−0.066
11	F_{52}（作用范围）	0.052

从逐步回归分析结果可知，对于央地协同度来说，规划引导措施子系统下的引导对象明确度和监管保障措施子系统下的保障措施完善性是对协同度敏感性影响最大的指标，且它们之间是正相关关系，提升这两个指标政策效力有助于提升央地协同水平。如图 5.23 所示，北京市在监管保障措施方面的政策协同使用度有待提升，在规划引导措施方面协同使用度较高。在北京市的规划引导措施协同使用已经较好的情况下，通过灵敏度分析可知，可进一步提升"引导对象明确度"指标的政策效力来优化现有政策。2013 年，北京市积极拓展新能源汽车租赁领域业务，与中央发布的政策导向一致，鼓励购买和使用新能源汽车，将新能源汽车产业列入重点领域。2013 年底，北京市发布小客车数量调控暂行规定，对新能源小客车单独进行摇号，明确契合了不得限行限购新能源汽车的上级政府政策要求，实施了相应的政策措施。对于北京市的监管保障措施而言，关于基础设施建设、质量安全保障等监管保障政策措施的制定，可以考虑重点提升"保障措施完善性"，例如，充电设施建设流程、新能源汽车质量安全以及车辆运行安全等细则的制定，合理利用充电信息等数据，明确安全监控平台的管理办法等。从 2013 年开始，北京市明确了新能源汽车产业价值链中涉及的多个利益主体，并规定了推广和运营等不同方面的利益分配，对多利益主体的利益都进行了保障。同时加强汽车生产企业的监管，提出生产责任制等决策制度，将基础设施建设中的充电服务内容纳入汽车生产企业的售后服务体系。并在 2014 年发布了新能源小客车及其自用充电设施建设的相关政策文件，对北京市销售的新能源汽车产品执行准入规定，充电设施建设流程有完善的政策规定，完整的监管保障措施及标准规范程度都有助于提升央地协同度。

再以深圳市为例。2011 年深圳市借由举办大型活动，积极推广并运行新能源公交汽车，初步形成了城市新能源公交网络，并且市政府要求从

2012 年开始新购公交车必须全部为新能源汽车，同时加大新能源汽车在公共大众领域的推广力度。2016 年 5 月深圳市发布针对新能源公交车的补贴细则，明确根据车辆购置日期实施差别化运营补贴以及规定新能源公交车的考核里程，通过这样的方式加大对新能源乘用车在使用环节的补贴支持力度可以提高央地协同水平。

规划引导措施子系统下的规划详细程度、监管保障措施子系统下的监管力度及财税支持措施子系统下的扶持针对性也对协同度敏感性较大，但它们之间是负相关关系，其对央地协同水平产生负面影响，在制定政策时应当酌情使用这样的政策措施。以上海市为例，2013 年和 2014 年上海市分别发布了新能源汽车充换电以及关于购买和使用新能源汽车的相关鼓励政策和办法，公布新能源汽车充换电设施分类标准和收费模式，规定了车企与销售车型的补贴硬性条件。规划详细程度高虽然有利于政策实施者的执行和管理，但是大量使用容易带来地方保护等负面问题，导致地方政府在领会中央政策意图上有偏差。上海市是我国最早建立新能源汽车公共数据采集与分析的城市，其 2012 年建立的新能源汽车公共数据采集与检测研究中心主要负责新能源汽车产业数据安全监管工作，统计上海市新能源汽车运营情况，包括车辆行驶、电池、充电信息等实时数据。在进行监管时，上海市政府应当在政策制定中明确监管新能源汽车质量安全以及制定车辆运行安全等细则，合理利用充电信息等数据，建立安全监控平台，通过数据共享发挥数据价值，保障新能源汽车质量安全。

第三节　新能源汽车补贴等产业政策协同与市场渗透研究

面对新能源汽车现有的渗透进程缓慢的瓶颈，以及产业链中研发、消费等环节存在较大外部性的特点，政府政策导向所起的作用仍然占据主导地位。由于政策制定过程是政府将不同的政策目标与一系列行动计划、财政和非财政激励措施相结合，因而在对产业政策协同分析的基础上，进一步从该视角出发，分析政策协同度与新能源汽车的市场渗透率之间的相关性，深入分析政策协同对市场发展的作用及其优化策略。

一、政策目标分解及量表设计

政策目标主要反映的是一项政策所要达到的目的。工信部发布的《新能源汽车产业发展规划（2021—2035 年)》中明确指出：新能源汽车产业的发展愿景是，到 2025 年我国新能源汽车市场竞争力明显增强，动力电池、驱动电机、车用操作系统等关键技术取得重大突破，安全水平全面提升。该规划同时提出，力争经过 15 年的持续努力，我国新能源汽车核心技术达到国际先进水平，质量品牌具备较强国际竞争力。纯电动汽车成为新销售车辆的主流，公共领域用车全面电动化，燃料电池汽车实现商业化应用，高度自动驾驶汽车实现规模化应用，充换电服务网络便捷高效，氢燃料供体系建设稳步推进，有效促进节能减排水平和社会运行效率的提升。本书第三章通过分析，将政策目标划分为五类，即加快推广应用、推动技术创新、完善基础设施建设、规范行业发展、提升质量安全。各类政策目标定义如第三章的表 3.2 所示。

与政策措施量化标准制定过程相似，确定我国新能源汽车产业政策目标量化标准，表 5.16 展示了提升质量安全目标的量化标准，其余目标类似。

表 5.16　　　　我国新能源汽车产业政策目标量化标准

政策目标	得分	政策目标量化标准
提升质量安全	5	从各个方面突出质量、过程及安全监管，进行全方面且强有力的支持，明确提出这些目的中的一个或多个，明确多个方面的重点任务，且有具体的措施和行动方案
	4	开展质量、过程及安全监管并进行支持，明确提出以上目的中的一个或多个，在多个方面制定较为具体的措施和行动方案
	3	重视质量、过程、安全监管要求，有表达出以上一个或多个目的，宏观地提出大致措施，不具体描述措施的实施过程
	2	仅强调某一方面的质量安全或安全管理，没有具体措施
	1	仅强调质量安全目标的重要性或是提及质量安全监管

二、政策变量设计及协同度模型

（一）政策目标措施协同度模型

学者们应用计量、内容分析等方法，对政策内部结构要素进行定量分析，建立了测度不同政策内容协同度的模型。彭纪生等（2008）最早构建技术创新政策目标措施的协同度模型，与此方法相似，学者们构建了节能减排科技政策、流通产业创新政策、医药产业创新相关政策的协同度模型（李靖华，常晓然，2014；裴中阳等，2019；张国兴等）。张炜等（2016）从政策力度与政策有效性两个维度构建区域创新政策强度的评价模型，度量供给、需求、环境三类创新政策强度。政策目标措施间的协同度通用模型结构为：

$$E_i = \sum_{j=1}^{N} pe_j \times pm_j \times pg_j \qquad (5-26)$$

其中，E_i 表示第 i 年的政策总效力，pe_j、pm_j、pg_j 分别表示第 j 条政策的政策力度、政策措施、政策目标分值，N 表示第 i 年发布的政策总量。

参考学者们的政策协同度模型，本书建立测度新能源汽车产业政策目标和措施协同度公式如下：

$$EVMG_t^1 = \sum_{i=1}^{N} E_i \times M_{ik} \times G_{is} \qquad t \in [2009,2018] \quad (5-27)$$

$$EVMG_t^2 = \sum_{i=1}^{N} E_i \times M_{ik} \times M_{il} \times G_{is} \qquad t \in [2009,2018] \quad (5-28)$$

$$EVMG_t^3 = \sum_{i=1}^{N} E_i \times M_{ik} \times M_{il} \times M_{im} \times G_{is} \qquad t \in [2009,2018] \quad (5-29)$$

其中：$EVMG_t^1$、$EVMG_t^2$、$EVMG_t^3$ 表示第 t 年新能源汽车产业政策单一措施与各目标组合，或是多措施与各目标组合后的协同度；N 表示第 t 年发布的政策总量；E_i 表示第 i 条政策的政策力度分值；M_{ik}、M_{il}、M_{im} 分别表示第 i 条政策中第 k、第 l 和第 m 项政策措施的分值；G_{is} 表示第 i 条政策中第 s 项政策目标的分值。本书采用的政策数据均为历年政策目标和政策措施的年度数值。其中，政策措施的年度数值是指通过制定的新能源汽车产业政策措施量化标准，对筛选后的政策进行赋值形成单项分值，进一步对各年度进行统计之后的数值，其余数值同理。政策力度与目标和措施二者结合判断协同度，可以弥补单一指标在反映政策内容效度上的缺陷（彭纪生，仲为国，孙文祥，2008）。

（二）变量设计

在两项措施与三项措施组合时，主要以财税措施、规范措施、引导宣传措施、监管保障措施、金融措施中的前4项措施为主进行分析。计算各目标与单一措施之间组合的协同度，得到 $5 \times 6 = 30$ 种目标与单一措施协同度，再对前4项措施进行整合后结合5项目标，得到 $5 \times 6 = 30$ 种目标与两种措施组合后的协同度，以及 $5 \times 4 = 20$ 种目标与三种措施组合后的协同度。表5.17中仅列出在多元线性回归分析中存在显著关系的变量。

表5.17　　　　　　　　　　　变量定义表

变量	含义	变量	含义
TGC	推广应用目标与财税措施协同	JCCGJG	基础设施建设目标与财税、规范、监管措施协同
TGG	推广应用目标与规范措施协同	JCCYJG	基础设施建设目标与财税、引导、监管措施协同
TGY	推广应用目标引导宣传措施协同	JCGYJG	基础设施建设目标与规范、引导、监管措施协同
TGJG	推广应用目标监督保障措施协同	GFC	规范行业发展目标与财税措施协同
TGJR	推广应用目标金融措施协同	GFG	规范行业发展目标与规范措施协同
TGQ	推广应用目标其他措施协同	GFY	规范行业发展目标与引导宣传措施协同
TGCG	推广应用目标与财税、规范措施协同	GFJG	规范行业发展目标与监督保障措施协同
TGCY	推广应用目标与财税、引导措施协同	GFJR	规范行业发展目标与金融措施协同
TGCJG	推广应用目标与财税、监管措施协同	GFQ	规范行业发展目标与其他措施协同
TGGY	推广应用目标与规范、引导措施协同	TSCG	提升质量安全目标与财税、规范措施协同
TGGJG	推广应用目标与规范、监管措施协同	TSCY	提升质量安全目标与财税、引导措施协同

变量	含义	变量	含义
TGYJG	推广应用目标与引导、监管措施协同	TSCJG	提升质量安全目标与财税、监管措施协同
JCC	基础设施建设目标与财税措施协同	TSGY	提升质量安全目标与规范、引导措施协同
JCG	基础设施建设目标与规范措施协同	TSGJG	提升质量安全目标与规范、监管措施协同
JCY	基础设施建设目标与引导宣传措施协同	TSYJG	提升质量安全目标与引导、监管措施协同
JCJG	基础设施建设目标与监督保障措施协同	JSCGY	技术创新目标与财税、规范、引导措施协同
JCJR	基础设施建设目标与金融措施协同	JSCGJG	技术创新目标与财税、规范、监管措施协同
JCQ	基础设施建设目标与其他措施协同	JSCYJG	技术创新目标与财税、引导、监管措施协同
JCCGY	基础设施建设目标与财税、规范、引导措施协同	JSGYJG	技术创新目标与规范、引导、监管措施协同

公安部统计数据显示，截至 2022 年 12 月新能源汽车保有量达 1310 万辆，占全国汽车保有量比重（新能源汽车的市场渗透率）为 4.1%，虽然我国新能源汽车保有量明显增长，但是市场渗透率仍然较低，渗透进程较为缓慢，这也是新能源汽车行业现有的瓶颈之一。由于新能源汽车市场渗透率能代表新能源汽车市场发展环境和评估新能源汽车市场发展水平，所以本书选取全国新能源汽车市场渗透率来代表新能源汽车市场渗透进程。本书利用多元线性回归分析方法分别分析加快推广应用、推动技术创新、完善基础设施建设、规范行业发展、提升质量安全目标与措施的协同度对市场渗透进程的影响。

三、新能源汽车产业政策目标与政策措施协同分析

（一）政策目标与政策措施演变

基于上文的政策目标与措施量化标准对各项政策进行评分，统计得出 2009～2018 年共 102 条国家层级的新能源汽车产业政策分值，具体如表 5.18 所示。

表 5.18   我国新能源汽车产业政策目标和措施各年度分值统计

年份	政策目标					政策措施				
	加快推广应用	推动技术创新	完善基础设施建设	规范行业发展	提升质量安全	财税支持措施	行业规范措施	规划引导措施	监督保障措施	其他措施
2009	8	3	1	5	2	5	7	4	4	0
2010	4	1	1	6	0	6	7	4	2	2
2011	7	3	5	6	7	5	6	8	7	1
2012	27	21	11	19	7	16	18	20	10	9
2013	11	6	6	2	3	8	3	11	2	0
2014	38	9	25	24	9	28	33	23	17	6
2015	34	18	17	43	12	18	40	35	33	3
2016	19	12	10	35	11	9	35	23	19	8
2017	36	16	13	34	18	13	32	34	27	13
2018	36	11	13	29	16	8	27	35	29	5

由表 5.19 可知，2009～2018 年政策目标和措施得分都有提升且总体趋势相同。政策目标在最初只注重单一目标的实现，随着政策陆续出台，体系日益完善，政策均衡地发展各个方面的目标和措施。财税措施开始力度较大，之后其得分呈现递减趋势，但是规范措施、引导宣传措施、监管保障措施、其他措施（惩罚类措施和人事措施）等得分都呈现递增趋势。

从整体看，如图 5.30 所示，2009～2018 年，政策目标和措施的得分都有提升且总体趋势相同。

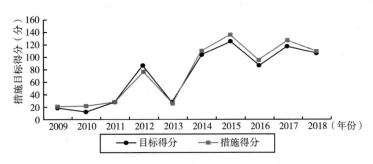

图 5.30   新能源汽车产业政策目标和措施演变分析

具体来看，由于 2009～2012 年新能源汽车推广完成了初步工作，新能源汽车产业开始起步并得到快速发展，2012 年我国相继发布《电动汽车科技发展"十二五"专项规划》以及《节能与新能源汽车产业发展规划（2012—2020 年)》，所以 2012 年总体得分有极大提升。2013 年整体措施得分都下降，主要原因是《能源发展"十二五"规划》和《大气污染防治行动计划》等宏观政策的发布，未出台具有针对性的新能源汽车产业政策。2014 年，中央政府密集出台了各项政策，促使新能源汽车产业整体发展速度和市场需求量有了极大提高，补贴政策落实，充电基础设施产业开始发展，产品技术性能逐步成熟，研发、产业链配套环节壮大，新能源汽车产业发展越来越快速。2015 年我国成为全球最大的新能源汽车市场，在前一年的基础上推广进程加快，但是由于行业中出现企业虚假生产、产品不符合一致性要求等问题，使政府之后的政策导向开始转换，财税措施在政策措施中的占比下降，更多加强了对其他措施的制定。2016 年是下一阶段推广工作的开启之年，这一年更多的是在调整政策方向，未出台具体政策。2017 年是新能源汽车产业由量变向质变转化的一年，优秀企业和产品逐渐出现，2018 年政策各方面制定更加均衡，在前一年基础上平稳发展。

（二）政策目标与措施的协同结果分析

2021 年开始，新能源汽车产业迈向下一阶段，评估产业政策协同状况并在市场渗透视角下总结得出达成相应目标时应使用什么政策措施，对新能源汽车未来产业政策制定提供了方向。由于新能源汽车产业政策措施协同使用并不是越多越好，所以探究不同政策目标下相对应的最佳政策措施组合是非常必要的。在前文对新能源汽车产业政策量化的基础之上，本节进一步对各目标措施进行多元线性回归分析。首先分别对单一措施与单一目标进行多元线性回归分析，然后将两项措施组合后与单一目标进行多元线性回归，最后将三项措施组合后与单一目标进行多元线性回归，后文中只保留措施目标组合中对于新能源汽车市场渗透率有显著影响的结果。模型的可决系数（R^2）均大于 0.9，表明模型的整体拟合程度和解释能力较好。

1. 推广应用目标与措施协同

图 5.31 显示了推广目标与单一措施协同度演变情况，虽然在不同年份波动较大，但总体来看，协同程度呈逐渐上升趋势。具体来看，推广应用目标与财税措施协同度一般，与规范措施的协同度较好，为找到促进新能源汽车市场渗透进程加快的最佳政策组合，进一步做多元线性回归分析。

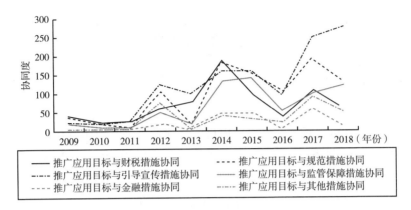

图5.31　推广应用目标与各措施协同的演变分析

从表5.19可以看出，虽然推广应用目标与6项措施（财税措施、规范措施、引导宣传措施、监管保障措施、金融措施和其他措施）的协同对市场渗透效果均产生显著影响，但是也可以看到，推广应用目标与单一财税措施的协同对市场渗透效果产生显著的负向影响。单一使用财税措施的政策激励一定程度上会促使企业营造出推广假象，企业虚假生产、产品不符合一致性要求的问题逐渐出现，单纯使用财税措施并不能达到预期效果。为进一步研究该目标与哪种措施协同使用能产生正向影响，本书将两项措施组合（仅从6项措施中选取前4项措施）后与推广应用目标进行协同研究，结果如表5.20所示。

表5.19　　　　　　推广应用目标与单一措施协同估计结果

项目	自变量 Y（EV – Performance）					
因变量	TGC	TGG	TGY	TGJG	TGJR	TGQ
系数	−0.019515	0.019816	0.015630	−0.012302	−0.003668	−0.013112
T统计量	−16.15	9.83	15.88	−4.59	−0.98	−5.00
P值	0.001	0.002	0.001	0.019	0.015	0.052

注：拟合度 R^2 =0.9980。

表5.20　　　　　　推广应用目标与两项措施组合后的协同估计结果

项目	自变量 Y（EV – Performance）					
因变量	TGCG	TGCY	TGCJG	TGGY	TGGJG	TGYJG
系数	−0.0131	0.0032	0.0005	0.0074	0.0218	−0.0181

项目	自变量 Y（EV – Performance）					
T 统计量	- 1.9	1.31	0.06	3.3	5.52	- 2.83
P 值	0.154	0.281	0.954	0.046	0.012	0.066

注：拟合度 $R^2 = 0.9758$。

从表 5.20 可以看到，推广应用目标与规范措施和引导宣传措施的协同对市场渗透效果产生显著的正向影响；同样，推广应用目标与规范措施和监管保障措施的协同对市场渗透效果也能够产生显著的正向影响。这样的结果强调了该目标与规范措施相结合使用的重要性。

当前我国新能源汽车产业规模已逐渐形成，在共享经济时代，共享汽车、分时租赁出行方式为出行模式带来了变革，在推广的中后期，私人市场的作用尤为重要，在私人应用领域推广应用新能源汽车时应更多地注重"规范＋引导""规范＋监管保障"措施的结合。例如在汽车共享出行的数字化平台方面给予支持，完善分时租赁相关车险产品，对于新能源汽车全生命周期、质量安全进行监督管理，建立质量安全监控平台等。

2. 完善基础设施建设目标与措施协同

图 5.32 显示了完善基础设施建设目标与各措施协同度演变情况，虽然在不同年份波动较大，但总体来看，协同程度呈逐渐上升趋势。具体来看，完善基础设施建设目标与财税措施、规范措施的协同度较好。为找到促进新能源汽车市场渗透进程加快的最佳政策组合，进一步进行多元线性回归分析。

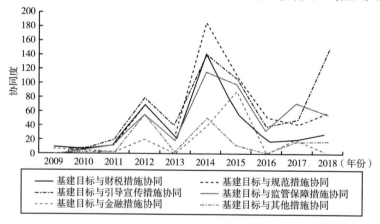

图 5.32 完善基础设施建设目标与各措施协同的演变分析

虽然财税措施与完善基础设施建设目标的协同度较好，但是从表 5.21
可以看到，单一使用财税措施和规范措施与完善基础设施建设目标的协同
对市场渗透效果产生的影响不显著。

表 5.21　　　　　　　基础设施建设目标与单一措施协同估计结果

项目	自变量 Y（EV－Performance）					
因变量	JCC	JCG	JCY	JCJG	JCJR	JCQ
系数	－0.083632	0.032229	0.012491	0.035068	－0.028933	0.021603
T 统计量	－2.47	1.16	2.10	2.04	－2.30	0.88
P 值	0.090	0.330	0.126	0.134	0.105	0.444

注：拟合度 R^2 = 0.9658。

2015 年《国务院办公厅关于加快电动汽车充电基础设施建设的指导意
见》和《电动汽车充电基础设施发展指南（2015—2020 年)》政策发布，
我国充电基础设施建设开始得到重视，运行环境不断优化，基础设施持续
改善，多地出台制定了充电基础设施建设制度，通过资金投入大量建设充
电桩等。但是增加初期的充电桩等多建于非主要充电地段，充电基础设施
质量差、位置布局不合理、互联互通性不强、车桩不兼容、低水平重复建
设等问题无法得到真正的解决。基础设施建设目标需要多措施组合使用以
达到加快市场渗透进程的效果，因此本书进一步将三项措施结合后与目标
进行协同分析，结果如表 5.22 所示。

表 5.22　　　　基础设施建设目标与三项措施组合后的协同估计结果

项目	自变量 Y（EV－Performance）			
因变量	JCCGY	JCCGJG	JCCYJG	JCGYJG
系数	0.0422	0.0079	－0.0692	0.0132
T 统计量	4.43	1.24	－5.48	5.77
P 值	0.007	0.271	0.003	0.002

注：拟合度 R^2 = 0.9190。

从表 5.22 可以看到，基础设施建设目标与财税措施、规范措施和引导
宣传措施的协同对市场渗透效果产生显著的正向影响，基础设施建设目标
与规范措施、引导措施和监管保障措施的协同对市场渗透效果也能够产生
显著的正向影响。也就是说，在"财税＋规范＋引导"或"规范＋引导＋

监管"措施组合方式下可以达到加快市场渗透进程的效果。

充电基础设施产业主要包括充电运营和设备生产两大环节，在充电运营环节中涉及充电基础设施投资、建设、运营和售后服务，包括所有充电服务。根据中国充电联盟统计，截至 2023 年 12 月，公共类充电桩总量为272.6 万台，同比增长 51.7%。其中直流充电桩 120.3 万台，交流充电桩152.2 万台。从 2023 年 1 ~ 12 月，月均新增公共充电桩约 7.7 万台。从2016 年开始，政策重点逐渐由购置环节向运营使用环节转移，在未来进行基础设施完善等硬件建设时，应使用财税措施引导补贴路径从政策转向运营企业充电服务，根据充电量、利用率等发放补贴，防止过度补贴，引导补贴资金更多用于充电基础设施，并且不能忽略对于标准的制定以及对资金使用情况进行监督，通过引导建立监控系统、安全监控平台对充电基础设施安全进行管理，利用大数据技术测量地区充电桩的使用率，优化充电桩总体布局，使消费者使用新能源汽车的便利性提升。

3. 规范行业发展目标与措施协同

从表 5.23 可以看出，规范行业发展目标与监管保障措施的协同对市场渗透效果产生显著的正向影响。经过多年的快速发展，我国已经形成较为成熟的电动汽车标准体系，并且分别在 2009 年、2014 年和 2017 年制定了新能源汽车生产企业及产品准入管理规定，准入门槛逐渐提高并得到完善。但是在消费者使用新能源汽车过程中，仍然出现了各平台收费标准不一等问题，由第三方确定的充电价格远远高于政策规定的价格，过程中产生停车费等使整体的充电成本较高。废旧动力电池全环节技术标准上也有缺失，电池回收尚未建立全国性的回收网络，未形成有效的回收模式，市场有待规范。本书认为，应当建立"企业—地方—国家"三级联网的新能源汽车监管平台，对车辆生产企业生产一致性问题加强事中事后监管，将管理权限逐渐下放给地方，各地方政府平台逐渐发挥市场监管作用，并且建立信息反馈渠道对收费、回收信息及时收集反馈。

表 5.23　　　　规范行业发展目标与单一措施协同估计结果

项目	自变量 Y（EV - Performance）					
因变量	GFC	GFG	GFY	GFJG	GFJR	GFQ
系数	- 0.009895	- 0.001084	- 0.010155	0.021679	- 0.006969	0.023453

项目	自变量 Y（EV – Performance）					
T 统计量	– 1. 35	– 0. 16	– 1. 07	– 3. 59	– 0. 39	2. 33
P 值	0. 270	0. 884	0. 365	0. 037	0. 721	0. 103

注：拟合度 R^2 = 0. 9646。

4. 技术创新目标与措施协同

从表 5. 24 可以看出，技术创新目标与规范措施、引导措施和监管保障措施的协同对市场渗透效果产生显著的正向影响。也就是说"规范 + 引导 + 监管保障"三项措施结合可以实现技术创新目标。

表 5. 24　技术创新目标与三项措施组合后的协同估计结果

项目	自变量 Y（EV – Performance）			
因变量	JSCGY	JSCGJG	JSCYJG	JSGYJG
系数	0. 006955	0. 001397	– 0. 017908	0. 008159
T 统计量	0. 51	0. 20	– 1. 22	2. 87
P 值	0. 634	0. 850	0. 276	0. 035

注：拟合度 R^2 = 0. 9050。

从"三电"技术角度来看，新能源汽车驱动电机和动力电池发展逐渐完善。从 2009 年的国内新能源汽车关键技术领域存在诸多短板，如动力电池单体一致性较差，动力电池关键原材料国产化程度不高，到 2018 年驱动电机产业快速发展，在动力电池性能、成本和寿命、轻量化和充电时间等关键技术指标都提升明显。技术研发总体产业链发展方面，从 2009 年上游的技术研发、产品设计和下游的品牌建设、营销网络、人才培养等方面的发展相对滞后，盲目支持建设导致重复性建设问题严重，经过 2012 年开始对技术创新的初步重视，以及《电动汽车科技发展"十二五"专项规划》《节能与新能源汽车产业发展规划（2012—2020 年）》《关于组织申报 2012 年度新能源汽车产业技术创新工程项目的通知》等一系列政策的制定，坚持"三纵三横"①

---

① "三纵"是指混合动力汽车、纯电动汽车、燃料电池汽车；"三横"是指电池、电机、电控。其中，"电池"包括动力电池和燃料电池；"电机"包括电机系统及其与发动机、变速箱总成一体化技术等；"电控"包括"电转向""电空调""电制动""车网融合"等在内的电动汽车电子控制系统技术。

的基本研发布局，对于动力电池技术开始提出要求，到 2018 年我国对于技术的重视程度不断提升，我国新能源汽车产业相关技术不断完善发展，已取得较大突破。但是总体优质产品供给仍然不足，电池能量密度偏低、智能化水平有待提高，亟须创新突破充电技术，探索可持续的充电服务运营模式。对于装备水平较差的整车和动力电池企业，其在生产一致性和产品质量等方面的差距，仍然需要结合规范措施加以弥补，要持续更新相关标准，同时运用引导措施拓宽融资渠道，加大对于技术的支持，并且在数字经济和智能化视角下，通过新能源汽车大数据采集以及技术手段，做好安全监管工作，建立政策评价框架，加强横向交流与数据共享。

5. 提升质量安全目标与措施协同

从表 5.25 可以看出，提升质量安全目标与规范措施和监管保障措施的协同对市场渗透效果产生显著的正向影响。由于质量安全隐患等问题带来的负面感受是影响消费者效用的最主要原因，从 2009 年开始，越来越多的政策针对安全方面提出了要求。2015 年 8 月，工信部发布《关于开展节能与新能源汽车推广应用安全隐患排查治理工作的通知》，要求生产企业做好安全隐患排查治理工作；2016 年 4 月，国家能源局印发了《关于开展电动汽车充电基础设施安全专项检查的通知》，加强电动汽车基础设施安全管理，对运营企业以及充换电设施进行检查。在之前，新能源汽车市场保有量有限，报废的动力电池较少，动力电池回收利用处于初步阶段，随着新能源汽车保有量增大，动力电池回收利用问题也日益突出。2016 年发布的《电动汽车动力蓄电池回收利用技术政策（2015 年版）》明确了动力电池回收利用工作的内容，2018 年发布的《新能源汽车动力蓄电池回收利用管理暂行办法》推动了我国动力电池全生命周期管理，明确了动力蓄电池回收利用试点和回收利用溯源的管理规定。

表 5.25　　　　提升质量安全目标与两项措施组合后的协同估计结果

项目	自变量 Y（EV – Performance）					
因变量	TSCG	TSCY	TSCJG	TSGY	TSGJG	TSYJG
系数	0.008650	− 0.006000	− 0.013835	− 0.005286	0.005946	0.015664
T 统计量	0.31	− 0.50	− 0.44	− 0.75	3.54	1.81
P 值	0.774	0.654	0.691	0.510	0.038	0.168

注：拟合度 $R^2 = 0.9568$。

随着保有量的快速增长，质量安全的问题仍然存在，并且传统汽车的安全检验制度无法适用于新能源汽车，在使用环节的管理体系、动力电池生产制造管理、动力电池回收和动力电池安全检验、维修项目等方面仍存在较大缺失，这些问题增加了新能源汽车使用环节的安全隐患。本书认为，应当从废旧动力电池收集、存储、运输、处理、再生利用以及最终处置全产业链角度出发，通过使用规范措施，完善动力电池产品的安全准入标准并提高市场准入门槛，加快制定回收利用相关政策和标准，对不合法的回收行为进行惩罚；明确动力电池企业需要将产品质量和安全性放在首位，健全并利用安全监控平台等安全体系对使用过程中出现的安全问题进行收集改进，对车辆生产企业生产一致性问题加强事中事后监管，将管理权限逐渐下放至地方，使各地方政府平台逐渐发挥市场监管作用，并且建立信息反馈渠道将信息及时反馈。

第四节　基于 DSGE 模型的财税政策等要素对新能源汽车产业的影响

我国新能源汽车产业发展迅猛，汽车产销规模与动力电池装机量稳居世界第一，但随着产业发展路径由初期市场规模扩大逐步转向产业高质量发展，新能源汽车产业链各环节发展不平衡的问题日渐突出。政府补贴政策诱发部分新能源车企"骗补"行为，促使政府政策引导财政补贴逐步退坡。2021 年 12 月四部委联合颁布《关于 2022 年新能源汽车推广应用财政补贴政策的通知》，明确 2022 年新能源汽车补贴标准在 2021 年基础上退坡 30%。为促进新能源汽车产业健康发展，现阶段政府政策引导转向财税政策组合调控及"非补贴型"政策完善。2022 年 8 月 18 日国务院常务会议决定延续实施新能源汽车免征车购税等政策，建立新能源汽车产业发展协调机制，坚持用市场化办法，促进整车企业优胜劣汰和配套产业发展，推动全产业提升竞争力①。

---

① 李克强主持召开国务院常务会议 部署推动降低企业融资成本和个人消费信贷成本的措施 加大金融支持实体经济力度等［EB/OL］．（2022 – 08 – 19）［2023 – 12 – 20］．https：//www.gov.cn/premier/2022 – 08/19/content_5706108. htm.

针对新能源汽车产业中长期发展前景，2020 年 11 月国务院印发的《新能源汽车产业发展规划（2021—2035 年）》（下文简称规划）中提出，应充分发挥市场在资源配置中的决定性作用，强化企业在技术路线选择、生产服务体系建设等方面的主体地位，培育模式由政府主导逐步转变为市场主导。同时，该规划强调应提高整车技术创新能力，加快建设共性技术创新平台，鼓励新能源汽车、能源、交通、信息通信等领域跨界协同，保证多元化生产与多样化应用需求。

在新的政策引导下，如何衔接培育模式转变，明确以市场为主体的培育模式发展路径是未来新能源汽车产业发展具有较大现实意义的宏观议题。新能源汽车产业培育模式转变受政府扶持政策及供需两侧结构调整等举措共同影响，应从宏观角度分析不同调整对于产业经济的影响。因此，本书通过一个动态随机一般均衡模型将产业财税政策、技术进步与消费者偏好作为外生冲击，研究外生冲击对新能源汽车产业供需结构相关经济变量的影响，对新能源汽车产业未来发展路径提出建议。

近年来新能源汽车产业政策效用评估及政策间协同分析一直是学术界的热点问题。现有文献肯定了出台补贴政策对新能源汽车产业推广的积极作用，但针对市场培育模式转变背景下政府如何优化政策设计，学者们给出了不同的意见。部分学者认为应优化财税政策组合调控机制。韩纪琴和余雨奇（2021）通过多元线性回归模型研究了政策补贴、研发投入和新能源汽车企业创新绩效之间的影响，认为在财政补贴逐年退坡这一政策阶段，应实施更具针对性的补贴政策以推动资源合理配置。刘相锋和吴颖婕（2021）通过构建异质性随机前沿模型并借助断点回归法分析补贴退坡政策对新能源车企生产技术水平的影响，认为随着新能源汽车产业发展日益健全，应合理规划补贴退坡机制并优化引导消费者行为相关措施。李文鹣等（2021）通过构建以整车企业与电池企业为主体的演化博弈模型，讨论了研发补贴、税收优惠、双积分等多政策配合对新能源汽车市场的牵引效果，认为应施加较高的研发补贴和适度的税收政策优惠才能彰显财税政策配合的优势。

另有学者研究认为，新能源汽车产业财税政策相对成熟，在以市场为主体的培育模式下，政府应更注重非货币型政策及政策体系协同与完善。熊勇清和刘徽（2022）通过建立双重差分模型分析了"非补贴型"政策中

"路权优先"与"充电保障"政策实施力度，发现"非补贴型"政策可以作为补贴退坡后的重要政策支撑。李晓敏等（2022）以时间序列和误差修正模型对四类新能源汽车产业政策工具进行量化研究，认为政府应更重视非货币性政策作用。何源等（2021）将新能源汽车产业政策分解后与产业链对应环节进行匹配并建立耦合协调度模型，从"政策领域—时间维度"双重视角测度了新能源汽车产业政策央地协同度，认为中央与地方政府针对新能源汽车产业制定的政策措施协同水平不一，应优化产业政策顶层设计。叶瑞克等（2022）以四维度构建新能源汽车产业"内源驱动"模型，选取十二个代表性城市进行实证分析，研究认为，从长期看应更重视产业配套政策、基础设施建设、财税政策组合调控，提升各维度之间的耦合协调度。

DSGE 模型常用于讨论财税政策工具，并依据各经济主体在利益最大化原则下的决策对未来经济发展作出合理预测，近年来在学术界得到了广泛应用：杨羽和谷任（2020）参考亚科维埃洛（Iacoviello，2005）将代表性家庭进行流动性约束区分，探讨了不同种类外生冲击下房地产市场的宏观审慎政策规则选择问题。晃江锋等（2019）通过 DSGE 模型探究了耐用品与非耐用品价格、税率及消费者偏好调整对于居民消费结构的影响。王任等（2021）在 DSGE 模型中引入成品油部门并将原油库存作为预期冲击，研究了征收原油税对环境经济及企业行为的影响。杨克贲等（2021）构建了预期调控模式和债务反馈机制的 DSGE 模型，讨论了新冠疫情背景下财政政策的组合策略。张翠翠等（2022）基于 DSGE 模型研究了劳动力及全要素生产率冲击下减税政策对宏观经济的影响，发现组合型减税政策相对于单一减税政策可带来更多的社会福利。肖伯文等（2022）将新冠疫情作为巨灾冲击引入 DSGE 模型，对比了政府"一揽子""两新一重""绿色两新一重"三种经济复苏政策组合对宏观经济复苏的影响。王胜等（2021）对比了数量型与价格型货币政策，以研究"疫情补贴"政策对中国经济的适配性。

以上文献中关于新能源汽车产业政策效力与产业政策协同问题的研究为后续研究的开展奠定了很好的基础，但仍存在以下几个方面的不足：第一，大多数研究以作为政策制定者的政府为主视角，探讨政策制定对于新能源汽车产业发展的影响，忽略了居民及新能源汽车产业链相关厂商等部门基于自身利益最大化考量而依据政策作出的理性行为。第二，仅通过实证研究单一政策或异质性政策协同对新能源汽车产业发展的影响，忽略了多种政策工具协同效应致使不同经济主体预期决策发生变化，从而使得实际产业政策效用与预期发生的偏离。第三，仅分析政策对产业发展的影响，对目前正处培育模式变革下的新能源汽车产业而言视角过于单一。

本节针对上述不足，构建了一个包含代表性家庭、普通消费品部门、新能源汽车零部件生产商（中间品厂商）、新能源汽车整车厂（最终品生产厂商）、政府五部门的 DSGE 模型，通过研究"补贴退坡"政策、"税收减免"政策、生产技术进步及消费者偏好四种冲击对居民消费、新能源汽车产业供需结构等的影响，同时基于 DSGE 模型的预测作用分析新能源汽车产业未来发展路径。

本节在研究上，改进了现有研究聚焦于政府视角讨论政策设计，忽略产业链相关企业及需求侧决策的不足，研究以市场为主体的培育模式下新能源汽车产业各经济主体基于不同冲击产生的脉冲，以相应分析冲击作用机理及冲击力度对各部门产生影响的差异度。在模型构建问题上，依据现实中新能源汽车产业零部件厂"三电"核心部件之间存在产品异质性，引入垄断竞争市场。依据新能源汽车以续航里程不同提供补贴的实际情况，以中间品生产补贴形式将政府财政补贴纳入模型。考虑政府对消费者的税收减免政策、新能源汽车核心零部件生产技术进步及消费者需求偏好等冲击对新能源汽车产业宏观经济变量的影响，为新能源汽车产业市场培育模式转变提出建议。

一、模型构建

（一）代表性家庭

每一期家庭对一般消费品及新能源汽车消费及对两种不同类型生产部门提供劳动与资本进行决策，实现终生效用最大化：

$$\max_{C_t^{NC}, L_t^{NC}, I_t^{NC}, C_t^{NEV}, L_t^{NEV}, I_t^{NEV}} U = E_0 \left\{ \sum_{t=0}^{\infty} \beta^t \left[\gamma \ln C_t^{NEV} + \ln C_t^{NC} - \frac{L_t^{NC1+\chi}}{1+\chi} - \frac{L_t^{NEV1+\chi}}{1+\chi} \right] \right\}$$

$$(5-30)$$

$$s.t. \ P_t^{NEV} C_t^{NEV} (1 + \xi_t^{NEV}) + C_t^{NC} (1 + \xi_t^{NC}) + P_t^{NEV} I_t^{NEV} + I_t^{NC}$$

$$= W_t L_t + R_t^k K_t + G_t + \pi_t^{LBJ}$$

$$(5-31)$$

$$K_t^{NEV} = (1 - \delta^{NEV})K_{t-1}^{NEV} + I_t^{NEV} \qquad (5-32)$$

$$K_t^{NC} = (1 - \delta^{NC})K_{t-1}^{NC} + I_t^{NC} \qquad (5-33)$$

式（5-30）为代表性家庭的 t 期最大化效用加总函数；β^t 为 t 期效用贴现因子，C_t^{NEV} 为新能源汽车 t 期消费；C_t^{NC} 为普通消费品 t 期消费效用，L_t^{NEV} 为 t 期提供给新能源汽车中间品厂商的劳动；L_t^{NC} 为 t 期提供给普通消费品厂商的劳动；χ 为弗里希劳动供给弹性倒数；γ 为新能源汽车消费者偏好冲击，服从式（5-34）AR（1）过程，其中 $\tilde{\gamma}$ 为外生冲击稳态：

$$\ln\gamma_t = (1 - \rho_\gamma)\ln\tilde{\gamma} + \rho_\gamma\ln\gamma_{t-1} + \varepsilon_{\gamma,t}, \varepsilon_{\gamma,t} \sim N(0,\sigma_\gamma^2) \qquad (5-34)$$

式（5-31）为居民预算约束，等式左边为当期支出，右边为当期收入；I_t 为代表性家庭投资，P_t^{NEV} 为新能源汽车价格，为 t 期新能源汽车购置税率；ξ_t^{NC} 为 t 期普通消费品消费税率，本书仅考虑新能源汽车税收政策冲击对此经济系统的影响，因此假设普通消费品税率为静态参数，普通消费品部门与新能源汽车部门劳动工资及资本租金率数值相同；W_tL_t 为劳动收入工资；$R_t^kK_t$ 为租金收入；G_t 为政府给予代表性家庭的转移支付；π_t^{LBJ} 为中间品厂商上交给家庭的利润；ξ^{NEV} 服从式（5-35）AR（1）过程：

$$\ln\xi_t^{NEV} = (1 - \rho_\xi)\ln\tilde{\xi} + \rho_\xi\ln\xi_{t-1}^{NEV} + \varepsilon_{\xi,t}, \varepsilon_{\xi,t} \sim N(0,\sigma_\xi^2) \qquad (5-35)$$

假定代表性家庭对存在垄断竞争的新能源汽车零部件厂商（中间品生产商）及普通消费品生产商同时投入资本并付出劳动，服从式（5-36）与式（5-37）：

$$K_t = K_t^{NC} + K_t^{NEV} \qquad (5-36)$$

$$L_t = L_t^{NC} + L_t^{NEV} \qquad (5-37)$$

式（5-32）式与式（5-33）分别为新能源汽车零部件厂及一般消费品部门资本积累方程，δ^{NEV} 与 δ^{NC} 分别为两种消费品部门的资本折旧率。

（二）一般消费品部门

本书设定一般生活消费品无需购买中间品，直接根据生产要素进行一般消费品生产，其通过资本及劳动要素的投入决定产出，通过决定一般消费品价格实现自身利润的最大化：

$$\max_{L_t^{NC}, K_t^{NC}} \pi_t^{NC} = Y_t^{NC} - W_t L_t^{NC} - R_t^k K_t^{NC} \qquad (5-38)$$

$$s.t. \ Y_t^{NC} = K_t^{NC\lambda_{NC}} L_t^{NC1-\lambda_{NC}} \qquad (5-39)$$

式（5-38）为普通消费品部门利润最大化函数，式（5-39）为一般消费品部门生产函数，Y_t为一般消费品产出，K_t^{NC}为家庭对于新能源汽车产业资本要素投入，L_t^{NC}为家庭对于新能源汽车产业劳动要素投入，λ_{NC}为资本产出弹性。

（三）新能源汽车零部件生产商（中间品生产商）

目前新能源汽车零部件核心为"三电"，即电池、电机、电控，不同新能源汽车零部件生产商产出的"三电"核心部件存在较大差异，因此本书依据现实情况将新能源汽车零部件市场视为垄断竞争市场，不同厂商生产的中间品间存在替代弹性。零部件部门同样通过资本及劳动要素投入决定零部件产出，并设定零部件价格，以实现利润最大化：

$$\max_{P_t^{LBJ}, L_t^{NEV}, K_t^{NEV}, Y_t^{LBJ}} \pi_t^{LBJ} = (1 + F_t) P_t^{LBJ} Y_t^{LBJ} - W_t L_t^{NEV} - R_t^k K_t^{NEV} \qquad (5-40)$$

$$s.t. \ Y_t^{LBJ} = A_t K_t^{NEV\lambda_{NEV}} L_t^{NEV1-\lambda_{NEV}} \qquad (5-41)$$

$$\ln F_t = (1 - \rho_F) \ln \tilde{F} + \rho_F \ln F_{t-1} + \varepsilon_{F,t}, \varepsilon_{F,t} \sim N(0, \sigma_F^2) \qquad (5-42)$$

$$\ln A_t = \rho_A \ln A_{t-1} + \varepsilon_{A,t}, \varepsilon_{A,t} \sim N(0, \sigma_A^2) \qquad (5-43)$$

式（5-40）为利润最大化函数，P_t^{LBJ}为新能源汽车零部件售价，Y_t^{LBJ}为新能源汽车零部件产出。式（5-41）为新能源汽车零部件生产商的柯布-道格拉斯生产函数，K_t^{NEV}为中间品厂商的资本要素投入，L_t^{NEV}为新能源汽车零部件厂商的劳动要素投入，λ_{NEV}为资本的产出弹性。F_t为政府给予新能源汽车零部件厂商的研发补贴，服从式（5-42）AR（1）过程。A_t为新能源汽车零部件全要素生产率，服从式（5-43）AR（1）过程。

（四）新能源汽车整车厂（最终品部门）

新能源汽车整车厂通过购买汽车零部件组装成为新能源汽车，并将新能源汽车作为最终品出售给家庭部门：

$$\max_{Y_t^{LBJ}} \pi_t^{NEV} = P_t^{NEV} Y_t^{NEV} - P_t^{LBJ} \int_0^1 Y_t^{LBJ} dj \qquad (5-44)$$

$$s.t.\ Y_t^{LBJ} Y_t^{NEV} = \left[\int_0^1 Y_t^{LBJ\frac{e-1}{e}} dj \right]^{\frac{e-1}{e}} \tag{5-45}$$

式（5-44）为新能源汽车整车厂利润最大化函数，整车厂通过决定对零部件厂生产的中间品投入以最大化自身利润，Y_t^{NEV} 为新能源汽车产出。式（5-45）为新能源汽车整车厂的 CES 生产函数，将新能源汽车零部件厂商生产的零部件组装为新能源汽车；e 为不同零部件厂商生产汽车零部件的替代弹性，趋于无穷大时为完全替代品，趋于零时为完全互补品。

（五）政府部门

假设政府部门为非营利部门，将所有收到的税款全部用于转移支付及政府补贴。

$$P_t^{NEV} C_t^{NEV} \xi_t^{NEV} + C_t^{NC} \xi_t^{NC} = G_t + F_t P_t^{LBJ} Y_t^{LBJ} \tag{5-46}$$

（六）市场出清

新能源汽车及一般消费品满足市场出清，总供给与总需求相同。

$$Y_t^{NEV} + Y_t^{NC} = C_t^{NEV} + C_t^{NC} + I_t^{NEV} + I_t^{NC} \tag{5-47}$$

二、模型求解

运用家庭部门的效用最大化函数及约束条件，构建拉格朗日函数式（5-48），其中 λ_t 为拉格朗日乘子：

$$\max_{C_t^{NC},L_t^{NC},I_t^{NC},C_t^{NEV},L_t^{NEV},I_t^{NEV}} U = \left\{ \begin{aligned} &\sum_{t=0}^{\infty} \beta^t \left[\gamma_t \ln C_t^{NEV} + \ln C_t^{NC} - \frac{L_t^{NC1+\chi}}{1+\chi} - \frac{L_t^{NEV1+\chi}}{1+\chi} \right] \\ &+ \lambda_t \left\{ \begin{aligned} &W_t L_t + R_t^k K_t + G_t + \pi_t^{LBJ} + \pi_t^{NEV} \\ &- P_t^{NEV} C_t^{NEV}(1+\xi_t^{NEV}) \\ &- C_t^{NC}(1+\xi^{NC}) - P_t^{NEV}[K_t^{NEV} \\ &- (1-\delta^{NEV})K_{t-1}^{NEV}] \\ &- [K_t^{NC} - (1-\delta^{NC})K_{t-1}^{NC}] \end{aligned} \right\} \end{aligned} \right. \tag{5-48}$$

家庭部门一阶最优条件如式（5-49）~式（5-54）所示：

$$\frac{\gamma_t}{C_t^{NEV}} = \lambda_t P_t^{NEV}(1 + \xi_t^{NEV}) \tag{5-49}$$

$$\frac{1}{C_t^{NC}} = \lambda_t(1 + \xi_t^{NC}) \tag{5-50}$$

$$\lambda_t W_t = L_t^{NC\,\chi} \tag{5-51}$$

$$\lambda_t W_t = L_t^{NEV\,\chi} \tag{5-52}$$

$$E_0\beta\lambda_t[R_t^k + P_t^{NEV}(1 - \delta^{NEV})] = \lambda_t P_{t-1}^{NEV} \tag{5-53}$$

$$E_0\beta\lambda_t[R_t^k + (1 - \delta^{NC})] = \lambda_{t-1} \tag{5-54}$$

一般消费品厂商一阶最优条件如式（5-55）和式（5-56）所示：

$$R_t^k = \lambda_{NC}K_t^{NC\,\lambda_{NC}-1}L_t^{NC\,1-\lambda_{NC}} \tag{5-55}$$

$$W_t = (1 - \lambda_{NC})K_t^{NC\,\lambda_{NC}}L_t^{NC\,-\lambda_{NC}} \tag{5-56}$$

新能源汽车整车厂一阶最优条件如式（5-57）所示：

$$Y_t^{LBJ} = \left(\frac{P_t^{LBJ}}{P_t^{NEV}}\right)^{-e} Y_t^{NEV} \tag{5-57}$$

新能源汽车零部件厂商一阶最优条件如式（5-58）和式（5-59）所示：

$$\frac{R_t^k}{P_t^{NEV}} = \left(\frac{eF - 1}{e}\right)\lambda_{NEV}K_t^{NEV\,\lambda_{NEV}-1}L_t^{NEV\,1-\lambda_{NEV}} \tag{5-58}$$

$$\frac{W_t^k}{P_t^{NEV}} = \left(\frac{eF - 1}{e}\right)(1 - \lambda_{NEV})K_t^{NEV\,\lambda_{NEV}}L_t^{NEV\,-\lambda_{NEV}} \tag{5-59}$$

三、参数校准与估计

本书相关参数主要可以分为静态参数与动态参数两个部分，静态参数主要通过已有文献及以及近年来中国经济发展情况校准，动态参数则通过贝叶斯估计获取。

（一）静态参数校准

本书设定以下静态参数：主观贴现因子 β，劳动供给弹性的倒数 χ，新能源汽车产业折旧率 δ^{NEV}，普通消费品产业折旧率 δ^{NV}，普通消费品部门生产函数资本替代弹性 λ_{NC}，新能源汽车零部件厂生产函数资本替代弹性 λ_{NEV}，新能源汽车零部件替代弹性 e，普通消费品消费税 ξ^{NC}。这些参数校准后取值如表 5.26 所示。

表 5.26　　　　　　　　　　静态参数估计

参数名称	参数符号	取值	来源
主观贴现因子	β	0.94	晁江锋等（2019）
劳动供给弹性的倒数	χ	3	胡永刚，郭新强（2012）
新能源汽车产业折旧率	δ^{NEV}	0.075	赵雨涵，宋旭光（2017）
普通消费品产业折旧率	δ^{NC}	0.025	黄赜琳，朱保华（2015）
普通消费品部门生产函数资本替代弹性	λ_{NC}	0.5	张博等（2021）
新能源汽车零部件厂生产函数资本替代弹性	λ_{NEV}	0.55	许志伟，林仁文（2011）
新能源汽车零部件替代弹性	e	6	朱军等（2018）
普通消费品消费税	ξ^{NC}	0.06	周波，王健（2021）

（二）动态参数估计

模型中新能源汽车产业相关财政政策冲击的持续性参数使用了贝叶斯估计模拟数值。本书选取了 2013 ~ 2020 年中国汽车制造业年度产出数据作为观测变量，在数据转频后利用 x12 方法剔除季节性趋势，再取对数后以 HP 滤波剔除宏观经济数据的内生增长趋势，用于贝叶斯估计。本书使用 HM 算法随机抽样 20000 次，结果如表 5.27 所示。

表 5.27　　　　　　　　　　贝叶斯估计结果

参数	先验分布	先验均值	后验均值	90% 置信区间	
ρ_F	Beta	0.5	0.5000	0.4833	0.5155
ρ_ξ	Beta	0.5	0.4999	0.4827	0.5173
ρ_A	Beta	0.7	0.7006	0.6830	0.7212
ρ_γ	Beta	0.7	0.7054	0.6878	0.7212
$\varepsilon_{F,t}$ 方差	Inv Gamma	0.1	0.0573	0.0247	0.0895
$\varepsilon_{\xi,t}$ 方差	Inv Gamma	0.1	0.0900	0.0252	0.1753
$\varepsilon_{A,t}$ 方差	Inv Gamma	0.1	0.0301	0.0206	0.0402
$\varepsilon_{\gamma,t}$ 方差	Inv Gamma	0.1	0.5152	0.4203	0.6226

四、冲击动态效应及其敏感性分析

笔者首先利用 MATLAB 2021a 中 Dynare5.1 工具箱对此封闭经济体进行动态冲击模拟，通过脉冲响应图分析各外生冲击对于新能源汽车产业宏观经济变量的影响；然后针对财税政策冲击进行敏感性分析，预测不同政策冲击力度对新能源汽车产业供需两端带来的变化；最后分析各冲击复合后的协调效应。

（一）补贴政策动态效应及补贴退坡敏感性分析

图 5.33 为补贴政策冲击对新能源汽车产业居民消费、劳动、产出、资本、工资、资本租金及投资的脉冲响应。依据特斯拉、比亚迪等品牌整车售价及实际补贴金额等比例换算，给予 3.5% 补贴正向冲击，本书将补贴设置于新能源汽车零部件厂商。

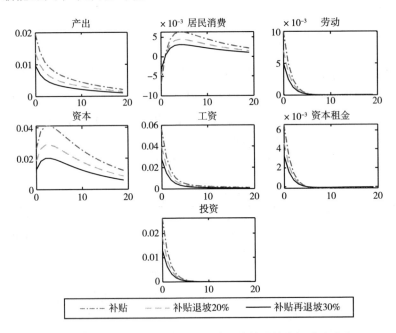

图 5.33 补贴政策动态效应及补贴退坡敏感性分析脉冲响应

由脉冲响应图 5.33 可知，生产补贴冲击首先作用于供给侧。3.5% 生产补贴提高了新能源汽车零部件厂商利润，激励新能源汽车零部件厂商扩大生产，从而使新能源汽车产出提高0.02单位。短期内新能源汽车供过于求，在市场供求机制影响下当期居民新能源汽车消费减少，但经调整后供求均衡点发生改变，随即消除了前两期居民新能源汽车消费负面影响，此后居民新能源汽车消费持续增长。消费增长给予新能源汽车产业链更多利润，因此从长期视角看，给予新能源汽车产业生产端补贴使得产业劳动、工资、投资及资本租金均呈现上升趋势。

依据2021年12月《关于2022年新能源汽车推广应用财政补贴政策的通知》明确的2022年新能源汽车补贴标准在2021年基础上退坡30%，及往年新能源汽车推广应用财政补贴逐年退坡20%等客观事实，本书对设置于生产端的新能源汽车补贴关键参数进行敏感性分析。

如图5.33补贴逐步退坡两阶段与原有生产端3.5%补贴相比较，补贴退坡会降低政策对供需两侧的正向刺激作用。生产端补贴退坡20%，补贴政策作用机制虽未改变，但受实际补贴金额减少的影响，新能源汽车零部件生产获得的促进效用减弱。产出减少传导至需求侧，当期因短期市场供求关系带来的居民消费负效应相对缓和，但因供求均衡点移动绝对值减少，后续对居民新能源汽车消费促进作用的峰值减小，持续性减弱。在补贴退坡20%基础上再退坡30%，其对供需两侧影响相似，但负面效应因退坡实际金额减少而逐步减弱。补贴退坡政策缓和了供求两侧因政府扶持力度减少的影响，给予了生产端较长且相对缓和的适应时间。

由上述分析可知：补贴政策对新能源汽车产业发展具有持续性较长的正向效应，产业发展初期政府给予生产端补贴有一定的必要性。补贴退坡政策初期会使新能源汽车产业经历转型"阵痛期"，但随着补贴退坡金额绝对值逐年减少，产业受到的影响也越来越小。补贴退坡政策使新能源汽车产业在产业培育模式转变的背景下获得了较长的"适应期"。综上所述，补贴退坡初期应将退坡额度在合理区间内尽量降低，避免产业升级转型"硬着陆"，后期可将退坡比例逐年升高，直至补贴完全退坡，实现政府针对新能源汽车产业培育方式逐步转变。

（二）税收减免政策动态效应及减免力度敏感性分析

图5.34为税收减免政策对各宏观经济变量的脉冲响应。本书将关键

参数设置于居民消费侧，对应新能源汽车产业车辆购置税减免政策。由图5.34可知，税收减免政策首先作用于需求侧。当期居民对新能源汽车产业消费增加0.2单位，居民消费获得较大刺激。由居民部门效用最大化函数可知，消费带来的正面效用使得居民有更多精力劳动，故税收政策能带来持续性较长的居民劳动增加。然而居民劳动量增加并不能带来生产效率提升，故新能源汽车产出在经历由供求关系带来的短暂提升后会产生一定程度的负面效应，产出减少会减弱居民对新能源汽车产业的投资信心。产业投资减少加之新能源汽车产业资产折旧率远高于普通消费品，产业资本存量也因此经受负面冲击。车辆购置税减免政策提升了居民消费，但对产业长期发展刺激作用不明显。

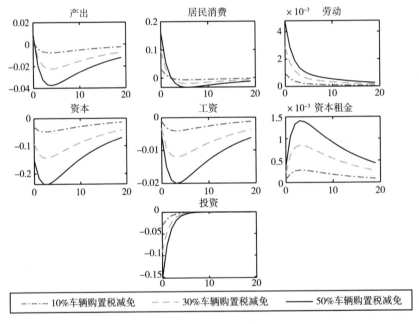

图5.34 税收减免政策动态效应及敏感性分析脉冲响应

依据2022年8月国务院会议决议对新能源汽车产业现有车辆购置税减免政策延续及对未来政府产业扶持力度逐步减弱的猜想，本书设置10%、30%、50%的新能源汽车车辆购置税减免，以研究税收减免比例对于消费端刺激程度的差异。依据敏感性分析可知，随着税收减免比例的降低，其对居民消费的刺激作用大幅削弱，当购置税减免处于较低区间如图5.34中

10%车辆购置税减免情况下，消费端将难以获得足够刺激，生产端却受到了负面影响，车辆购置税减免政策作用机制失效。

综上所述，车辆购置税减免政策以刺激需求侧作为主要目标，通过购车成本减少以提振居民消费信心，改善消费者产业认知，为以市场为主导的新能源汽车产业培育模式做好铺垫。若政府将车辆购置税减免作为短期政策，政策退坡会使消费端刺激作用迅速减弱，同时生产端也会产生一定程度负效应。税收减免比例较低会使得政策刺激作用机制失效，反而对生产侧造成负效应。因此，税收减免政策可作为中长期政策持续执行，同时税收减免比例不能过低。未来车辆购置税减免政策退坡时应设置合理区间，以免在消费端刺激作用不明显的同时使生产端受较大冲击。

（三）财税政策组合协调效应

本书通过复合冲击形式将财政补贴政策及10%车辆购置税减免政策作为财政政策组合，与单一财税政策对比新能源汽车产业宏观经济作用机制差异及各政策效力。图5.35为财税政策组合冲击脉冲响应。对比单独施行

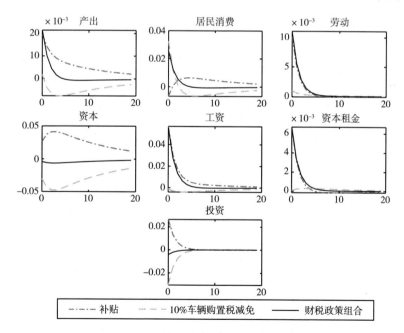

图 5.35　财税政策组合协调效应脉冲响应

各财税政策，政策组合可以弥补由车辆购置税减免政策引起的生产端投资及资本存量减少等负面效应，在刺激居民消费的同时确保新能源汽车产业规模增长，同时抵消生产端补贴政策施行当期短期供求关系波动造成的居民新能源汽车消费减少。依据经济形势制定并调控财税政策组合，可在调整产业结构的同时改善供需关系，明显优于单一的补贴或税收政策。

在当前背景下，政府可逐步减弱财税政策扶持力度，实现以市场为主体的产业培育模式转变，结合当前国情适当刺激居民新能源汽车消费，在合理区间内设置财税政策组合调控供需结构，实现产业转型期社会福利最大化。

（四）生产技术进步冲击动态效应

考虑到政府在产业调整期会逐步减小财税政策扶持力度，本书进一步研究以市场为主体的培育模式下新能源汽车产业发展路径。技术创新是产业健康发展的重要途径，本书将生产技术进步量化，给定1%正向生产技术进步冲击，探究新能源汽车零部件厂商生产技术进步对产业供需结构调整作用机制及影响效果。图5.36为新能源汽车零部件厂生产技术进步冲击的脉冲响应。

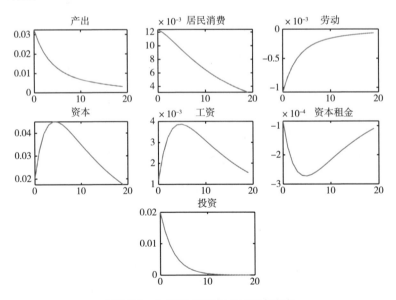

图5.36　生产技术进步冲击脉冲响应

依据针对零部件厂商设置的柯布－道格拉斯生产函数，生产技术进步带来的积极影响首先作用于供给侧。技术进步提高了企业生产效率和总产出，更多优质新能源汽车可用于居民消费，进而提高新能源汽车市场占有率，一定程度上可倒逼充电桩等产业配套基础设施建设。产业加速发展能提高居民对新能源汽车产业的投资信心，新能源汽车产业资本存量因投资增加而持续增长。与生产端补贴政策相比，技术进步对供给侧产出、投资、资本存量增长均优于补贴政策，新能源汽车产业实现以市场主导的可持续发展。

对需求侧而言，生产技术进步提高了劳动效率，居民劳动时间缩短。依据家庭部门效用最大化函数，劳动时间减少降低了劳动带来的负效用，居民有更多资金可用于新能源汽车消费及投资，家庭部门资源配置得到优化。与生产端补贴政策不同，技术进步在提高产量的同时提高了产品质量，在冲击当期即对需求侧居民消费起到了持续性较长的促进作用。

由上述分析可知，生产技术进步能同时优化供需双侧结构，且效果优于政府财政扶持。企业在以市场为主体的培育模式下，应将企业自身生产技术进步作为新能源汽车产业发展的核心要素。目前我国新能源汽车产业处于"弯道超车"阶段，企业应聚焦于新能源汽车"三电"及车规级芯片如 IGBT 等关键核心技术，突破技术壁垒，形成自主可控的完整产业链。

（五）消费者偏好冲击动态效应

为探究以市场主导的培育模式下新能源汽车产业发展路径，本书引入与车辆购置税减免政策作用机制相似的消费者偏好冲击，探究新能源车企改进服务体验、政府出台"非补贴型"政策引起的消费者偏好提升对于新能源汽车产业发展作用机制及效力，图 5.37 为消费者偏好提升对宏观经济造成动态影响的脉冲响应。

消费者偏好提升主要作用于需求端，与车辆购置税减免政策类似。相对于 50% 的新能源汽车车辆购置税减免，消费者偏好提升对于需求端的消费刺激作用峰值较不明显，但消费刺激持续性长，需求增长传导至供给侧，新能源汽车总产出增加。消费者偏好冲击消失后供给侧产业发展与车辆购置税减免政策退坡负面效应类似，其持续性相对更长。

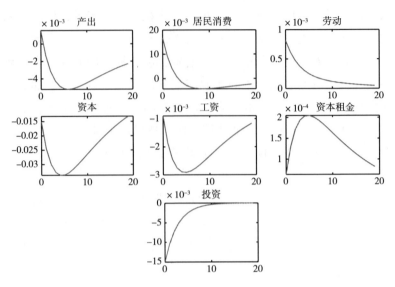

图 5.37　消费者偏好动态效应脉冲响应

由上述分析可知，随着产业日趋成熟，市场培育模式转变及受新冠疫情影响，居民消费减少的背景下，提升消费者偏好可以在一定程度上替代车辆购置税减免政策，政府和企业应注重提升消费者偏好的可持续性，如完善新能源汽车配套设施建设，设置"非补贴型"产业优惠政策等。

（六）财税政策、生产技术进步及消费者偏好动态效应分析

结合现阶段产业培育模式现状，本书将政府财税政策、生产技术进步、消费者偏好等冲击复合，探究"政策—市场"双重驱动下新能源汽车产业发展前景，图 5.38 为财税政策组合、生产技术进步及消费者偏好以及其相结合后的动态效应脉冲响应。

在新能源汽车产业发展初期及成长期，政府财税扶持对新能源汽车产业发展起到了较好的引导作用，财税政策组合可根据国情在合理区间内调整，实现供需两侧结构优化。但未来财政扶持政策逐步退坡情况下，可能导致居民对于新能源汽车产业投资信心降低，产业投资与资本存量遭受一定负面冲击。出于现实中部分新能源车企"骗补"行为及产业发展前景考虑，政府应逐步减少财政扶持力度，将政策设计宗旨由扶持逐步转变为体系完善，强化企业在产业发展中的带头作用。

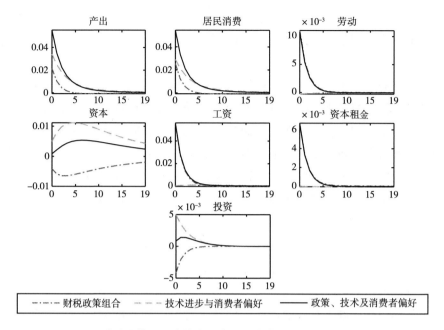

图 5.38　财税政策、生产技术进步及消费者偏好动态效应脉冲响应

以市场为主体的产业培育模式下，技术进步与消费者偏好提升相较于政府财税扶持政策，其带来的居民消费信心提升、生产效率及总产出增加均呈现更优效果。1% 生产技术进步与 1% 消费者偏好提升能带来相较于财税政策组合 1.59 倍产出增加、1.14 倍居民消费增长，同时提振居民对新能源汽车产业投资信心。技术进步带来的社会福利优于政府财税扶持，应作为产业发展核心要义。近年来受新冠疫情影响及国际环境影响，我国居民消费略有低迷，消费者偏好提升也应作为产业发展重要路径之一。

"政策—市场"双重驱动的培育模式组合调控下，技术进步与消费者偏好提升进一步弥补了财税政策负面效用，新能源汽车产业供需结构得到最大优化，全社会福利水平亦处于最优状态。由上述分析可知，在当前产业背景下，采取"政策—市场"双重驱动的培育模式是当前最佳的产业发展路径，但未来产业发展应选择以企业为主体、市场为主导的产业培育模式。

五、政策建议

本书通过构建一个包含新能源汽车产业财政补贴退坡政策、车辆购置税减免政策、产业生产技术进步及消费者偏好提升四种外生冲击的动态随机一般均衡模型，研究了在新能源汽车产业培育模式转变下各种举措对我国新能源汽车产业的动态影响机制，定量分析了补贴退坡力度与车辆购置税减免力度等政策对新能源汽车产业发展的影响，探讨了以市场为主导的培育模式下政府针对新能源汽车产业发展的着眼点及政策优化设计。本书主要结论及建议如下：

第一，政府针对新能源汽车产业生产段补贴对供给侧初期及成长期发展起到了较为理想的促进作用，短期内需求侧消费由于供给关系波动短暂被抑制，但由于供求关系均衡点变动很快转变为促进作用。补贴逐年退坡政策初期对新能源汽车产业产生一定负面影响，但是随着退坡比例逐年增加，其退坡金额绝对值减小，对产业负面影响也逐年减少。车辆购置税减免政策能在短期内刺激居民消费，但对于扩大产业资本存量与发展规模不利。较高比例的新能源汽车车辆购置税减免对需求端消费刺激效果更好。结合当前国情，为促进居民新能源汽车消费，政府可以考虑将新能源汽车车辆购置税减免政策作为中长期产业发展政策之一，且在合理区间内适当提高税收减免比例。财税政策组合可弥补单一财政政策缺陷，未来政府在减弱财税政策扶持力度的同时可根据实际经济情况合理设置退坡区间，以实现产业培育模式平稳转型。

第二，产业生产技术进步不仅对新能源汽车产业供需两侧都起到积极作用且持续性较长。相较于其他三种举措，生产技术进步带来的社会福利最大，因此在新能源汽车产业培育模式转变背景下应着眼于其关键核心技术，比如电池、电机、电控制造技术，政府可构建企业合作机制，引导产业链上下游协作建立一定规模的新能源汽车产业集群，实现新能源汽车产业关键核心技术突破。

第三，消费者偏好对需求端的促进作用与车辆购置税减免政策类似，效果相对车辆购置税减免政策较差，但持续性较好。提升消费者偏好可以作为车辆购置税减免政策退坡后刺激消费端的替代举措。政府可联合新能源汽车产业链上下游企业完善基础设施建设，比如充电桩、充电站、换电站的建设，或完善"路权优先"及"上牌优惠"等政策。新能源车企可注重加快配套设施建设或加强服务体系建设。

在"政策—市场"双重驱动的培育模式组合调控下，新能源汽车产业发展处于最优状态。随着新能源汽车产业逐步渡过成长期，未来发展应更注重技术壁垒突破与配套设施建设，在实现产业培育模式转变的同时早日达成碳中和目标，确保我国能源安全。

第六章 基于系统动力学的新能源汽车产业政策模拟及发展路径设计

新能源汽车产业技术创新涉及多方主体，结构关系复杂，在政策驱动下各主体行为直接影响技术创新进程。一般方法难以系统地刻画各要素间的因果关系及多种政策因素作用下产业技术创新动态演化情况。本书运用系统动力学方法，引入税收、财政、研发激励等政策调控因子，在考虑政策环境、经济发展、科技研发和市场竞争的基础上，构建新能源汽车产业技术创新模型，探究多重政策组合在新能源汽车产业技术创新的传导机理，分析不同政策因素在复杂技术创新系统的作用机理，运用 Vensim 软件通过调节不同维度产业政策的参数水平进行模拟仿真，揭示基于政策协调的新能源汽车产业发展演化情况。

第一节 基于政策协调的新能源汽车产业系统动力学模型构建

一、基于政策协同的新能源汽车产业系统结构分析

基于政策协同的新能源汽车产业发展系统涉及经济、科技、社会、环境等多个复杂系统及系统内部多重结构，为深入探究政策协同下新能源汽车产业系统作用机理，必须明晰政策在内外部结构的作用关系。政策协同

下的新能源汽车产业发展系统，形式上是不同政策维度中具体政策因素对产业技术创新水平的影响，本质上是利用政策动力在动态复杂系统内部进行传导与演化，寻求改进系统效果的机会和途径。从这个层面上讲，政策协同的产业发展路径问题可被视为考虑政策协同多重反馈的高阶系统动力学问题。

构建新能源汽车产业技术创新系统模型是分析产业政策驱动效果的基础，而系统演化取决于所探究问题中系统功能与环境要素的实际情况。对于新能源汽车产业技术创新系统，既要从宏观上明晰各个系统功能与环境因素的交互作用，更要从微观层面厘清技术创新要素在社会经济活动过程中流动配置情况，合理利用政策驱动的效应，将政府因素和产业链资源高效整合，从而实现社会价值、经济效益和技术创新的高质量协同发展。就现实环境来看，随着补贴退坡趋势日益明显，创新不足的新能源汽车车企推出的产品逐渐失去价格优势，生存发展空间逐步压缩。与此同时，国家一方面取消新能源汽车外资股比限制，中外合资股比放开将促进外资新能源汽车车企向中国市场导入更多车型，未来我国新能源汽车市场的产品将更加丰富，新能源汽车市场竞争也将日趋激烈；另一方面，将补贴产品的资金转向公共基础建设上，是选择性产业政策向功能性产业政策的转变（Liu & Xiao，2018）。在这一过程中，进一步刺激我国新能源汽车产业创新发展，在来势汹汹的外资新能源汽车产品前站稳脚跟，引导新能源汽车产业从补贴退坡到创新"上坡"，政策驱动具有较大作用。

因此，本章以新能源汽车产业链技术难度较大的电池、电机、电控等技术为产业创新主要突破口，从信息流动和价值流动角度出发，构建新能源汽车产业链内外部环境，将政策调控、市场牵引和技术支持等外部现实环境因素进行具象化处理，拟合政策驱动视角下新能源汽车产业技术创新在产学研用实际作用关系，打造全产业链的技术突破，有利于推动新能源汽车产业持续健康发展。

由于新能源汽车产业发展过程较为复杂，为便于分析整个技术创新系统的结构功能和动态行为的内在关系，重点选取影响新能源产业技术创新的主要因素，拟从新能源汽车技术水平、市场购买情况、科技投入水平等板块衡量评价我国新能源汽车产业技术创新能力，为突出研究对象与建模目的，本研究作出以下基本假设：（1）模型以国内汽车市场需求为导向，不考虑恶性竞争影响，新能源汽车产业技术创新系统运行是连续渐进行为；（2）通过对相关技术指标进行梳理，确定以电池续航、电耗和维护成本指标来评价新能源汽车的技术水平；（3）假设经济持续稳定，不存在较大波动，不受恶性通货膨胀、国际市场动荡、不可抗力等因素影响；（4）基于可获性和对比性，模型选取 2012~2020 年新能源汽车相关数据。

新能源汽车产业技术创新系统包括新能源汽车产业链上的各类企业、政府、消费者、高校、科研机构等，具有可持续发展模型特征。在借鉴已有文献基础上，基于数据的代表性、操作性和分析性，同时考虑政策驱动对新能源汽车产业技术创新的影响，本研究确立了社会、市场、技术、政策四个子系统，形成了社会环境、市场需求、技术支持、政策调控的新能源汽车产业内外部环境作用关系图，如图 6.1 所示。

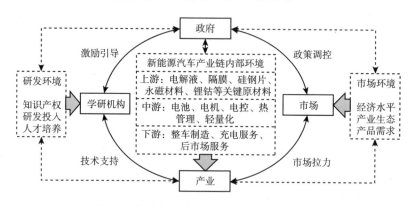

图 6.1　新能源汽车产业内外部环境作用关系

二、基于系统动力学的新能源汽车产业技术创新作用关系分析

新能源汽车产业技术创新系统中，推动系统变量发生变化的各类产业政策因素称为政策影响因子。为进一步阐释新能源汽车产业技术创新过程中关键政策影响因子的作用，基于第三章新能源汽车产业关键政策因素的选取，本书重点考察基础设施、交通运输、成果激励、人才支持、财税支持、积分合规和生产准入的政策因素，从而反映政策驱动下新能源汽车产业技术创新系统功能的传导与演化。为了更好刻画政策因素在系统中的作用，政策因素的作用方式存在一定差异，故将多数政策因素分维度细化，

直接作用于各系统要素上；而生产准入政策因素无法直接聚焦于某一要素，故将中外合资的新能源汽车企业引入市场环境中。本节从产业技术创新角度出发，选取社会环境、市场需求、技术支持和政策调控子系统相关变量，展开分析各子系统的功能和作用关系。

（一）社会环境子系统

本节主要从我国经济总量和经济结构出发，分析经济社会环境对新能源汽车产业发展、科技进步和市场需求的影响关系。对于社会环境子系统，生产要素主要以社会发展和价值创造为逻辑起点。古典经济学家亚当·斯密认为，生产要素是经济社会腾飞的关键，而劳动、资本和土地是生产要素的基础。随着新古典经济学派的发展，学术界逐步认识到经济增长过程中技术要素的独特地位。许庆瑞、林毅夫、陈劲等不少学者提出政府推动资源要素合理配置，加强技术创新是提升产业主导能力和资源汇聚能力的关键，对经济社会发展至关重要。

社会环境子系统主要表征资本、技术、劳动等生产要素，该系统以GDP为主要变量，包括财政支出、居民消费水平、R&D投入、汽车年产量等其他社会经济要素，从社会生产要素出发，刻画社会环境子系统要素作用关系。社会经济的不断发展、GDP的增加会使R&D投入、居民消费水平和国民人均收入均有提升。一方面，研发投入的增加推动了新能源汽车产业技术发展，产业技术水平的快速发展加大了消费者的购买力，从而进一步提升GDP；另一方面，居民消费水平的提升刺激汽车消费需求，增加了社会经济效益。此外，关于新能源汽车基础建设的财政支出增加，又一次加大了新能源汽车消费需求，反过来刺激社会经济发展。具体的社会环境子系统因果关系如图6.2所示。

（二）市场需求子系统

本节从市场竞争和价值创造角度出发，主要研究在一定的经济总量、科研水平条件下，消费者对市场中国产新能源汽车、外资新能源汽车以及传统燃油汽车的动态销售情况。在新能源汽车产业技术创新系统中，市场需求与产业技术创新密切相关。在产业发展运行过程中，一方面，一切经济活动需要在满足市场需求的前提下进行技术创新；另一方面，产业发展

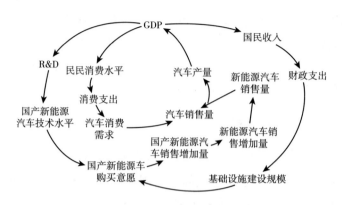

图 6.2　社会环境子系统因果关系

在市场竞争过程中，市场淘汰需求较少、产品竞争力较差的企业，进一步推动产业技术创新，促进了资源合理有效配置。本节以各类汽车的年销售量为主要研究对象，将其设置为水平变量，考虑处于不同时间和情境下，新能源汽车性能、汽车平均价格、消费者购买意愿等指标的变动情况。相较于传统燃油汽车，新能源汽车更具成本优势和环保优势，但如何缓解新能源汽车车主续航里程焦虑仍是关键，市场需求子系统拟通过消费者购买意愿和年销售量比较分析新能源汽车的替代进程。此外，2018 年 7 月，国家发改委和商务部发布的《外商投资准入特别管理措施（负面清单）(2018 年版)》中提出，取消新能源汽车外资股比限制，这促使大量外资车企向中国市场导入更多车型，我国新能源汽车市场产品更加丰富，市场竞争也日趋激烈。因此，在子系统构建过程中，为更合理现实地表征我国新能源汽车产业市场竞争现状，将传统汽车和外资新能源汽车引入市场需求子系统中，选取传统汽车销售量、国产新能源汽车购买意愿、外资新能源汽车购买意愿、外资新能源汽车性能、外资新能源汽车价格、国产新能源汽车价格、国产新能源汽车销售量、外资新能源汽车销售量等为系统变量。

在新能源汽车产业技术创新系统中，新能源汽车产业利用市场各类要素进行价值创造和技术创新的过程中，技术创新对各类资源分配利用效率、产品性能、产品价值及供给需求等市场要素均有影响。市场需求子系统主要以消费供给需求为代表进行分析。一方面，在市场需求子系统作用关系中，市场竞争越激烈，淘汰率越大，越会引发新能源汽车产业技术水平快速提升；另一方面，来自传统能源汽车、外资新能源汽车车企的竞争，倒逼国产新能源汽车车企加大技术创新力度，刺激消费市场需求，进一步提升产业技术创新效率。值得注意的是，在市场竞争中需要政府引导，促进市场良性循环，否则反而抑制产业技术创新发展。市场需求子系统因果作用关系如图 6.3 所示。

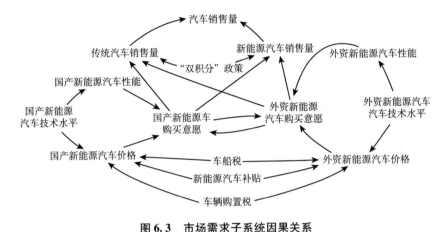

图 6.3　市场需求子系统因果关系

（三）技术支持子系统

技术支持子系统主要研究科技研发水平对社会经济、新能源汽车市场发展的影响。在新能源汽车产业技术创新系统中，技术是推动国产新能源汽车创新发展的关键，而产业技术提升离不开科技研发的支撑。政府一方面通过加大新能源汽车产业科技研发投入、增设相关科研项目推动产业技术创新；一方面加大相关专业人才培养力度，提升产学研合作强度，促进新能源汽车产业技术创新。此外，由于市场竞争因素的影响，企业也会根据自身利润情况投入产业技术研发，增强产品技术性能以满足市场需求。综合以上考虑，真正影响我国新能源汽车产业技术创新系统的关键变量是国产新能源汽车技术水平，因此将国产新能源汽车技术设置为技术支持子系统的水平变量；同时科研人员直接影响产业技术水平高低，故将科研人员数量设置为子系统的水平变量。在技术创新的前端，技术创新离不开科技研发人员与产业链各主体合作，产学研的合作强度必不可少；在技术创新的后端，国产新能源汽车的整体性能以及相关技术产品实际价格受到技术创新因素影响的同时，也是消费者购买意愿的重要衡量指标，进而可以影响新能源汽车销量乃至影响利润，因而会进一步促使企业增加科技研发投入的金额。自熊彼特提出创新理论以来，创新发展经过了较为长期的演变，从注重企业自身价值创造和价值增值到整个社会经济系统价值提升，并认为人才因素在创新中的地位远高于技术、产业、资金等因素。我国正逐步加大科技创新发展力度，而创新的实质是人才驱动。从这个意义上讲，支持人才培养的相关政策因素是产业技术创新中的关键要素。此外，技术支持子系统中还包括政府研发投入、产学研合作强度、国产新能源汽车利润、国产新能源汽车性能、国产新能源汽车价格、国产新能源汽车销售量及消费者购买意愿等要素。技术支持子系统因果关系图如 6.4 所示。

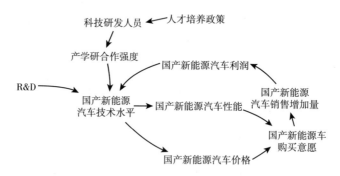

图 6.4　技术支持子系统因果关系

（四）政策调控子系统

政策因素作为新能源汽车产业技术创新系统的核心要素，是引领产业核心技术创新发展的重要引擎，涉及产业布局优化、创新能力提升和发展环境营造，新能源汽车产业技术创新系统中各要素均会直接或者间接受到产业政策影响。政策因素主要通过管理调控等方式作用于其他子系统中。为使政策要素更贴近现实，本书第三章通过收集我国 2012～2020 年发布的新能源汽车产业相关政策，分析提取影响新能源汽车产业技术创新的关键政策因素，根据具体模型需要，将新能源汽车产业技术创新关键政策因素根据政策维度设立政策仿真因子，如表 6.1 所示。

表 6.1　　　　　　　　新能源汽车产业技术创新系统政策因素

子系统	政策维度	新能源汽车产业技术创新关键政策因素	政策调控因子
技术支持子系统	科技研发维度	人才支持成果激励	人才引进政策因子
			成果激励政策因子
			R&D 投资比重
市场需求子系统	税收优惠维度	财税支持	车船税
			新能源汽车补贴
			车辆购置税
社会环境子系统	推广应用维度	交通运输基础设施	"路权优先"政策因子
			基础建设推广政策因子
	积分合规维度	积分合规	"双积分"调控因子

三、政策协同的新能源汽车产业系统动力学模型

针对新能源汽车产业技术创新系统内部各子系统多主体交互作用的高阶非线性、周期性、自组织性和结构关系复杂性特点，产业内外部环境相互演化反馈，需以宏观、微观相结合为视角，通过定性和定量分析把控多主体动态发展情况及变量间结构功能关系，利用政策动力在动态复杂系统内部进行传导与演化，寻求改进系统效果的机会和途径。从这个层面上讲，政策驱动的产业技术创新路径问题可被视为考虑政策多重反馈的高阶系统动力学问题。因此，本节根据上节各子系统因果关系分析，明晰各子系统及子系统内部各要素反馈、制约情况，运用系统动力学刻画政策驱动下新能源汽车产业技术创新系统整体因果关系（见图 6.5）。

基于我国新能源汽车产业发展现状，为进一步厘清系统各要素的逻辑关系和发展规律，在因果关系图的基础上，结合各子系统的因果反馈回路，根据系统动力学流图刻画系统具体变量之间的内在数量关系。具体变量主要分为状态变量、速率变量和辅助变量。状态变量表示新能源汽车产业中相关物理量随着时间推移的累积水平，可以直观反映产业技术创新系统内部物质、信息和能量实际的运行状态。速率变量用于刻画新能源汽车产业技术创新系统内部中状态变量单位时间内累积状态变化，反映了产业系统

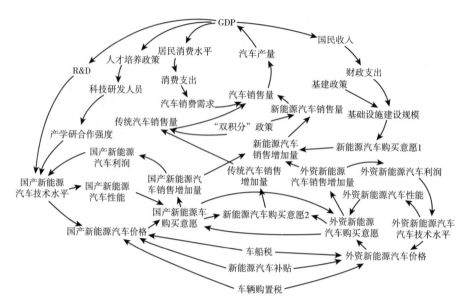

图 6.5 政策协同的新能源汽车产业技术创新系统因果关系

内部实际转化效率的高低。辅助变量主要用于搭建整个系统的结构，通过构建变量之间的因果关系实现结构的完整性，根据系统开放性、自组织性和动态复杂性结构，凸显系统实际功能。本部分根据图 6.5 进一步详细描述系统变量间的数量逻辑关系。

为确定系统内的状态变量、速率变量和辅助变量，从产业可持续发展角度出发，分析产业技术创新投入产出随时间动态变化过程。就社会环境子系统而言，GDP 作为社会经济发展关键衡量指标，可以直接反映出社会环境子系统实际运行情况，而新能源汽车产业作为战略性新兴产业中的万亿级产业，对 GDP 增减有着较大影响，所以将 GDP 设置为状态变量，将反映子系统经济变化速率的 GDP 变化设置为速率变量，将居民消费水平、汽车消费需求、汽车年产量、财政支出、充电基础设施规模、R&D 投入等变量设置为辅助变量。在技术支持子系统中，选取国产新能源汽车技术水平、新能源汽车科技研发人员数量作为状态变量，主要表征我国新能源汽车产业技术水平发展情况和发展强度；国产新能源汽车技术变化和研发人员的数量变化设置为速率变量，在此过程中涉及技术发展的产学研合作强度、国产新能源汽车利润；表征技术发展水平的电池续航里程、百公里电耗、新能源汽车维护成本等设置为辅助变量。在市场需求子系统中，以新能源汽车年销售量和传统汽车年销售量作为状态变量，用于对比新能源汽车在市场的实际需求；将新能源汽车年销售变化量、传统汽车年销售变化量设置为速率变量，衡量实际需求速度情况；将新能源汽车购买意愿、传统汽车购买意愿、外资新能源汽车技术水平、新能源汽车平均价格等设置为辅助变量。结合系统因果关系图，得到具体的政策驱动下新能源汽车产业技术创新系统动力学模型流图，如图 6.6 所示。

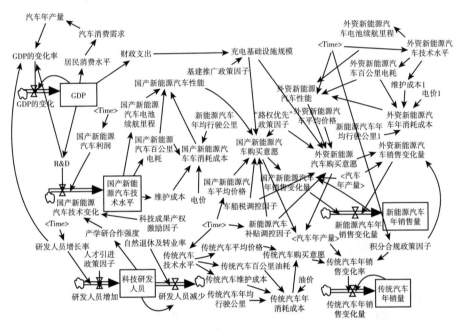

图 6.6　政策驱动下新能源汽车产业技术创新系统流图

本书通过《中国统计年鉴》《中国汽车工业年鉴》《中国科技统计年鉴》以及中国工业信息网、中国报告大厅等搜集相关信息和数据，并进行核对，以保证数据准确可靠。对于现有个别时间序列数据，求取代表性参数值进行指数平滑处理；对于资料缺失数据采用专家估计、公式推导、回归分析、经验预测等方法进行填补。在构建模型中经过模拟调试，力求真实突出各变量间的逻辑因果关系，符合我国新能源汽车产业发展现状。模型的主要表达式设置见表 6.2。

表6.2   新能源汽车产业技术创新系统表达式设置

参数	表达式
GDP	INTEG（GDP×GDP 的变化率，51000）
GDP 的变化率	0.1ln 汽车产量 +0.178 科研人员增长率 +0.372 技术变化 -0.838
GDP 的变化量	GDP×GDP 的变化率
R&D	15573.845lnGDP -194551440
国产新能源汽车技术变化	-4.416 ln（R&D）+0.922 ln（国产新能源汽车利润）+0.094× 产学研合作强度 +38.041
产学研合作强度	0.998ln 科研人员 -2.906
研发人员数量	INTEG（研发人员增加 -研发人员减少，165581）
研发人员增加	研发人员增长率×（1 +人才引进政策因子）×165581
研发人员减少	研发人员×自然退休及转业率
研发人员增长率	WITH LOOKUP（TIME，（（2012，0）-（2030，0.3），（2012，0.222863），（2013，0.2062），（2014，0.1564），（2015，0.1364），（2016，0.1255），（2017，0.1255），（2018，0.1132），（2019，0.1112），（2020，0.1044），（2021，0.0954），（2022，0.0869），（2023，0.0768），（2024，0.0632），（2025，0.0601），（2026，0.0601），（2027，0.06），（2028，0.0598），（2029，0.0596），（2030，0.0593）））
新能源汽车技术水平	ln 新能源汽车专利数
新能源汽车购买意愿	国产新能源汽车购买意愿 +外资新能源汽车购买意愿
新能源汽车性能	0.464× 汽车电池续航里程 +0.329× 汽车百公里电耗 +0.207× 新能源汽车年消耗成本
新能源汽车销售变化量	国产新能源汽车增加量 +外资新能源汽车增加量
新能源汽车年销售量	新能源汽车年销售变化率×（time -1，新能源汽车年销售量）
新能源汽车累积销售量	INTEG（新能源汽车年销量，1.2791）
新能源汽车利润	新能源汽车年销售量×新能源汽车均价
传统汽车年销量	传统汽车年变化率×（time -1，传统汽车年销售量）
传统汽车累积销售量	INTEG（传统汽车年销量，1929.36）
新能源汽车年消耗成本	电价×年均行驶里程×百公里电耗 +新能源汽车维护成本

根据新能源汽车产业技术创新系统结构特征，为了使模型中主要变量数据在运行过程中得到较为真实数值，在参考文献的基础上，结合历史统

计资料和相关专业文件，并与行业专家研讨后确定数值，结合现实经验数据对系统变量进行调试，力求反映我国新能源产业技术创新发展的真实情况。具体参数设置如表6.3所示。

表6.3　　　　　新能源汽车产业技术创新系统主要参数设置

参数	数值	参数来源
车船税	传统汽车10%，新能源汽车不收取	《中华人民共和国车船税法》
新能源汽车年均行驶公里	46540km/辆·年	新能源汽车国家监管平台
电价	1元/kw·h	公用充电桩峰谷电价均值
自然退休及转业率	0.01	每年自然退休和转业的研发人数占比，结合中国科技年鉴和周雄勇（2018）
传统汽车百公里油耗	9.1L	汽车之家网站
传统汽车维护成本	8元/100km	唐丽敏等（2018）
传统汽车年均行驶公里	18000km/辆·年	新能源汽车国家监管平台
油价	7元/L	2021年93号汽油均价
车辆购置税	传统汽车10%，新能源汽车不收取	《中华人民共和国车辆购置税法》
国产新能源汽车百公里电耗	20kw·h/100km	汽车之家网站
国产新能源汽车维护成本	2元/100km	唐丽敏等（2018）

　　新能源汽车产业技术创新系统是一个由社会、经济、技术、政策环境等子系统影响的多主体复杂系统，其内部涉及众多影响因素和衡量指标。在系统运行过程中，如果模型无法真实有效地模拟出产业现状，则无法进一步在政策等多种因素作用下预测新能源汽车产业技术创新的实际发展情况，所以本节重点对模型的合理性和真实性进行检验。考虑历史数据的可获得性，进行模拟仿真检验时，笔者将运行时间区间设为2012～2020年，对比技术发展情况、科技人员数量、GDP等状态变量实际数值，分析模型可行性。

　　模型分别进行了运行检验和历史检验。运行检验主要检查模型的合理性和变量量纲的一致性（刘开迪等，2020），运用Vensim软件的Model check和Units check功能进行验证后，显示模型合理性和变量量纲检验通过。历史性检验主要比较模型在仿真过程中，输出的关键仿真数值与历史数据的拟合效果，判断模型实际运行的有效性和真实性，拟合效果见图6.7所示。

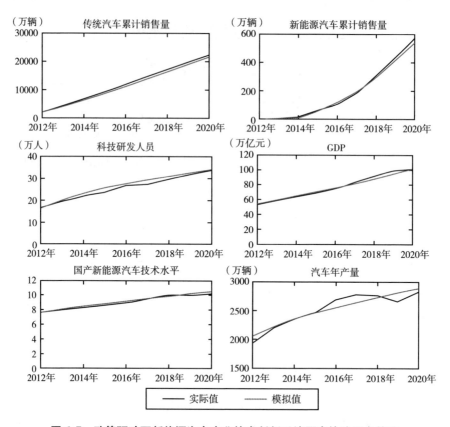

图6.7 政策驱动下新能源汽车产业技术创新系统历史检验拟合效果

从图6.7可以看出，政策驱动下新能源汽车产业技术创新系统无论是从传统汽车年销售量、新能源汽车累计销售量、科技研发人员数量、GDP、国产新能源汽车技术水平还是汽车年产量上，整体的历史拟合程度较好。虽然汽车年产量部分年份存在一定的上下波动情况，但是从系统发展趋势与实际情况一致，初步可以判定模型能够真实反映产业现实运行情况。

为进一步分析系统模拟拟合的误差情况，将上述关键性变量进行定量化误差分析，具体数值误差见表6.4。结果显示，除2019年新能源汽车产业科研人数外，历史值与仿真模拟值间的相对误差均在10%以内，符合系统动力学误差允许范围，表明模型能真实反映政策驱动下新能源汽车产业技术创新系统的现实运行情况。

表6.4　　　　　　　　　　　模型历史检验结果

年份	GDP（万亿元）			新能源汽车产业科研人数（万人）		
	历史值	模拟值	相对误差%	历史值	模拟值	相对误差%
2012	53.86	53.86	0.00	16.56	16.56	0.00
2013	59.30	59.15	0.25	195682	199171	1.78
2014	64.36	65.01	1.01	211213	229331	8.58
2015	68.89	70.32	2.08	217682	231641	6.41
2016	74.64	75.71	1.43	229363	248213	8.22
2017	83.20	81.38	2.19	234798	251629	7.17
2018	91.93	87.74	4.55	260473	278737	7.01
2019	99.09	94.31	4.82	281489	301506	10.66
2020	101.60	101.49	0.11	307899	323689	5.13

年份	传统汽车累计销量（万辆）			国产新能源汽车技术水平		
	历史值	模拟值	相对误差%	历史值	模拟值	相对误差%
2012	1929	1929	0.00	7.581	7.581	0.00
2013	4125	3993	3.19	7.957	8.038	−1.02
2014	6464	6043	6.51	8.294	8.449	−1.86
2015	8869	8254	6.93	8.630	8.760	−1.50
2016	11555	10709	7.32	9.038	9.073	−0.38
2017	14237	12964	8.94	9.454	9.355	1.05
2018	16728	15632	6.55	9.824	9.638	1.88
2019	18870	17742	5.98	9.996	9.982	0.14
2020	20826	20284	2.60	10.132	10.108	0.24

年份	新能源汽车累计销量（万辆）			汽车年产量（万辆）		
	历史值	模拟值	相对误差%	历史值	模拟值	相对误差%
2012	1.28	1.28	0.00	1931	2057	6.53
2013	3.04	2.83	6.91	2198	2214	0.73
2014	10.51	10.08	4.09	2349	2358	0.38
2015	58.12	54.64	5.99	2460	2467	0.28
2016	104.71	112.16	6.64	2803	2564	−8.53

续表

年份	新能源汽车累计销量（万辆）			汽车年产量（万辆）		
	历史值	模拟值	相对误差%	历史值	模拟值	相对误差%
2017	187.51	199.46	5.99	2888	2653	-8.14
2018	306.25	290.45	5.16	2781	2740	-1.47
2019	429.25	429.87	-0.14	2572	2719	5.72
2020	565.95	566.36	-0.07	2523	2705	7.21

第二节 基于政策协调的新能源汽车产业系统动力学仿真模拟

一、单一政策维度下产业技术创新模拟仿真分析

为了考察新能源汽车产业政策的成效以及政策实施强度的变化对技术创新的影响作用，将第三章确定的各关键政策因素以政策内容和政策手段为分类依据，组成税收优惠、积分合规、推广应用、科技研发四种政策维度的政策组合方案进行模拟仿真。将现有的新能源汽车产业政策强度在无其他短暂性因素干扰下形成的实行方案作为基准方案，并维持其他政策维度不变，对单一变量进行定量调整。基于当前我国新能源汽车产业技术创新发展目标，从技术和市场两个方向出发，分别以当前技术水平、传统汽车销售量、外资新能源汽车销售量和国产新能源汽车销售量等指标为衡量标准，各政策维度分别设立不同方案，更真实有效地得出各子系统的主要参数变量系统仿真结果。

（一）科技研发政策维度

设定人才引进政策因子、成果激励政策因子、R&D投资比重作为科技政策的调控因子。通过改变科技研发政策维度调控因子的参数值，并由三个政策调控因子构成组合科技研发维度政策。设立政策方案如表6.5所示；考察科技政策变动下，输出变量的变化趋势，如图6.8所示。

表 6.5　　　　　　　　　　科技研发政策调控因子变化方案

现行政策	人才引进政策因子	成果激励政策因子	R&D 投资比重
	1	1	0.0013
方案一	1.1	1.1	0.0015
方案二	1.2	1.2	0.0017

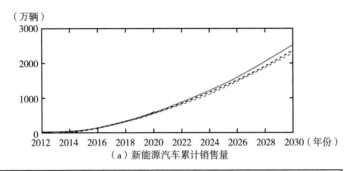

（a）新能源汽车累计销售量

—— 科研维度：方案二　　---- 科研维度：方案一　　---- 现行政策

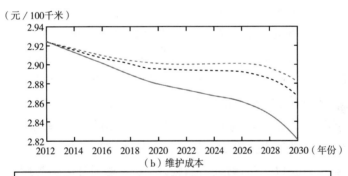

（b）维护成本

—— 科研维度：方案二　　---- 科研维度：方案一　　---- 现行政策

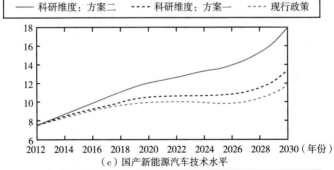

（c）国产新能源汽车技术水平

—— 科研维度：方案二　　---- 科研维度：方案一　　---- 现行政策

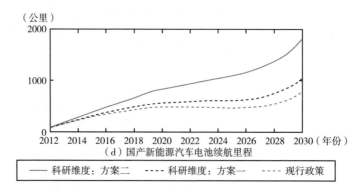

（d）国产新能源汽车电池续航里程

| —— 科研维度：方案二 | ---- 科研维度：方案一 | ---- 现行政策 |

图 6.8　2012～2030 年科技研发政策维度仿真曲线

由图 6.8 可以看出，一方面，增加对人才引进、科技成果产权激励和增加 R&D 投入，国产新能源汽车的技术水平、新能源汽车累计销量、续航里程均有所提高，而新能源汽车维护成本有所降低。对比初始条件下的现行政策，可以发现实施方案中的政策起初效果不太明显，但随着时间的推移，效果开始逐渐显著，经过四年时间的政策加强，国产新能源汽车技术水平与初始条件下的差距逐渐显现，并随着时间的推移差距进一步扩大。国产新能源汽车技术水平提升直接刺激了我国新能源汽车市场活力，激发了消费者的购买意愿；由于产业技术水平提升反映到销量提升具有一定的时间延迟，所以在加大科技研发维度政策力度的 8 年后，相较于现行政策，科技研发维度驱动下的市场购买力逐渐显现，销售量之间差距开始凸显。另一方面，随着政策力度进一步加大，相较于现行政策和方案一，方案二虽然政策强度只是以等差增加，但科技研发成果则是以倍数增长。故在方案二的作用下，无论是新能源汽车销量还是技术水平均有显著提升，其中技术水平中电池续航相关技术水平提升的程度更为突出。

（二）税收优惠维度

设定车船税税率浮动、车辆购置税税率浮动作为税收优惠政策的调控因子。通过改变调控因子的参数值，并由两个政策因子构成组合形成的税收优惠政策。设立政策方案如表 6.6 所示；考察税收政策变动下，输出变量的变化趋势，如图 6.9 所示。

表 6.6 税收优惠政策调控因子变化方案

现行政策	车船税和车辆购置税税率浮动
	0
方案一	+3%
方案二	+10%

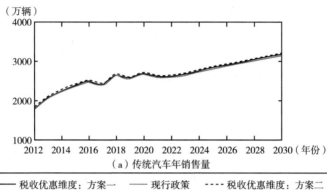

（a）传统汽车年销售量

―― 税收优惠维度：方案一　―― 现行政策　……… 税收优惠维度：方案二

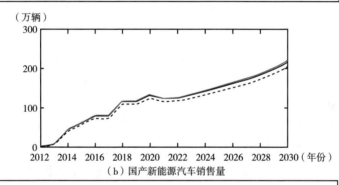

（b）国产新能源汽车销售量

―― 税收优惠维度：方案一　―― 现行政策　……… 税收优惠维度：方案二

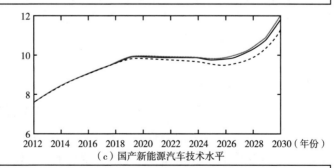

（c）国产新能源汽车技术水平

―― 税收优惠维度：方案一　―― 现行政策　……… 税收优惠维度：方案二

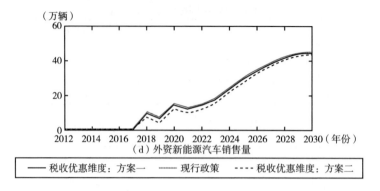

（d）外资新能源汽车销售量

——— 税收优惠维度：方案一　——— 现行政策　----- 税收优惠维度：方案二

图 6.9　2012～2030 年税收优惠政策维度仿真曲线

根据图 6.9 可以发现，新能源汽车税收优惠政策强度减弱，实际提高了新能源汽车本身价格，相较于传统燃油汽车，新能源汽车的价格吸引力有所降低，一定程度上延缓了新能源汽车市场推广进程，使部分潜在新能源汽车消费者转向选择购买传统汽车。即如图 6.9 所示，当车船税和车辆购置税税率向上浮动 3% 时，国产、外资新能源汽车年销售量均有所降低，而传统汽车年销售量随之增加。与此同时，由于新能源汽车销量减少会导致新能源汽车企业利润降低，利润减少导致产业链上相关企业降低研发投入，从而使得国产新能源汽车技术水平与现行政策相比有所减弱。但随着时间推移，新能源汽车产业技术的不断演进发展，消费市场活力并不会因此降低，在 2022 年新能源汽车销售量加速提升。当新能源汽车的车船税、车辆购置税上浮 10% 时（与传统汽车税率相同），由于新能源汽车相较于传统汽车技术上仍处于劣势，所以致使新能源汽车年销售量、国产新能源汽车技术水平与现行政策差距进一步加大，但税收浮动并未导致国产技术水平形成恶性循环，仅会延缓产业技术水平推进强度，技术发展水平随着时间的推移仍会逐渐加速提升。

（三）推广应用维度

设定基础建设推广政策因子、"路权优先"政策因子作为推广应用政策的调控因子。通过改变调控因子的参数值，并由两个政策因子构成组合形成推广应用政策。设立政策方案如表 6.7 所示；考察推广应用政策变动下，输出变量的变化趋势，如图 6.10 所示。

表 6.7　　　　　　　　推广应用政策调控因子变化方案

现行政策	基础建设推广政策因子	"路权优先"政策因子
	1	1
方案一	1.1	1.1
方案二	1.2	1.2

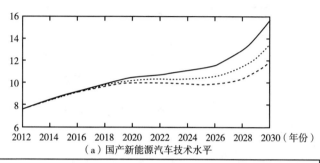

（a）国产新能源汽车技术水平

—— 推广应用维度：方案二　　- - - 现行政策　　…… 推广应用维度：方案一

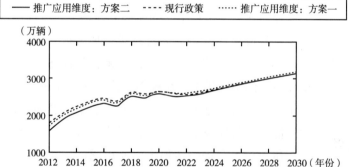

（b）传统汽车年销售量

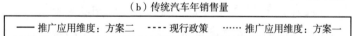

—— 推广应用维度：方案二　　- - - 现行政策　　…… 推广应用维度：方案一

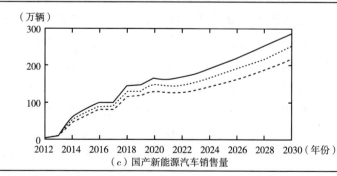

（c）国产新能源汽车销售量

—— 推广应用维度：方案二　　- - - 现行政策　　…… 推广应用维度：方案一

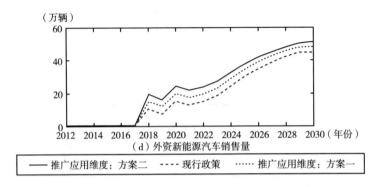

（d）外资新能源汽车销售量

—— 推广应用维度：方案二　- - - - 现行政策　‥‥‥ 推广应用维度：方案一

图 6.10　2012～2030 年推广应用政策维度仿真曲线

由图 6.10 可以看出，随着基础建设推广政策和"路权优先"政策强度的加大，极大地刺激了新能源汽车消费市场，激发了新能源汽车潜在消费者的购买意愿，促使消费者更倾向于选择新能源汽车。在三种不同推广应用政策强度下，新能源汽车年销售量随强度提升而增大，且随时间的推移，新能源汽车基础设施建设更加完备、运营模式更加规范，相较于传统燃油汽车，新能源汽车具有更强的市场优势，推动销售量优势进一步扩大，与此同时，由于市场份额的不断压缩，传统燃油汽车销量也随之降低。此外，由于新能源汽车销量的增大使新能源汽车产业链上下游企业利润增加，相应地，相关企业有能力加大研发投入，并且新能源汽车市场的繁荣会强化市场内部的竞争，研发投入会进一步加大，使得国产新能源汽车整体技术水平得到有效提升。在 2025 年之后，随着推广应用政策发展，新能源汽车产业系统形成正向反馈态势逐渐加大，技术水平增长趋势更加明显。对比国产、外资新能源汽车销量可以发现，在推广应用政策的影响下，随时间推移，国产新能源汽车销量的增速明显高于外资新能源汽车。在外资企业逐步进入我国市场后，我国国产新能源汽车并未走传统汽车"市场换技术"的老路，无论是市场份额还是消费者购买意愿，国产新能源汽车都更胜一筹，意味着推广应用政策在推动国产技术水平提升的同时并未造成"中低端技术锁定"。整体来看，推广应用政策对新能源汽车产业技术创新影响呈先缓慢后突增的特点。值得注意的是，推广应用政策作为长期性政策，若想更大程度地发挥作用，应制定好发展规划。

（四）积分合规维度

设定"双积分"政策因子作为积分合规政策的调控因子。设定其他变量保持不变，通过改变调控因子的参数值，设立政策方案（见表6.8），考察不同情境下，输出变量的变化趋势（见图6.11）。

表6.8 积分合规政策调控因子变化方案

现行政策	"双积分"调控因子
	1
方案一	1.1
方案二	1.2

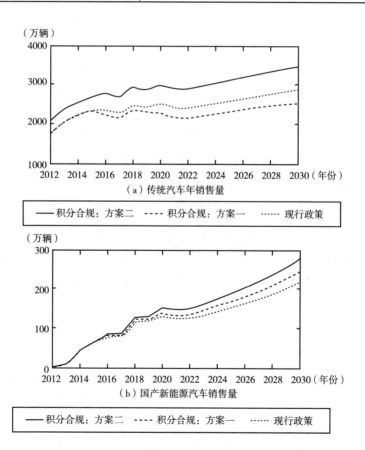

（a）传统汽车年销售量

—— 积分合规：方案二 - - - - 积分合规：方案一 ······ 现行政策

（b）国产新能源汽车销售量

—— 积分合规：方案二 - - - - 积分合规：方案一 ······ 现行政策

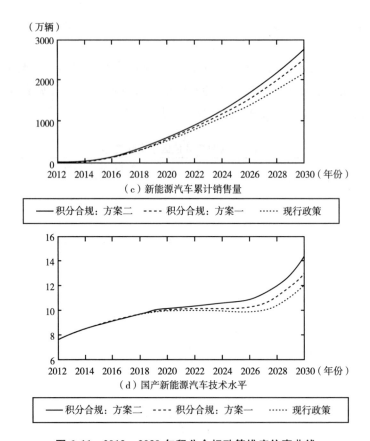

（万辆）

（c）新能源汽车累计销售量

——— 积分合规：方案二　　- - - - 积分合规：方案一　　······ 现行政策

（d）国产新能源汽车技术水平

——— 积分合规：方案二　　- - - - 积分合规：方案一　　······ 现行政策

图 6.11　2012 ~ 2030 年积分合规政策维度仿真曲线

　　"双积分"政策的实施，一方面限制高能耗传统汽车的生产，促使车企研发推出更低能耗产品；另一方面，规定生产的燃油汽车产生的负积分必须靠新能源汽车企业的正积分抵消，促使传统燃油汽车产业链逐步向新能源汽车转型。由图 6.11 可以看出，"双积分"政策的实施对汽车的销售产生明显的影响。正向加强"双积分"政策强度后，可以明显看到由于提高对汽车市场的节能减排的要求，倒逼传统车企从自身技术出发减少汽车能耗的同时，将关注点转向新能源汽车领域并参与市场竞争。传统燃油汽车产业链本身具有较坚实的造车基础，这就迫使原本的新能源汽车车企更加关注自身技术研发。随着时间推移，激烈的市场竞争将推动技术快速发展，刺激了新能源汽车潜在消费者的购买意愿，市场份额不断扩大，国产新能源汽车年销售量增速也明显加快，并在一定程度上挤压了传统汽车的生存空间。

从图6.8~图6.11可以发现，与其他政策维度相比，积分合规政策的关注点更集中于节能减排的规制引导，对我国新能源汽车产业技术水平的提升效果并不十分突出，反而对传统汽车销售量有明显的抑制效果。

二、政策组合情景下产业系统模拟仿真分析

汽车产业技术创新高效发展存在两大特点，巨大的市场需求和强劲的科技研发水平（刘兰剑，张萌，黄天航，2021）。因此，以国产新能源汽车技术水平和年销售量作为技术创新系统的输出指标，同样用上述四类政策调控因子为输入变量，设置不同政策组合情景，参考数值采用各政策维度中方案一数据（见表6.9），进一步考察和比较不同政策组合驱动下的技术创新效果。

表6.9　　　　　　　　政策组合情景下调控因子变化方案

政策	人才引进	成果激励	R&D比重	车船税	购置税	基础建设	路权优先	双积分
现行政策	1	1	0.0013	0	0	1	1	1
推广合规双驱动	1	1	0.0013	0	0	1.1	1.1	1.1
科技合规双驱动	1.1	1.1	0.0015	0	0	1	1	1.1
税收推广双驱动	1	1	0.0013	3%	3%	1.1	1.1	1
科技税收双驱动	1.1	1.1	0.0015	3%	3%	1	1	1
税收合规双驱动	1	1	0.0013	3%	3%	1	1	1.1
科技推广双驱动	1.1	1.1	0.0015	0	0	1.1	1.1	1

由图6.12可见，六种政策组合情景中，科技推广双驱动、科技合规双驱动和科技税收双驱动对我国新能源汽车技术水平提升的作用效果较强，税收合规双驱动的作用效果较弱但仍优于现行政策。在推动产业技术水平上，科技研发维度与其他政策维度的耦合效应较好，税收优惠与其他政策维度的耦合效应较差。因为科技研发维度的政策以增强科研激励为主要措施，加上相较于其他政策维度，科技研发本身在推动产业技术水平上优势明显，所以无论是单一政策维度还是政策组合情景下，提升产业技术水平的关键仍是加大科技研发投入。此外，以增强新能源汽车的用车体验为代

表的推广应用政策能充分刺激消费者的购买欲,增加国产新能源汽车产值并推动市场竞争,从而推动产业技术发展。因此,在保证科技研发强度的基础上,加大推广应用维度政策强度,可为产业技术发展提供强有力的保障。

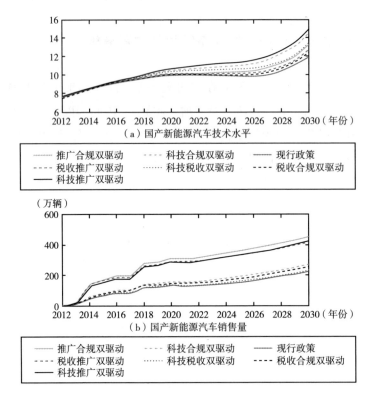

图 6.12　2012～2030 年政策组合仿真曲线

在国产新能源汽车年销量上,六种政策组合的驱动效应差距较大,推广合规双驱动、税收推广双驱动和科技推广双驱动效果明显,处于第一梯队,剩余依次为科技合规双驱动、税收合规双驱动、科技税收双驱动。政策组合中推广合规双驱动的效果最为明显,而增强科技税收驱动并未能推动国产新能源汽车销量增加。由图 6.12 可以看出,税收优惠政策维度与其他政策维度在推动国产新能源汽车销量的耦合效应不佳,主要原因是:税收优惠政策作为激励性政策措施,以零税收方式推动新能源汽车产业发展,现阶段仍处于产业技术发展期,加征新能源汽车相关税收,一定程度上降低了新能源汽车消费市场热度；而积分合规政策维度作为规制性政策，倒逼传统车企向新能源汽车转型，能助推新能源汽车产能。从长期来看，推广合规双驱动是提升国产新能源汽车产业技术创新的主要发展方向之一。

从仿真结果可以看出，推动新能源汽车产业技术创新健康发展，需要统筹技术与市场的决策框架。当前我国新能源汽车产业发展进入快速发展新阶段，应充分利用新能源汽车产业发展的机会窗口期，通过政策有效驱动产业链上的企业、学研机构协调合作，激发市场活力和技术潜能，实现产业技术持续创新。政府作为政策的制定者和监管者，对产业在社会中的发展方向制定相关政策并进行适度的监督管理，将直接影响产业技术创新生态；学研机构作为产业智库，其知识输出决定了产业链上企业技术创新能力，这些企业整体创新能力的提升才能充分满足市场需求，进一步推动新能源汽车产业发展，从而实现从渐进式技术创新到颠覆式技术创新的跨越。

第三节 基于政策协调的新能源 汽车产业发展路径设计

本节结合现实情况和模型分析可知，政策协调下新能源产业发展需要丰富供给端技术创新激励，也需要强化需求端内外在驱动力，从而推动新能源汽车产业发展持续发力。因此，基于理论与现实情况，本节分别从知识成果转化、市场需求、"技术—市场"三个方面突破探寻推动新能源汽车产业发展的路径（见图6.13）。

一、突破知识成果转化约束的产业发展路径

新能源汽车产业作为万亿级新兴产业主要代表备受重视，近年来，为推动新能源汽车市场发展，国家出台了一系列新能源汽车产业政策，主要集中在车辆购置税和车船税的税收减免、新能源汽车优惠补贴、新能源汽车充电设施建设以及充电优惠等，但在实际发展过程中同样带来一系列问题。在新能源汽车产业发展初期，政府的大力度补贴导致新能源车企鱼龙

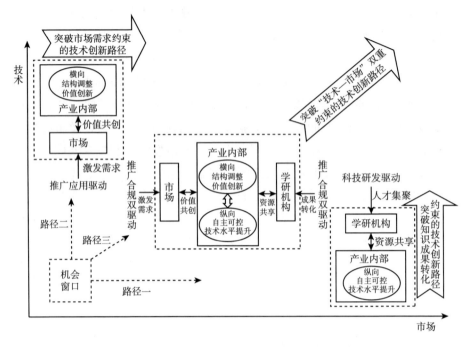

图6.13　政策驱动下新能源汽车产业技术创新路径选择

混杂，"骗补"事件屡屡发生，致使资源配置效率低下，企业自主创新研发投入不足，自主创新意识薄弱，关键技术实施上遇到瓶颈制约，"卡脖子"技术难以得到有效突破；虽然新能源汽车市场消费水平逐步攀升，但长久而言，自行研制开发的产品将会无法满足市场真实需求，陷入中低端技术锁定的尴尬境地。

对于新能源汽车产业发展而言，推动产业关键核心技术自主可控是实现科技自立自强的必由之路。当前我国新能源汽车产业正处于市场和技术快速发展的机会窗口期，随着新能源汽车推广应用成效显现，市场需求的逐步加大，出现"高市场—低技术"的产业发展瓶颈，建议加强科技研发相关产业政策，以深化科技研发激励为突破口，巩固人才培育和产学研合作在提升产业技术水平中的强基作用，形成"科技激励—人才集聚—成果转化—技术水平提升—产业技术创新"的良性发展路径，从而突破知识成果转化约束。具体而言，可以在三方面着力。

（1）进一步加大科技研发政策力度，赋予科技成果转化重要地位。近年来，我国新能源汽车产业发展迅猛，无论是电池、电机、电控"大三电"技术，还是在电空调、电刹车、电助力"小三电"领域，均取得了长足发展和技术突破，产业进入快速发展新阶段。与此同时，对部分车载芯片、操作系统以及车辆安全系统控制技术领域提出了更高层次要求。在此过程中，强化产业链技术水平，补足产业链部分技术短板，在关键核心技术突破上持续发力，提升全球新能源汽车产业链竞争力，等等，对于我国新能源汽车产业发展的重大意义不言而喻。相较于其他维度政策，加大科技研发政策力度对新能源汽车技术水平的影响最为显著。为进一步激发产业技术创新活力，应赋予科技成果转化更重要的地位，加强科技研发成果激励，建立起知识、技术、资本等生产要素按贡献参与分配的机制，在市场环境较为乐观的情境下以政策激励手段，提升科技成果转化，从而推动新能源汽车产业持续科技创新。

（2）增强研发人员与产业链的匹配度，加大产业高精尖领域的人才培育力度。研发人员的厚度和广度是产业实际综合实力的具体表现，掌握新能源汽车产业技术创新主导权，须从人才培育下功夫。当前，我国直接从事新能源汽车产业相关技术研发人员相对较少，人才缺口巨大，出现明显供需失衡。从本章仿真结果来看，当前政策人才培养力度并不能满足未来我国新能源汽车产业相关人才缺口，应进一步加大培养力度。从新能源汽车产业繁荣发展背后来看，我国新能源汽车产业高精尖人才储备不足，应加大高校新能源汽车产业相关专业的人才培育力度，运用新生人才资源驱动产业创新。与此同时，由于新能源汽车在我国起步时间相对较晚，部分研发人员对新能源汽车产业链知识掌握能力有限，企业应加大对相关研发人员的培养力度，完善产业链各环节人才培训体系，避免研发人员与产业链不匹配，造成人才资源浪费。此外，可以吸引传统燃油汽车行业相关优秀人才，利用传统燃油汽车产业积累的技术经验指导新能源汽车产业技术创新。

（3）重点支持产学研机构合作，加强科技服务平台体系建设。当前，我国新能源汽车产业发展已进入创新升级的机会窗口期，而从基础理论转化到相关技术储备，再到产品功能实现来看，我国新能源汽车产业仍存在较大提升空间，对技术创新需求十分迫切，加强产学研机构合作和科技服务平台体系建设是实现"理论—技术—产品"成果转化中的知识信息交流的关键环节，也是推动产业创新升级的必由之路。从仿真结果来看，我国新能源汽车产业产学研合作强度较低，无法完全释放合作效能以进一步推动产业技术创新。因此，政府的正向引导极为重要。应加快建立技术、知识、人才乃至利益共享的非区域性服务平台，以知识推动技术、用技术助力产业发展、以市场效益反哺科学研究，形成紧密协作、优势互补、共创市场的互利共赢合作平台，增强知识成果互溢，从而实现技术创新。

二、突破市场需求约束的产业发展路径

产业发展根本在于以更好满足市场需求为手段，从基础研究到产品开发及商业化运营，推动产业链相关企业获取商业利益，从而促进社会经济快速发展，推动整体经济竞争力。我国新能源汽车产业在技术创新发展过程中，如果只是一味进行技术研发推动，而不能带动产业链上下游各环节利益，长期处于"低市场—高技术"的产业发展瓶颈，将无法推动新能源汽车产业持续进行技术创新。因此，必须以强化推广应用为着力点，供需双侧共同发力推动产业创新升级，形成"强化推广应用—激发市场需求—产品价值增值—推动市场竞争—产业技术创新"路径，实现突破市场约束的技术创新。为此，建议从以下两方面开展工作。

（1）供需双侧持续推进，有序开发新能源汽车市场。产业的持续创新需要通过市场的长期检验，多元化和规模化的消费市场才能助推产业创新升级。相较于其他维度政策，推广应用政策对新能源汽车市场需求影响最为显著。当产业技术水平较高，国产新能源汽车销量受阻时，可以运用政策因素的"外在性"影响和市场机制的"内生性"作用，利用现有技术研发优势，优化资源配置，推动产业技术创新（Lee & Sohn，2018）。一方面，应进一步加强充电基础设施建设，系统性合理规划充电设施布局，根据土地开发强度和区位优势优化充电供给，形成以快速充电为主、慢速充电和地面充电为辅的多充电模式。另一方面，实施差别化充电服务，激发闲置充电设施产能。根据现有充电设施网络布局来看，较多充电设施由于所处地理位置较偏僻，充电的成本高，理性的车主不可能长期进行充电行为，从而导致这类充电站业务量低下。在扩大优质增量的基础上，加强与原有充电设施的衔接，促进充电行为在充电设施网络中的均衡。此外，适

度推进分散式充电桩建设，完善充电服务网络。新能源汽车发展的不均衡导致对充电桩需求的不一致，在大型城市居住区域停车资源紧张，安装家用充电桩困难，广大车主对公共充电桩有较大需求。充电设施的布局建设应优化传统建设模式，以用户需求为中心，在充电需求较大的区域，适度推进分散式充电桩建设，将充电设施从单纯的"充电插座"向"智慧终端"演变。

（2）多措并举加强规范化管理，推进市场化进程。为了应对气候变化和保护生态环境，并在保证经济持续增长的基础上实现节能减排的目标，国家通过财政补贴、税收优惠等方式积极推进新能源汽车产业，我国汽车工业逐步向新能源汽车产业倾斜。但相较于传统燃油汽车，新能源汽车在市场推动上并不占据优势，反而导致新能源车企鱼龙混杂，"骗补"事件屡屡发生，资源配置效率低下，企业自主创新研发投入不足，自主创新意识薄弱，众多市场乱象亟待治理。笔者建议从以下几点出发，加强规范化管理，推进市场化进程。第一，逐步引进优质外资新能源汽车企业入市，保障市场良性竞争，并加强以推广应用政策维度为代表的功能性产业政策力度，引导新能源汽车制造商加大研发力度。第二，鼓励大中型城市落实新能源汽车"路权优先"政策，吸引消费者购买使用，拓展新能源汽车消费市场，利用市场竞争倒逼国产自主品牌自主创新，从而实现市场、技术互相驱动。在此过程中，这些功能性产业政策不直接干预市场机制，而是支持推动新能源汽车产业发展的各种技术路线，车企通过生产成本、消费者偏好等市场因素推动产业技术创新。

三、突破"技术—市场"双重需求约束的产业发展路径

新能源汽车产业发展系统关键在于产业技术创新发展的持续，要充分了解新能源汽车产业发展现状，尽可能整合产业资源，持续培养产业技术创新和市场竞争力。从现实情况来看，我国新能源汽车产业发展迅猛，动力电池技术实现全球领先，电驱动、快充、轻量化等领域均取得重大技术突破，关键原材料和核心零部件同样具备一定技术优势。但要保证我国新能源汽车产业在各个技术环节的长期话语权，实现"技术—市场"的双重突破，还必须加强推广应用和积分合规的支撑，促进产业链和价值链融合，从而形成

"双链融合—产业集聚—技术创新"路径。故本书从两方面提出建议。

（1）夯实核心能力，打造网状生态系统。新能源汽车智能化产品升级及行业空间扩容是汽车行业智能化升级的发展趋势。当国产新能源汽车销量和技术水平均有较大提升空间时，应夯实产业链各环节企业核心实力。一方面，加大智能汽车电动化、网联化、智能化技术方面的研究投入，展开多方核心能力解决方案的合作，如基于人工智能、大数据应用、软件工程、智能驾驶、智能车联、数字化营销、智能制造、车路协同、物联网等领域的合创共赢，跨界深化合作，最大限度发挥合作方各自资源优势，共同打造有竞争力产品，刺激新能源汽车消费市场，提升新能源汽车产值。另一方面，合理运用汽车产业与信息通信、大数据、人工智能等新一代电子信息技术的深度融合，加强产业链中新技术和新材料的应用，推动产业链各个环节盈利增长，将新能源汽车产业生态逐步打造为汽车、能源、交通、信息通信等多领域主体参与的网状生态。

（2）强化积分合规政策力度。相较于其他政策组合，推广合规双驱动在提升技术水平和激发市场需求方面的综合性最优。但现行积分分配机制以车企为积分分配对象，以续航里程为积分核算关键依据，易导致"头部效应"；整车企业通过增加电池组合量提高续航、扩大产能，在核心技术研发上积极性不高，更不会考虑向上下游企业分配积分以激励其开展协同创新。"双积分"作为一项实操性极强且对产业发展影响深远的政策，完全可以在实施策略上做必要调整，以实现在推动产业核心技术发展上的政策效力。因此，以新能源汽车产业链上关键主体为积分分配基本对象，创设新的积分分配方案，通过产业链和价值链整合形成价值网络的同时，驱动产业内部进行良性的市场淘汰机制，满足消费者需求并进一步促进产业技术创新发展，对推动产业核心技术创新具有重大实践意义。

结　　语

本书揭示了我国新能源汽车补贴等产业政策协同的现状与亟待解决的关键问题，厘清了补贴等政策对企业和消费者的作用机理，重点研究了补贴等政策在时间维度、空间维度和层级维度的协同状态与政策冲突，运用系统动力学对不同补贴等政策组合的情景进行仿真模拟，据此探索优化路径，促进新能源汽车行业健康发展。

本书通过多种方法、不同角度量化分析了补贴等产业政策在各维度之间的矛盾与冲突，并为政策的协同与耦合指明了发展方向。

一、研究结论和学术贡献

（一）研究结论

本书的主要研究结论有以下 11 条。

（1）2009～2018 年，新能源汽车产业措施的实施主要集中于推广应用目标和规范行业发展目标。《电动汽车科技发展"十二五"专项规划》《节能与新能源汽车产业发展规划（2012－2020 年）》的发布，使得 2012 年各措施与推广应用目标协同度最高。在政策措施使用方面，财税支持措施在政策措施使用中 2009～2014 年都处于高占比，2014 年后其占比呈现递减趋势。与此同时，行业规范措施、规划引导措施、监督保障措施和其他措施（金融措施、人事措施等）得分都呈现递增趋势。

（2）我国的新能源汽车必将走上智能化的道路，所以预计在补贴政策完全退出之后，我国政府的补贴政策将会转向为补贴电价、补贴里程、补贴基础设施、补贴技术等方面。我国的新能源汽车补贴政策的重点会放在技术创新上面，尽快实现新能源汽车的智能化创造，放在消费者最为关注的续航里程以及充电难等问题上。

（3）对于产业整体的宏观环境来说，整车制造开发能力和目标与措施匹配程度起到关键作用，而在企业微观层面，地方政府对企业的研发资金投入以及生产准入等相关政策才是关键因素。

（4）基于消费者的调研发现，消费者主要对新能源汽车的品牌口碑、快充充电速度、智能化配置、充电服务、内饰设计以及安全属性（电池、主被动以及自动驾驶安全）偏好程度更高。因此，优化电池安全系统、升级快充技术、研发并配置高端智能化设备、产品内饰设计和品牌口碑塑造等是促进整车企业和供应商积极参与产业价值提升的关键因素。

（5）当新能源汽车的废旧电池回收拆解比例处于一定水平后，整车企业给予电池企业补贴反而会降低电池企业承担延伸责任的概率；整车企业作为回收责任的源头主体，其策略选择对电池生产企业是否承担延伸责任有决定性影响；电池企业对拆解企业用于回收过程的研发激励控制在合理水平，有利于构建良性回收网络；拆解企业行为受到市场环境因素影响较大，同时企业内部成本作用效果更加明显。

（6）新能源汽车的产业政策可以分为战略规划、行业管理、税收优惠、示范、技术创新和基础设施六大类。从各政策子系统贡献度角度来看，战略规划、行业管理及税收优惠政策的贡献度明显优于示范、技术创新及基础设施政策的贡献，各项政策具有明显的目标偏好，整个政策系统对产业化的重视多于对技术研发、基础保障设施的重视，产业不同环节存在政策效应差异，在产业经济效益上也并未发挥出相应的政策耦合效应，这并不利于解决新能源汽车发展所面临的各种现实问题。同时，在政策文本上，技术创新与基础设施政策并不连续，政策稳定性差，对技术创新与基础设施政策的重视程度也依旧弱于其他政策。

（7）在政策的不同组合情况下，研究其关联度情况发现，示范政策与其他政策组合的关联度虽维持在同一水平，但产生的耦合协同效果并不显著；基础设施与其他政策组合并未产生较大的耦合协同效应；技术创新政策本身具有明显的政策效力，但与其他政策共同作用下贡献度反而下降，政策间耦合效应较差，尤其是表现在技术发展目标上；战略规划政策本身对目标的贡献度较小，虽与其他政策共同作用下贡献度大幅提升，政策间耦合效应较显著，但与政策作用本身存在明显的背离现象，该政策存在较大的优化空间，尤其是在产业链税收设计方面；行业管理政策对各目标的贡献度和政策本身作用效果具有趋同性。

（8）在各政策目标的贡献度方面，行业管理政策在不同组合情况下对目标的作用效果与该政策单独作用效果的整体趋势相同，但在技术进步和基础保障目标系统上协同效果不稳定，呈现 W 形模式，其中在电动汽车标准数量和动力电池回收企业数量上的作用效果与政策本身背离；税收优惠政策与其他政策组合对各目标的贡献度与政策单独作用效果具有较高一致性，但部分政策组合并未发挥政策协同效果。政策实施过程中战略规划对税收政策并无任何促进效果；税收优惠政策在一定程度上能有效增强企业研发积极性，但在专利化过程即研发过程中缺乏相应的税收优惠政策。

（9）以北京市、上海市、江苏省和深圳市为例，研究研发、生产、购置、使用、回收五个环节的政策协同度，得出以下结论：研发政策措施间协同处于严重失调和中度失调状态。2015～2018 年，深圳市的央地协同一直处于协调状态，其政策措施间协同曲线与中央政策措施间协同曲线趋势一致；生产环节中央在 2018 年不同政策措施间的协同状态处于中度失调状态，北京市和江苏省同样也处于中度失调状态；购置环节中，除上海市，其余地区均处于协调状态；使用环节中，中央及四地区的不同政策措施间协同均处于协调状态；回收环节中，上海市与江苏省不同政策措施间协同均处于中度失调状态。

（10）总体来说，财税支持措施和行业规范措施的央地协同使用度较高，而规划引导措施和监管保障措施中部分地区存在协同使用度较低的情况。

（11）科技推广双驱动、科技合规双驱动和科技税收双驱动对我国新能源汽车技术水平提升的作用效果较强；税收合规双驱动的作用效果较弱，但仍优于现行政策。税收优惠政策维度与其他政策维度推动国产新能源汽车销量的耦合效应不佳，从长期来看，推广合规双驱动是提升国产新能源汽车产业技术创新的主要发展方向之一。

（二）学术贡献

（1）从研究视角来看，本书立足于中国特有经济环境与制度特征，探索新能源汽车补贴政策的微观作用机理、协同机制和优化路径，这些对于解决补贴政策的有效性、政策之间不协同等均有现实意义。

（2）从研究方法来看，本书采用动态随机一般均衡（DSGE）方法考察补贴引起的新能源汽车需求冲击等外生冲击对于供给波动以及社会福利损失的效应；使用产业政策系统关联及耦合模型、文本分析法等分析补贴政策等在"空间—时间—层级"的多维度协同，通过系统动力学方法对各类补贴等产业政策进行组合和模拟，为新能源汽车产业发展提供科学的理论依据；

（3）从研究内容来看，本书以新能源汽车补贴政策的协同问题为研究核心，研究补贴政策的政企动态博弈以及财税政策实施效果的情景模拟，并开创性地研究补贴策略的时间协同、空间协同和纵向协同，可以为政府新能源汽车引导政策的制定提供理论依据和数据支撑。

二、政策建议

（1）从长期考虑，应适当降低示范政策补贴强度，提高补贴门槛，并将补贴与专利进行挂钩，在扩大市场规模的同时弥补补贴政策的局限性，刺激企业研发活力。此外，技术创新人才与应用领域人才对技术的发展都是至关重要的，所以我国未来的补贴也可以考虑对新能源汽车技术研发人才与应用领域人才进行补贴。

（2）财税政策组合可弥补单一财政政策缺陷，未来政府在减弱财税政策扶持力度的同时，可根据实际经济情况合理设置退坡区间，以实现产业培育模式平稳转型；提升消费者偏好可以作为购置税减免政策退坡后刺激消费端的替代举措，即随着新能源汽车产业逐步渡过成长期，未来发展应更注重技术壁垒突破与配套设施建设。

（3）进一步打造产业价值提升的优良环境，通过财政政策、税收政策、金融政策等手段，为自主品牌车企提供支持，鼓励企业加大技术研发和创新投入，提升产品质量和竞争力；自主品牌车企应注重品牌建设，提升品牌知名度和美誉度，增强消费者对品牌的认同感和信任感。同时需加强质量管理体系建设，提高产品质量和可靠性，以满足消费者对产品品质的需求。推进自主品牌车企嵌入全球产业价值链，提升自主品牌车企的国际竞争力。

（4）加强规划引导，合理布局充电桩建设。地方政府应该制定新能源汽车及充电基础设施的发展规划，明确充电桩建设的发展目标、重点任务和保障措施。通过制定科学合理的发展规划，可以避免充电桩建设的无序竞争和重复建设，提高建设效率和资源利用率。同时应通过财税政策、金融政策等手段，为充电桩建设提供政策支持。同时，可以通过设立专项基金、提供低息贷款等方式，支持充电桩建设项目的融资。还应完善充电桩建设的标准体系，制定充电设施建设、设备、安全等方面的标准规范，确保充电桩建设的规范化和标准化。

（5）推进分布式充电桩建设，建立充电设施运维管理制度，明确运维责任主体和要求，确保设施的正常运行和及时维护。可以引入市场化机制，鼓励专业化的运维企业参与充电设施的运维服务。鼓励采用先进的技术手段和设备，如智能充电桩、物联网等，实现充电设施的远程监控、故障诊断和自动报警等功能。这样可以提高运维效率和安全性。

（6）帮助整车企业实施动力电池回收服务，引导和支持企业建立动力电池回收体系，包括回收网络、存储仓库、处理中心等基础设施。通过建立回收体系，可以为企业提供更好的回收渠道和平台，促进企业更好地实施动力电池回收服务。还可以制定相关规范和标准，对动力电池的回收、存储、处理等环节进行规范和监管。通过制定规范标准，可以提高企业的规范化程度，确保动力电池回收服务的质量和安全性。此外，可以设立专项资金，对动力电池回收项目提供资金支持，包括贷款、补贴、奖励等形式。通过资金支持，可以降低企业的初期投入成本，提高企业的积极性和参与度。

（7）进一步加大科技研发政策力度，赋予科技成果转化重要地位；增强研发人员与产业链的匹配度，加大产业高精尖领域的人才培育力度；重点支持产学研机构合作，加强科技服务平台体系建设；供需双侧持续推进，有序开发新能源汽车市场；多措并举加强规范化管理，推进市场化进程；强化积分合规政策力度。

三、研究展望

本书虽然为破解补贴等产业政策的矛盾与失效、优化新能源汽车产业政策提供了理论依据，但是现有研究仍存在一些不足，在后续的研究中，可以考虑从以下几个方面开展更加深入的研究：

（1）本书运用文本分析，侧重分析政策本身（即政策文本间）的协同，而政策协同也取决于政策实施的效果，未来可考虑在政策文本分析的基础上运用扎根理论等多种方法进一步深化研究，丰富政策协同内涵，拓宽研究深度。

（2）未来在协同治理这一研究方向上，学者可以考虑建立更加完备的数据库进行政策分析，从政策强度角度建立指标体系，可进一步研究新能源汽车产业与其他战略性新兴产业的相互作用关系，拓宽研究广度。

（3）潜在消费群体构成特征对供需双侧政策的感知具有调节作用，高学历层次、男性消费者对于供需双侧政策的感知和新能源汽车的接受态度相对更为显著。因此，未来的研究可以围绕以下方向进行：新能源汽车供需双侧政策制定时，如何充分把握不同学历层次和性别的潜在消费者对于政策变化的敏感程度的差异，针对不同层次和类型的消费者实施差异化的政策安排。

参考文献

［1］白恩来，赵玉林．产业政策的宏观有效性与微观异质性实证分析［J］．科研管理，2018，39（9）：11-19.

［2］白雪洁，孟辉．新兴产业、政策支持与激励约束缺失——以新能源汽车产业为例［J］．经济学家，2018（1）：50-60.

［3］蔡宇涵．电动汽车消费者特征和偏好研究——基于浙江省农村地区的调查研究［J］．价格理论与实践，2019（6）：164-167.

［4］晁江锋，武晓利，郭君默．基于DSGE模型的我国居民消费结构动态效应研究——从耐用品与非耐用品消费的视角［J］．金融与经济，2019（11）：65-73.

［5］陈芳，眭纪刚．新兴产业协同创新与演化研究：新能源汽车为例［J］．科研管理，2015（1）：26-33.

［6］陈劲．新形势下我国需要何种科技创新战略［J］．人民论坛，2019（35）：87-89.

［7］陈香，郭锐，Cheng L W，等．残缺的力量——励志品牌故事人设健全性对消费者品牌偏好的影响［J］．南开管理评论，2019，22（6）：4-15.

［8］陈衍泰，张露嘉，汪沁，等．基于二阶段的新能源汽车产业支持政策评价［J］．科研管理，2013，34（S1）：167-174.

［9］丁慧媛．沿海地区新型城镇化综合发展水平测度［J］．统计与决策，2019，35（22）：50-53.

［10］范如国，冯晓丹．"后补贴"时代地方政府新能源汽车补贴策略研究［J］．中国人口·资源与环境，2017，27（3）：30-38.

［11］葛少云，申凯月，刘洪，等．考虑网络转移性能的城市快速充电网络规划［J］．电网技术，2021，45（9）：3553-3564.

［12］郭本海，李军强，张笑腾．政策协同对政策效力的影响——基于227项中国光伏产业政策的实证研究［J］．科学学研究，2018，36（5）：790-799.

［13］郭本海，陆文茜，王涵，等．基于关键技术链的新能源汽车产业政策分解及政策效力测度［J］．中国人口·资源与环境，2019，29（8）：76-86.

[14] 郭本海，王涵，李文鹣. "双积分"政策下新能源内外车企"畸形嫁接"防范机制 [J]. 中国人口·资源与环境，2020，30 (11)：109 – 118.

[15] 郭雯，陶凯，李振国. 政策组合对领先市场形成的影响分析——以新能源汽车产业为例 [J]. 科研管理，2018，39 (12)：30 – 36.

[16] 哈肯. 高等协同学 [M]. 北京：科学出版社，1989.

[17] 韩纪琴，余雨奇. 政策补贴、研发投入与创新绩效——基于新能源汽车产业视角 [J]. 工业技术经济，2021，40 (8)：40 – 46.

[18] 何向武，周文泳. 区域高技术产业创新生态系统协同性分类评价 [J]. 科学学研究，2018，36 (3)：541 – 549.

[19] 何源，乐为，郭本海. "政策领域 – 时间维度"双重视角下新能源汽车产业政策央地协同研究 [J]. 中国管理科学，2021，29 (5)：117 – 128.

[20] 胡彦蓉，刘洪久，吴冲. 大学生运动服装品牌忠诚度影响因素的灰色关联度分析 [J]. 中国管理科学，2013，21 (S1)：31 – 37.

[21] 胡永刚，郭新强. 内生增长、政府生产性支出与中国居民消费 [J]. 经济研究，2012，47 (9)：57 – 71.

[22] 黄萃，任弢，李江，等. 责任与利益：基于政策文献量化分析的中国科技创新政策府际合作关系演进研究 [J]. 管理世界，2015 (12)：68 – 81.

[23] 黄赜琳，朱保华. 中国的实际经济周期与税收政策效应 [J]. 经济研究，2015，50 (3)：4 – 17，114.

[24] 姜磊，柏玲，吴玉鸣. 中国省域经济、资源与环境协调分析——兼论三系统耦合公式及其扩展形式 [J]. 自然资源学报，2017，32 (5)：788 – 799.

[25] 姜玲，叶选挺，李磊. 我国农业科技"技术 – 知识"创新的空间耦合协调格局研究 [J]. 管理评论，2017 (9)：122 – 132.

[26] 姜玲，叶选挺，张伟. 差异与协同：京津冀及周边地区大气污染治理政策量化研究 [J]. 中国行政管理，2017 (8)：126 – 132.

[27] 蒋园园，杨秀云，李敏. 中国文化创意产业政策效果及其区域异质性 [J]. 管理学刊，2019，32 (5)：9 – 19.

[28] 乐为，韩笑，尹洪娟. 属性框架下产品感知质量差异测量——基于眼动追踪技术 [J]. 管理工程学报，2018 (4)：88 – 94.

[29] 乐为，何源. 新能源汽车产业政策协同与市场渗透研究 [J]. 管理学刊，2019，32 (5)：20 – 29.

[30] 乐为，税收政策对跨国公司 FDI 资本成本决策影响的比较研究，经济社会体制比较，2007 (1)：59 – 63.

[31] 乐为，谢隽阳，刘启巍，郭本海. 新能源汽车产业政策关联及其耦合效应研

究 [J]. 管理学刊, 2022 (10): 65 - 81.

[32] 乐为, 钟意. FDI 对我国税收政策敏感性分析 [J]. 国际贸易问题, 2008 (12): 103 - 109.

[33] 李珏, 战建华. 中国新能源汽车产业的政策变迁与政策工具选择 [J]. 中国人口·资源与环境, 2017, 27 (10): 198 - 208.

[34] 李靖华, 常晓然. 我国流通产业创新政策协同研究 [J]. 商业经济与管理, 2014 (9): 5 - 16.

[35] 李苏秀, 刘颖琦, 王静宇, 等. 基于市场表现的中国新能源汽车产业发展政策剖析 [J]. 中国人口·资源与环境, 2016, 26 (9): 158 - 166.

[36] 李伟卿, 池毛毛, 王伟军. 基于感知价值的网络消费者偏好预测研究 [J]. 管理学报, 2021, 18 (6): 912 - 918.

[37] 李文鹣, 戴良平, 郭本海, 吴思远. 后补贴时代复合牵引机制下新能源汽车上下游企业合作创新博弈分析 [J]. 软科学, 2021, 35 (1): 81 - 88.

[38] 李晓敏, 刘毅然, 靖博伦. 产业支持政策对中国新能源汽车推广的影响研究 [J]. 管理评论, 2022, 34 (3): 55 - 65.

[39] 李雪伟, 唐杰, 杨胜慧. 京津冀协同发展背景下的政策协同评估研究——基于省级"十三五"专项规划文本的分析 [J]. 北京行政学院学报, 2019 (3): 53 - 59.

[40] 梁哲源, 乐为. 财税政策、技术进步、消费者偏好对新能源汽车产业发展的影响 [J]. 金融与经济, 2022 (11): 56 - 65.

[41] 刘开迪, 杨多贵, 王光辉, 等. 基于系统动力学的生态文明建设政策模拟与仿真研究 [J]. 中国管理科学, 2020, 28 (8): 209 - 220.

[42] 刘兰剑, 项丽琳, 夏青. 基于创新政策的高新技术产业创新生态系统评估研究 [J]. 科研管理, 2020, 41 (5): 1 - 9.

[43] 刘兰剑, 张萌, 黄天航. 政府补贴、税收优惠对专利质量的影响及其门槛效应——基于新能源汽车产业上市公司的实证分析 [J]. 科研管理, 2021, 42 (6): 9 - 16.

[44] 刘启巍, 乐为, 郭本海. 基于复杂网络的新能源汽车充电设施使用效率研究 [J]. 管理评论, 2021, 33 (9): 284 - 293.

[45] 刘思峰, 蔡华, 杨英杰, 等. 灰色关联分析模型研究进展 [J]. 系统工程理论与实践, 2013, 33 (8): 2041 - 2046.

[46] 刘相锋, 吴颖婕. 新能源补贴退坡政策能否激发车企技术水平进步——来自新能源车企采购和生产微观数据的证据 [J]. 财经论丛, 2021 (11): 102 - 112.

[47] 刘玉林, 菅利荣. 基于文本挖掘和复杂网络的中美电商专利比较研究 [J]. 情报杂志, 2019, 38 (6): 72 - 79.

[48] 罗杭，张毅，孟庆国. 基于多智能体的城市群政策协调建模与仿真 [J]. 中国管理科学，2015，23（1）：89 – 98.

[49] 马亮，仲伟俊，梅姝娥. "供给侧改革" 背景下的新能源汽车产业补贴政策创新研究 [J]. 系统工程理论与实践，2017，37（9）：2279 – 2288.

[50] 马少超，范英. 基于时间序列协整的中国新能源汽车政策评估 [J]. 中国人口·资源与环境，2018，28（4）：117 – 124.

[51] 聂文静，李太平，华树春. 消费者对生鲜农产品质量属性的偏好及影响因素分析：苹果的案例 [J]. 农业技术经济，2016（9）：60 – 71.

[52] 裴中阳，胡安霞，闫娟娟，等. 基于协同度的山西省医药产业创新政策研究 [J]. 中国药房，2019，30（16）：2176 – 2180.

[53] 彭纪生，仲为国，孙文祥. 政策测量、政策协同演变与经济绩效：基于创新政策的实证研究 [J]，管理世界，2008（9）：25 – 36.

[54] 彭向，周星慧，张勇，姚林泉. 多模式交通网络税费政策评价模型 [J]. 系统工程理论与实践，2014，34（2）：494 – 501.

[55] 彭正银，王永青，韩敬稳. B2C 网络平台嵌入风险控制的三方演化博弈分析 [J]. 管理评论，2021，33（4）：147 – 159.

[56] 司光南. 人口—经济系统的协调度分析 [J]. 统计与决策，2008（4）：48 – 50.

[57] 唐葆君，郑茜. 中国电动汽车配套基础设施布局需求侧研究——基于 Logit 回归的消费偏好分析 [J]. 北京理工大学学报（社会科学版），2013，15（4）：14 – 20.

[58] 唐丽敏，王盼，王成武. 基于系统动力学的道路运输节能减排路径模拟 [J]. 系统工程，2018，36（6）：71 – 78.

[59] 汪涛，谢宁宁. 基于内容分析法的科技创新政策协同研究 [J]. 技术经济，2013，32（9）：22 – 28.

[60] 汪阳洁，姜志德，王继军. 基于农业生态系统耦合的退耕还林工程影响评估 [J]. 系统工程理论与实践，2015，35（12）：3155 – 3163.

[61] 王邦兆，王欢，郭本海. 区域创新系统耦合度改进模型及实证研究 [J]. 中国管理科学，2014，22（S1）：566 – 573.

[62] 王丹丹，乐为，杨雅雯，郭本海. 嵌入性风险视角下我国新能源汽车产业技术创新网络演化研究 [J/OL]. 中国管理科学，2023：1 – 14 [2023 – 12 – 27]. https：//doi. org/10. 16381/j. cnki. issn1003 – 207x. 2022. 0830.

[63] 王静，王海龙，丁堃，等. 新能源汽车产业政策工具与产业创新需求要素关联分析 [J]. 科学学与科学技术管理，2018，39（5）：30 – 40.

[64] 王洛忠，张艺君. 我国新能源汽车产业政策协同问题研究——基于结构、过

程与内容的三维框架 ［J］. 中国行政管理, 2017 (3): 101 - 107.

［65］王美玲. 生鲜农产品电商的消费者偏好研究 ［D］. 北京: 中国农业科学院, 2019.

［66］王任, 蒋竺均. 燃油税、融资约束与企业行为——基于 DSGE 模型的分析 ［J］. 中国管理科学, 2021, 29 (4): 36 - 45.

［67］王胜, 赵浩权. "疫情补贴"政策是否适合中国经济? ——基于数量型与价格型货币政策的对比分析 ［J］. 华中师范大学学报 (人文社会科学版), 2021, 60 (6): 45 - 58.

［68］王溪, 熊勇清. 中国新能源汽车政策"抑扬结合"的特征及对创新激励绩效的影响——基于"扶持性"和"准入性"政策视角 ［J］. 科学学与科学技术管理, 2021, 42 (11): 39 - 55.

［69］王颖, 孙平军, 李诚固, 等. 2003 年以来东北地区城乡协调发展的时空演化 ［J］. 经济地理, 2018, 38 (7): 59 - 66.

［70］魏敏, 胡振华. 区域新型城镇化与产业结构演变耦合协调性研究 ［J］. 中国科技论坛, 2019 (10): 128 - 136.

［71］魏萍, 张紫馨, 李青樵. 地方政府融入"一带一路"建设的政策创新扩散研究——基于湖北 294 份政策文本的量化分析 ［J］. 情报杂志, 2020, 39 (4): 82 - 89, 116.

［72］吴慧, 顾晓敏, 赵袁军. 产学研合作创新网络拓扑演化的复杂网络研究 ［J］. 复杂系统与复杂性科学, 2020, 17 (4): 38 - 47.

［73］吴君民, 唐僖, 盛永祥, 等. 基于三方演化博弈的后补贴时代新能源汽车政产学协同创新机制研究 ［J］. 运筹与管理, 2021, 30 (4): 96 - 102.

［74］肖伯文, 范英. 新冠疫情的经济影响与绿色经济复苏政策评估 ［J］. 系统工程理论与实践, 2022, 42 (2): 273 - 288.

［75］谢隽阳, 乐为, 郭本海. 基于生产者责任延伸的新能源汽车动力电池回收帕累托均衡 ［J］. 中国管理科学, 2022, 30 (11), 309 - 320.

［76］熊勇清, 陈曼琳. 新能源汽车需求市场培育的政策取向: 供给侧抑或需求侧 ［J］. 中国人口·资源与环境, 2016, 26 (5): 129 - 137.

［77］熊勇清, 李小龙. 新能源汽车供需双侧政策在异质性市场作用的差异 ［J］. 科学学研究, 2019, 37 (4): 597 - 606.

［78］熊勇清, 刘徽. 新能源汽车推广应用的"非补贴型"政策作用及其差异 ［J］. 科研管理, 2022, 43 (9): 83 - 90.

［79］熊勇清, 秦书锋. 新能源汽车供需双侧政策的目标用户感知满意度差异分析 ［J］. 管理学报, 2018, 15 (6): 89 - 98.

[80] 熊勇清，王溪. 新能源汽车技术创新激励的政策选择："扶持性"抑或"门槛性"政策？[J]. 中国人口·资源与环境，2020，30（11）：98-108.

[81] 徐崇刚，胡远满，常禹，等. 生态模型的灵敏度分析 [J]. 应用生态学报，2004（6）：1056-1062.

[82] 许志伟，林仁文. 我国总量生产函数的贝叶斯估计——基于动态随机一般均衡的视角 [J]. 世界经济文汇，2011（2）：87-102.

[83] 杨晨，王杰玉. 系统视角下知识产权政策协同机理研究 [J]. 科技进步与对策，2016，33（2）：114-118.

[84] 杨克贲，娄季春. 新冠疫情背景下财政政策的组合策略研究——基于纳入预期和债务反馈机制的 DSGE 模型 [J]. 管理学刊，2021，34（4）：20-36.

[85] 杨羽，谷任. 有效调控房地产市场的宏观审慎政策规则选择——基于 DSGE 模型的研究 [J]. 金融与经济，2020（5）：16-26.

[86] 叶瑞克，倪维铭，王钰婷，孙华平，周云亨. 新能源汽车推广应用的"内源驱动"转型发展——十二个示范试点城市的定量评估 [J]. 软科学，2022，36（4）：23-29.

[87] 殷华方，潘镇，鲁明泓. 中央-地方政府关系和政策执行力：以外资产业政策为例 [J]. 管理世界，2007（7）：22-36.

[88] 尹志超，郭沛瑶，张琳琬. "为有源头活水来"：精准扶贫对农户信贷的影响 [J]. 管理世界，2020，36（2）：59-71，194.

[89] 岳为众，张晶，刘颖琦. 产业政策与市场表现关联研究——以中国电动汽车充电基础设施为例 [J]. 经济与管理研究，2019，40（2）：82-94.

[90] 翟纪超. 基于信息不对称的政策执行互动分析 [J]. 管理学刊，2010，23（4）：46-48.

[91] 张博，丁聪，陆颖，尹相荣. 结构性货币政策对我国企业投融资影响研究——基于 DSGE 模型的分析 [J]. 金融与经济，2021（9）：4-15.

[92] 张翠翠，宁云才. 经济不确定性下我国最优减税政策组合 [J]. 经济问题，2022（5）：28-38.

[93] 张国强，徐艳梅. 新能源汽车政策工具运用的国际镜鉴与引申 [J]. 改革，2017（3）：132-140.

[94] 张国兴，高晚霞，张振华，等. 产业协同是否有助于提升节能减排的有效性？——基于1052条节能减排政策的研究 [J]. 中国管理科学，2017，25（3）：181-189.

[95] 张国兴，高秀林，汪应洛，等. 政策协同：节能减排政策研究的新视角 [J]. 系统工程理论与实践，2014，34（3）：545-559.

[96] 张国兴，高秀林，汪应洛，等．中国节能减排政策的测量、协同与演变——基于1978－2013年政策数据的研究［J］．中国人口·资源与环境，2014，24（12）：62－73．

[97] 张国兴，张绪涛，程素杰，等．节能减排补贴政策下的企业与政府信号博弈模型［J］．中国管理科学，2013，21（4）：129－136．

[98] 张国政，彭承玉，张芳芳，等．农产品顾客感知价值及其对购买意愿的影响——基于认证农产品的实证分析［J］．湖南农业大学学报（社会科学版），2017，18（2）：24－28．

[99] 张建中．中国—东盟自由贸易区贸易、投资与中国环境协同发展程度的实证分析［J］．生态经济，2012（9）：28－32．

[100] 张蕾，秦全德，谢丽娇．中国新能源汽车产业的政策协同研究——评估与演化［J］．北京理工大学学报（社会科学版），2020，22（3）：26－35．

[101] 张莉，朱光顺，李世刚，等．市场环境、重点产业政策与企业生产率差异［J］．管理世界，2019，35（3）：114－126．

[102] 张奇，李曜明，唐岩岩，等．新能源汽车"双积分"政策对生产商策略与社会福利影响研究［J］．系统工程理论与实践，2020，40（1）：150－169．

[103] 张炜，费小燕，方辉．区域创新政策多维度评价指标体系设计与构建［J］．科技进步与对策，2016（1）：142－147．

[104] 张炜，费小燕，肖云．基于多维度评价模型的区域创新政策评估——以江浙沪三省为例［J］．科研管理，2016（1）：614－622．

[105] 张永安，鲁明明．创新驱动视角下企业创新效率及要素投入差异性研究——基于新能源汽车上市企业的经验数据［J］．工业技术经济，2019（11）：86－93．

[106] 张永安，周怡园．新能源汽车补贴政策工具挖掘及量化评价［J］．中国人口·资源与环境，2017，27（10）：188－197．

[107] 赵骅，郑吉川．不同新能源汽车补贴政策对市场稳定性的影响［J］．中国管理科学，2019，27（9）：47－55．

[108] 赵伟光，李凯．考虑消费者异质偏好的产品线定价策略识别及其效应分析［J］．管理学报，2019，16（12）：1854－1863．

[109] 赵雨涵，宋旭光．中国分地区大中型工业企业R&D资产折旧率测算［J］．统计研究，2017，34（9）：65－75．

[110] 中国汽车技术研究中心，日产（中国）投资有限公司，东风汽车有限公司．2020中国新能源汽车产业发展报告蓝皮书［M］．社会科学文献出版社，2020．

[111] 中国汽车技术研究中心，日产（中国）投资有限公司，东风汽车有限公司．2015中国新能源汽车产业发展报告蓝皮书［M］．社会科学文献出版社，2015．

[112] 仲为国，彭纪生，孙文祥．政策测量、政策协同与技术绩效：基于中国创

新政策的实证研究（1978 - 2006）［J］. 科学学与科学技术管理，2009，30（3）：54 - 60，95.

［113］周波，王健. 我国消费税征收环节后移相关问题研究［J］. 税务研究，2021（9）：32 - 36.

［114］周城雄，李美桂，林慧，等. 战略性新兴产业：从政策工具、功能到政策评估［J］. 科学学研究，2017，35（3）：346 - 353.

［115］周雄勇，许志端，郗永勤. 中国节能减排系统动力学模型及政策优化仿真［J］. 系统工程理论与实践，2018，38（6）：1422 - 1444.

［116］周燕，潘遥. 财政补贴与税收减免——交易费用视角下的新能源汽车产业政策分析［J］. 管理世界，2019，35（10）：133 - 149.

［117］朱军，李建强，张淑翠. 财政整顿、"双支柱"政策与最优政策选择［J］. 中国工业经济，2018（8）：24 - 41.

［118］朱明皓，窦水海，贾冀. 中国汽车产业技术创新政策效果分析［J］. 科研管理，2017，38（7）：26 - 36.

［119］左世全，赵世佳，祝月艳. 国外新能源汽车产业政策动向及对我国的启示［J］. 经济纵横，2020（1）：113 - 122

［120］Bohannon J. Counterterrorism's new tool："Metahetwork" analysis［J］. Science，2009，325（5939）：409 - 411.

［121］Cejudo G M，Michel C L. Addressing fragmented government action：coordination，coherence，and integration［J］. Policy Sciences，2017（4）：745 - 767.

［122］Chen H，Liu H，Chu X，et al. A two - phased SEM - neural network approach for consumer preference analysis［J］. Advanced Engineering Informatics，2020（46）：101156.

［123］Corwin S，Johnson T. The role of local governments in the development of China's solar photovoltaic industry［J］. Energy Policy，2019（130）：283 - 293.

［124］George S，et al. A framework for inventor collaboration recommendation system based on network approach［J］. Expert Systems With Applications，2021，176（8）：1 - 15.

［125］Hang L，Yi Z，Qing G M. Modeling and simulation of multi - cities' policy coordination based on Mas［J］. Chinese Journal of Management Science，2015，23（1）：89 - 98.

［126］Han H，Ou X M，Du J Y，et al. China's electric vehicle subsidy scheme：Rationale and impacts［J］. Energy Policy，2014，73（C）：722 - 732.

［127］Iacoviello M. House prices，borrowing constraints，and monetary policy in the business cycle［J］. The American Economic Review，2005（3）：739 - 764.

［128］Idun I A，Muller M，Theron K I，et al. Drivers of consumer preference for apple eating quality and appearance among South African consumers of different ethnic and age groups

[J]. Acta Horticulturae, 2016 (1120): 477 – 482.

[129] Jiang C, Zhang Y, Bu M, et al. The effectiveness of government subsidies on manufacturing innovation: Evidence from the new energy vehicle industry in China [J]. Sustainability, 2018, 10 (6): 1692.

[130] Kim Y H. International policy coordination mechanism with respect to the moral hazards of financial intermediaries [J]. Economic Modelling, 2011, 28 (4): 1914 – 1922.

[131] Kwon T H. Policy synergy or conflict for renewable energy support: case of RPS and auction in South Korea [J]. Energy Policy, 2018 (123): 443 – 449.

[132] Lee W S, Sohn S Y. Effects of standardization on the evolution of information and communications technology [J]. Technologic al Forecasting & Social Change, 2018 (132): 308 – 317.

[133] Liao F, Molin E, Van Wee B. Consumer preferences for electric vehicles: a literature review [J]. Transport Reviews, 2017, 37 (3): 252 – 275.

[134] Libecap G D. Economic Variables and the Development of the Law: The Case of Western Mineral Rights [J]. The Journal of Economic History, 1978, 38 (2): 338 – 362.

[135] Li C J, Negnevitsky M, Wang X L, et al. Multi – criteria analysis of policies for implementing clean energy vehicles in China [J]. Energy Policy, 2019 (129): 826 – 840.

[136] Li J Y, Wang L, Tan X. Sustainable design and optimization of coal supply chain network under different carbon emission policies [J]. Journal of Cleaner Production, 2020 (250): 119548.

[137] Lin B Q, Chen Y F. Impacts of policies on innovation in wind power technologies in China [J]. Applied Energy, 2019 (247): 682 – 691.

[138] Liu D N, Xiao B W. Exploring the development of electric vehicles under policy incentives: A scenario – based system dynamic s model [J]. Energy Policy, 2018 (120): 8 – 23.

[139] Li W, Long R, Chen H. Consumers' evaluation of national new energy vehicle policy in China: an analysis based on a four paradigm model [J]. Energy Policy, 2016 (99): 33 – 41.

[140] Li Y, Qi Z, Liu B, et al. Substitution Effect of New – Energy Vehicle Credit Program and Corporate Average Fuel Consumption Regulation for Green – car Subsidy [J]. Energy, 2018, 152 (3): 223 – 236.

[141] Ma Y, Shi T Y, Zhang W, et al. Comprehensive policy evaluation of NEV development in China, Japan, the United States, and Germany based on the AHP – EW model [J]. Journal of Cleaner Production, 2019 (214): 389 – 402.

[142] Mey F, Diesendorf M, Macgill I. Can local government play a greater role for community renewable energy? A case study from Australia [J]. Energy Research & Social Science, 2016 (21): 33 – 43.

[143] Murphy L, Meijer F, Visscher H. A qualitative evaluation of policy instruments used to improve energy performance of existing private dwellings in the Netherlands [J]. Energy policy, 2012, 45 (11): 459 – 468.

[144] Nordbeck R, Steurer R. Integrated Multi – Sectoral Strategies as Dead Ends of Policy Coordination: Lessons to Be Learned from Sustainable Development [J]. Social Science Electronic Publishing, 2016, 34 (4): 1 – 19.

[145] O'Connor P J, Moss J, Adams J, et al. What drives consumer automobile choice? Investigating personality trait predictors of vehicle preference factors [J]. Personality and Individual Differences, 2022 (184): 111220.

[146] Ostry J D, Ghosh A R. On the obstacles to international policy coordination [J]. Journal of International Money & Finance, 2016 (67): 25 – 40.

[147] Painter M. Central agencies and the coordination principle [J]. Australian Journal of Public Administration, 2008, 40 (4): 265 – 280.

[148] Peters B G. Managing horizontal government: The challenge of policy coordination [J]. Policy Design and Practice, 2018 (1): 1 – 11.

[149] Renata M N. Efficiency of coordination of European policies at domestic level challenging polish coordination system [J]. Procedia – Social and Behavioral Sciences, 2014: 143.

[150] Rothwell R, Zegveld W. An assessment of government innovation policies [J]. Review of Policy Research, 2010, 3 (3 – 4): 436 – 444.

[151] Sierzchula W, Bakker S, Maat K, et al. The influence of financial incentives and other socio – economic factors on electric vehicle adoption [J]. Energy Policy, 2014, 68: 183 – 94.

[152] Song J J. Research on Government Subsidy Mechanism of Green Products Based on Heterogeneous Customers [J]. Management Science and Engineering, 2017, 11 (2): 9 – 15.

[153] Tu Q, Mo J L. Coordinating carbon pricing policy and renewable energy policy with a case study in China [J]. Computers & Industrial Engineering, 2017 (113): 294 – 304.

[154] Wang M Z, Wang F, Chen J H. Comprehensive analyses of the spatio – temporal variation of new – energy vehicle charging piles in china: A complex network approach [J]. Frontiers in Physics, 2021, 9 (10): 1 – 15.

[155] Wang R, Cheng J, Zhu Y, et al. Evaluation on the coupling coordination of re-

sources and environment carrying capacity in Chinese mining economic zones [J]. Resources Policy, 2017, 53 (9): 20 – 25.

[156] Wang W, Liu Y. An analysis of Chinese new energy vehicle industry development policies based on the content analysis method [J]. Science Research Management, 2017 (1): 581 – 591.

[157] Wang X Z, Zou H H, Zheng Y, et al. How will different types of industry policies and their mixes affect the innovation performance of wind power enterprises? Based on dual perspectives of regional innovation environment and enterprise ownership [J]. Journal of environmental management, 2019 (251): 109586.

[158] Wang Z, Zhao C, Yin J, et al. Purchasing intentions of chinese citizens on new energy vehicles: how should one respond to current preferential policy? [J]. Journal of Cleaner Production, 2017 (161): 1000 – 1010.

[159] Weick K E. Educational Organizations as Loosely Coupled Systems [J]. Administrative Science Quarterly, 1976, 21 (1): 1 – 19.

[160] Wei Le, Po – Ya Chang, Yu – Wei Chang, Jiahe Chen. Why do patients move from online health platforms to hospitals? The perspectives of fairness theory and brand extension theory [J]. International Journal of Environmental Research and Public Health, 2019, 16: 3755 – 3765.

[161] Yi B, Xu J, Fan Y. Coordination of policy goals between renewable portfolio standards and carbon caps: A quantitative assessment in China [J]. Applied Energy, 2019 (237): 25 – 35.

[162] Yu J, Le H, Ha I, et al. User acceptance of media tablets: An empirical examination of perceived value [J]. Telematics and Informatics, 2017, 34 (4): 206 – 223.

[163] Yu P, Zhang J, Yang D, et al. The Evolution of China's New Energy Vehicle Industry from the Perspective of a Technology-Market-Policy Framework [J]. Sustainability, 2019, 11.

[164] Zhang G X, Zhang Z H, Gao X L, et al. Impact of Energy Conservation and Emissions Reduction Policy Means Coordination on Economic Growth: Quantitative Evidence from China [J]. Sustainability, 2017, 9 (5): 1 – 19

[165] Zhang R X X, Ni M, Shen G Q P. An analysis on the effectiveness and determinants of the wind power Feed – in – Tariff policy at China's national – level and regional – grid – level [J]. Sustainable Energy Technologies and Assessments, 2019 (34): 87 – 96.

[166] Zhang X, Bai X. Incentive policies from 2006 to 2016 and new energy vehicle adoption in 2010 – 2020 in China [J]. Social Science Electronic Publishing, 2017 (70): 24 – 43.